식민지 조선, 오래된 미래

개념과
표상으로
식민지 시대
다시
읽기

식민지 조선, 오래된 미래

● 허수 지음 ●

푸른역사

독립에서 해방, 해방에서 주체로

넓은 의미에서 볼 때 역사학은 기억을 다루는 학문이다. 개인적 기억은 회고록이나 자서전에 필요하지만, 집단적 기억은 집단의 역사를 이루는 바탕이 된다. 기억은 과거의 경험에 뿌리박고 있지만, 그 경험은 사료에 대한 독해나 현대인의 회상을 거치면서 기억으로 구체화된다. 이런 점에서 역사학은 불변의 진리나 자유로운 상상이 아닌, 그 중간지대를 다룬다. 한국역사란 한국인이 경험한 역사적 사실에 근거하면서도, 그것을 현재적 문제의식으로 재해석한 노력의 산물이라 할 수 있다.

　오랫동안 역사가들은 20세기 한국역사의 특징을 전반부는 '식민지'로, 후반부는 '분단'으로 묘사해 왔다. 이는 지난 세기 한국인들의 삶을 궁핍하게 만든 실체를 명확하게 드러내고, 해방과 통일을 근현대의 역사적 과제로 제기하는 실천적 의의를 가졌다. 그런데 이러한 입장은 근대 100년의 복합적인 경험을 '민족국가 건설'이란 잣대로 파악하려는 강한 민족주의적 열망을 반영하고 있다. 문제는 이러한 민족주의적 정서가 21세기 한국에서도 여전히 적실한가이다.

최근 한국은 경제 위기 등 여러 가지 어려움을 겪으면서도 국제적 지위는 크게 올라갔다. 또한 외국인 노동자의 유입과 국제결혼의 증가 등으로 점차 다문화 사회로 변화해 가고 있다. 때문에 민족주의가 약자의 저항 논리로서 가졌던 긍정적 요소는 약화되고 시대착오적인 인상마저 주게 되었다. 남북의 통일문제도 그 필요성과 절실함을 인정하되, 신중하게 추진해야 한다는 주장이 설득력 있게 대두하고 있다. 동아시아 평화 정착이나 '통일한국'의 지속 가능성을 위해서 성급한 통일의 추진보다는 단계적 조처와 평화 공존의 실질적 장치 마련이 선결되어야 한다는 것이다.

한편, 이런 시세에 영합하여 최근에는 20세기 한국역사를 '자본주의적 경제 발전'에 초점을 두고 파악하는 '대한민국사'의 입장이 대두한 바 있다. 이런 입장은 식민지나 분단의 질곡을 극복하려는 노력보다는, 대한민국의 수립과 고도 경제 성장 등에 우선 주목한다. 식민지 경험도 경제 발전의 시각에서 협소하게 파악하며, 북한의 역사나 민주주의 발전 등을 도외시하는 경향이 있다. 우리의 현대사에 대해 자부심을 갖는 것은 좋은 일이지만, 그것이 한국 사회의 현재적 도달점을 일방적으로 미화하거나, 사회적 약자에 대한 반성적 성찰을 결여하는 논리로 치우친다면 반동적 역사관으로 전락할 것이다.

'시대착오적'이거나 '반동적' 역사관에 빠지지 않고 앞으로 나아가려면 우리는 어떤 태도를 견지해야 할까. 우리는 과연 어떤 시대를 살고 있는 것일까. 국제적으로는 자본주의 진영과 사회주의 진영 간의 대립에 바탕을 둔 냉전 체제가 무너지고, 미국 주도의 자본주의적 세계화가 진행되고 있다. 또한 이런 추세 속에서도 미국 중심의 일극 체제를 위협하는 중국의 부상이나 지역 통합 움직임 등 새로운 변화가 일어나고 있다. 국내에서는 신자유주의적 세계화의 진행으로 사회 양극화가 심각해졌고, 승자독식勝者獨食의 사회진화론적 가치가 횡행한다. 뿐만 아니라 사회안전망의 약화와 복지 정책의 후퇴로 인해 사람들은 학벌, 직장, 종교 등의 보호막을 갖기 위해 필사적이다. 이미 보호막을 가진 사람들도 끊임없이 방출 위협에 시달리며 과중한 노동으로 질식 상태에 있다.

이런 상황에서 우리는 진보와 발전 관념을 비롯하여 그동안 삶의 양식을 좌우해 온 근대적 가치를 발본적으로 비판하면서도, 그러한 근본주의적 태도가 현실적 대응능력의 결여와 무기력함으로 귀결되지 않도록 주의해야 할 것이다.

4·19의 민족주의적 열기로 출발한 1960년대 한국 사회에서 일제 식민지 경험은 '독립'이라는 키워드로 포착되었다. 이때에는 국권회복을 위한 항일독립운동이 연구의 중심 주제가 되었으며, 식민사

학으로부터의 탈피와 민족주의 역사학의 정립이 당면 과제가 되었
다. 그로부터 20년이 흘러, 5·18민중항쟁을 계기로 반미의식이 각
성되고 사회주의사상이 수용된 1980년대에는, 일제 식민지 경험을
파악하는 키워드가 '해방'으로 옮겨갔다. 기존의 항일독립운동은
국내외 민족해방운동의 틀 속에 포괄되었고, 민족해방운동의 흐름
속에는 각 방면의 민중들이 가졌던 계급 해방의 지향도 담겨 있었
다. 그 결과 '운동사' 연구는 민족운동뿐만 아니라 사회운동 방면으
로 심화·확장되었다. 이 시기에는 한국 사회의 변혁운동에 복무하
는 실천적이고 민중적인 역사학을 추구했다. 이후 20년 동안 한국
사회는 많은 변화를 겪었다. 정치적 민주화의 달성, 동유럽 사회주
의권의 몰락, 성장신화의 붕괴, IMF 구제금융 사태 등을 경험하면서
우리 사회에는 근대적 가치 일반과 발전 지상주의에 대한 회의가 생
겨났다. 2000년 무렵부터 대두한 식민지 연구의 새로운 경향은 '주
체'에 대한 관심이라고 부를 만하다. 이제 식민지 경험에서 주목해
야 할 대상은 '운동적 실천'에 국한되지 않았다. 일상적 행위에 대
한 관찰도 중요해졌다. '근대적 주체'의 생산과 재생산 과정 전체를
분석대상으로 주목하게 된 것이다. 이는 식민지기가 근대성
modernity의 발현장소로 파악되면서 가능해졌다.

이상과 같이 현재적 문제의식의 초점이 이동함에 따라 역사학에
서 식민지 경험을 포착하는 주안점도 '독립에서 해방, 해방에서 주
체로' 옮겨 왔다. 그런데 우리에게 더욱 중요한 것은, 역설적이게도

식민지 경험으로부터 자유로워지는 일일 것이다. '탈식민'이란, 식민지 경험을 현재적 문제의식에서 재해석하면서 궁극적으로는 식민지배의 기억에서 벗어나려는 노력은 아닐까. 그렇다면 어떻게 해야 과거의 기억으로부터 해방될 수 있을까.

글의 첫머리에서 역사학은 과거의 경험, 즉 기억을 대상으로 삼는다고 말한 바 있다. 우리의 집단적 기억은 그 자체가 매우 복합적이다. 집단적 기억은 현재적 질문의 강도와 관심의 변화에 따라 생기거나 사라지는 역동적인 대상이다. 강도 높은 아픈 기억은 오래 지속되기도 한다. 집단적 기억은 억지로 조장한다고 형성되는 것은 아니며, 아픈 기억은 잊어버리려 해도 쉽게 잊히지 않는 법이다. 그런 사례를 우리는 수많은 '과거사 청산' 과정에서 보아 왔다. 최근에 강조되고 있듯이 기억에 관하여 역사학은 이중의 경향과 투쟁해야 한다고 본다. 하나는 망각이요, 또 하나는 횡령이다. 망각은 가해자와 피해자 모두에게, 과거와 올바로 화해하는 방식이 되기 어렵다. 피해자로서의 경험은 신체와 마음에 각인되어 있어서 쉽게 잊히지 않는다. 아픈 경험과 대면하고 그것을 기억하는 과정, 그리고 가해자의 뉘우침 등이 수반될 때, 치유와 용서, 화해의 과정이 비로소 작동한다.

한편, 기억은 종종 국가나 특정 세력의 입장으로 부당하게 전유되기도 한다. 그 과정에서 피해자와 가해자가 뒤바뀌거나, 피해자의 고통이 국가와 민족의 발전이라는 명분 아래 싼값으로 동원된다. 이는 약자의 기억을 강자가 횡령하는 것이며, 약자를 두 번 죽이는 일이다. 그러므로 망각과 횡령을 넘어 기억의 공공성을 회복하는 길은 쉽지는 않지만 의미있는 일이다. 이처럼 식민지 경험을 재해석하여 공공의 기억으로 만들어 나가는 일은, 한국 사회의 통합뿐만 아녀라 한국 사회의 인간화나 평화·인권의 동아시아 공동체를 이루어 나가는 지름길이라 생각한다.

이 책의 구성과 내용

이 책은 필자가 최근 5년간 발표한 글들을 묶은 것이다. 학술논문집 등에 발표한 9편의 글을 형식과 내용을 고려하여 세 부분으로 재배열하고, 제목과 내용 및 구성형식을 단행본 체제에 맞게 수정했다. 당초에 단행본 발간을 구상하고 작성한 글이 아니라서 독자들이 보기엔 형식과 내용이 체계적이지 않을 수도 있겠다. 그러나 좌충우돌하며 집필한 글을 한 데 모아 보니, 여기에는 일제 식민지기에 대해 필자가 평소 가졌던 이론적·실증적 차원의 고민들이 투영되어 있다.

　이에 단행본으로 묶을 엄두를 내고 책 제목을 '식민지 조선, 오래된 미래—개념과 표상으로 식민지 시대 다시 읽기'로 붙였다. '오래된 미래'라는 표현은, 식민지 경험에서 현재적·미래지향적 함의를 읽는 필자의 지향을 담기 위해 차용했다. 더불어 이 책의 새로움은 식민지 시대에 접근하는 필자의 방법론에도 있다. 이미지와 번역에 대한 관심, 개념사적 접근 등이 그것이다. 이런 내용을 부제에 담았다. 이상과 같은 문제의식을 중심으로 책의 주요 내용을 소개하면 다음과 같다.

1부 '식민지 시대를 다시 읽는다'는 연구사 검토의 형식을 빌려 기존의 식민지 인식에 대한 비판적 성찰의 방향을 제시한 글이다. 1장 〈서로 경합하는 공공영역들〉에서는 기존의 '수탈론 및 식민지근대화론'을 비판하며 등장한 최근의 '식민지 근대' 및 '민중사' 입장을 상호 교차하면서 검토했다. 검토 후 필자는 '서로 경합하는 다차원의 공공영역들'을 제안했는데, 이는 '민족'이라는 단일 정체성, 혹은 여기에 '계급' 정체성을 추가할 뿐인 기존의 식민지 인식을 상대화하고, 공간이나 정체성 등의 측면에서 인식의 폭을 더 확장하려는 문제의식을 드러낸 것이다.

1장에서는 최근에 등장한 새로운 식민지 인식에 초점을 두면서 그 인식의 양 갈래를 비판적으로 종합하는 시도를 보였다면, 2장 〈농민 : 초월과 내재의 경계〉에서는 '농민운동'이라는 특화된 주제를 대상으로 '민중(농민)' 주체에 대한 기존의 인식과 새로운 인식 양자를 진지하게 검토했다. '민중사학'이 부각시킨 일제 하 혁명적 농민운동에 관한 역사상이 1980년대 진보적 학술진영이 내건 '아젠더'의 산물이라고 하여 그 역사적 한계를 지적하면서도, 이를 비판하며 등장한 최근의 제 경향들이 가진 위험성도 간과하지 않는 균형잡힌 시각을 취하려고 노력했다.

2부 '표상과 번역의 매체공간'은 일제 하의 대표적인 종합월간지 《개벽》에 대한 필자의 관점을 실증적인 연구로 전개한 글이다. 매체라는 공간의 안팎에서 전개된 주요 사회세력의 활동과 갈등 양상을 '표상'과 '번역'이라는 키워드로 파악하고자 했다. 1장 〈표상공간 속의 쟁투〉에서는 《개벽》의 표지와 목차를 '표상공간'으로 규정하고 이를 나름대로 분석하여, 《개벽》의 성격에 대한 기존의 논의 지형에 효과적으로 개입하고자 했다. 쟁점이 되는 《개벽》 후반부 논조의 사회주의화 경향에 대해 필자는, 《개벽》 외부의 사회적 상황을 주요 변수로 보는 입장과, 이와 반대로 《개벽》 주도층의 능동적 대응 및 사회주의의 적극 수용을 강조하는 입장을 모두 비판하면서 절충적 관점과 동태적 파악을 중시한다.

2장 〈모방과 차이로서의 번역〉에서는 식민지 지식인의 인식 형성 과정에서 '번역'이 갖는 중요성에 주목하여 그 양상을 어떻게 분석 대상으로 다루고 재현할 수 있을 것인가를 고민했다. 1차 세계대전 직후 '개조론'이라는 동시대적 담론이 일본이라는 창구를 통해 식민지 조선으로 소개·수용되는 과정, 이른바 '중역적重譯的 수용' 양상 및 그 속에서 드러난 모방과 식민지적 차이 등을, 일본에서 출간된 두 개의 텍스트와 《개벽》 기사를 대조하면서 추적했다.

3장 〈제3의 길〉에서는 2장의 접근법과 분석 결과를 계승하면서, 이를 '버트란트 러셀'에 초점을 둔 연구로 심화시켰다. 《개벽》 주도층의 러셀 수용을 근거로 이들의 정치사상적 입장이 《동아일보》 계열이나 사회주의 세력과 각각 구별된다는 점을 부각시킴으로써, 한 국근대사상사를 '민족주의'와 '사회주의'의 이분법적 구도로 파악 하는 기존의 이해방식을 비판하고자 했다. 또한 러셀의 개조론을 수 용한 결과 나타난 《개벽》 주도층의 지향이 '자본주의 비판의 비非마 르크스주의적 경향'을 띤다는 점에 착안하여, 특정한 역사적 시간대 에 존재했던 이러한 경향이 동구 사회주의권 붕괴 이후 나타난 다양 한 대안사회적 흐름과 연계된다는 점을 나타내기 위해 '제3의 길'이 라는 표현을 사용했다.

보론 〈매체 연구의 도달점〉에서는 《개벽》에 대한 대표적인 연구성 과를 검토하고 논평을 가했다. 《개벽》을 역사적 상황의 단순한 반영 물로 취급하는 환원론적 접근이나, 반대로 《개벽》을 《개벽》 주도층 의 의도를 일관되게 구현한 자료로 파악하는 정태적 접근, 이 두 편 향을 벗어나야 한다는 것이 필자의 관점이다.

3부 '개념에 비친 식민지 사회'는 '개념사 연구' 방법론을 적용하 여 식민지 조선의 실상에 접근하고자 한 글이다. 개념사 연구는 개 념사적 접근과 사회사적 접근의 종합을 지향할 뿐만 아니라, 주요 분석대상을 '개념', 즉 특정 시기 행위 주체의 '경험공간'과 '기대 지평'을 함축하고 있는 '개념'으로 설정하는 접근법이다. 1장 〈'대 중'을 통해 본 식민지의 전체상〉에서는 어휘통계학적 분석방법과 개념장概念場 등의 기법을 활용하여 1920~30년대 식민지 지식인의 '대중' 인식을 검토했다. '대중' 개념에 초점을 두고 장기적인 변동 양상을 효과적으로 파악하여 기존의 '수탈론·민족해방운동사' 경향과 최근의 '식민지 근대' 경향을 아우르는 종합적 시야를 확보한 것이 특징이다.

2장 〈집합적 주체들의 향방〉은 1장보다 먼저 학술지에 발표된 것으로, 어휘통계학적 방법을 처음으로 활용하여 '국민', '인민', '민중', '대중' 네 개념의 시계열적 변화를 추적했다. 《동아일보》 기사 제목에 국한해서 살펴본 것이지만, 이를 통해 일제 식민지 하에서는 '국민'이나 '인민'보다는 '민중'과 '대중' 개념을 선호했다는 사실을 규명할 수 있었다.

3장 〈'종교' 개념을 둘러싼 충돌〉에서는 식민지기 좌·우파 간의 사상 논쟁을 '개념 이해를 둘러싼 충돌'이라는 각도에서 고찰했다. 충돌 양상을 '종교' 개념에 주목하여 살펴본 뒤, 이러한 충돌에 잠재되어 있었던 상호 소통의 계기를 오늘날 새롭게 발견하자고 주장함으로써 '개념사' 연구의 현재적 의미를 부각하고자 했다.

이 책은 필자가 2005년 봄 박사학위 논문을 마친 뒤 지금까지 전개한 사유의 여정을 정리한 의미가 있다. 박사학위 논문을 집필하며 가졌던 문제의식을 심화·확충한 글도 있지만, 새롭게 받은 자극을 담은 글도 적지 않다. 1부의 글을 작성하는 데에는 식민지를 새롭게 바라보고자 한 '식민지 근대' 및 '막금회' 연구모임, 역사문제연구소의 '민중사연구반' 모임에서 많은 도움을 받았다. 2부의 글과 관련해서는 성균관대 국문학 연구자들과의 학제 간 교류가, 이전부터 가져온 이미지 자료나 매체에 대한 관심을 학술논문으로 구체화하는 계기가 되었다. 또한 역사문제연구소의 '번역과 근대' 연구모임도 중요한 자극이 되었다. 3부의 글은 필자가 한림대학교 한림과학원 인문한국 사업에 참여하면서 나올 수 있었다. 한림과학원은 2007년부터 '동아시아 기본개념의 상호소통 사업'이라는 아젠더로 인문한국 사업을 수행해 오고 있다. '개념사'라는 생소한 분야에 뒤늦게 합류한 필자에게 안정된 연구환경을 제공하고 학문적 자극을 주신 김용구 원장님 이하 인문한국 사업 관계자 선생님들께 깊이 감사를 드린다. 끝으로 어려운 여건에도 불구하고 이 책의 출간을 흔쾌히 수락해 주시고 복잡한 도표와 까다로운 문맥을 깔끔하게 정리해 주신 푸른역사의 출판 관계자분들께 진심으로 감사드린다.

2011년 4월 허수

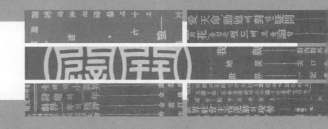

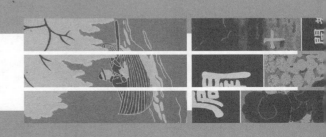

제1부

식민지 시대를 다시 읽는다

서로 경합하는 공공영역들
농민: 초월과 내재의 경계

1
서로 경합하는 공공영역들
─'식민지 근대'와 '민중사'를 넘어서

이 글의 목적은 일제 식민지기에 관한 새로운 연구경향을 검토하고 앞으로의 발전방향을 모색함으로써 식민지 인식의 생산적 분화와 비판적 역사담론의 형성을 촉구하는 데 있다. 이 글은 역사문제연구소의 개소 20주년(2006)을 즈음해서 그간 한국사 학계에서 이루어진 새로운 연구동향을 점검하는 차원에서 작성되었다. 여기서 '새로운' 연구경향으로 상정한 대상은, 연구소 10주년 이후의 연구성과물, 특히 1995~96년 이후에 나온 연구물로 '수탈론 대 식민지근대화론' 구도에 비판적인 태도를 취한 연구들이다. 그런데 기존의 대립구도를 '새로운' 입장에서 비판하는 것이 이 글의 주안점은 아니다. '새로운' 입장에 해당하는 대표적 경향들을 서로 비교하면서 각각이 가진 함의와 특성을 살펴보는 데 집중하고자 한다. 따라서 이 글은 통상적인 연구사 정리가 가지는 미덕, 즉 개별 논문들에 관한 꼼꼼하고 포괄적인 점검이나 친절한 소개 등을 갖추진 못했다. 연구사 정리를 가미했으되 역사수상歷史隨想이나 메타비평을 시도한, 다소 거친 글이 될 것이다. 주요 검토대상에는 이상의 기준에 포함되는 실증적 연구뿐만 아니라 이론적 차원의 연구도 포함시켰다. 구체적으로는 '식민지 근대'에 포함할 수 있는 연구와 '민중사' 경향에 해당하는 연구를 대상으로 했다.

'식민지 근대'와 '민중사'는 기존의 '수탈론 대 식민지근대화론'을 넘어 새로운 식민지상을 추구한다는 공통점을 가진다. 기존의 식민지 인식은 서로 대립하면서도 심층에서 '민족주의·근대주의'의 지반을 공유한다는 지적이 제기되었다.[1] 그러나 양자 사이에는 차이점도 적지 않다. 구체적 내용은 본론에서 살펴보되, 여기서는 양 입장 간의 생산적 소통을 위해 공통 지반을 마련한다는 차원에서, 우선 새로운 역사담론이 가져야 할 일반적 조건을 생각해 보고자 한다.

역사담론, 즉 사론史論을 구성하는 핵심적인 두 요소가 있다면 역사인식歷史認識과 역사의식歷史意識이 아닌가 싶다. 두 용어를 구분하지 않고 혼용하는 경우도 많은데, 이 글에서는 양자를 상호 밀접한 관계에 있되 뚜렷이 구분되는 두 층위로 파악할 것이다. 역사인식historical perceptive을 '역사적 대상에 대한 경험적 파악' 혹은 그를 통해 생산된 '역사적 지식'이라 한다면, 역사의식historical consciousness은 '역사적 발전에 대한 강한 자각'이자 '역사인식의 기초가 되는 사유방법'으로 정의할 수 있다.

현실의 변화 등을 계기로 역사의식의 전환이 이루어지면 역사인식의 확장이 초래되는 경우가 많으며, 역사인식의 꾸준한 축적 위에서 새로운 역사의식이 도출될 수도 있어서, 양자는 밀접한 인과관계를 가진다. 그러나 어떤 경우에는 역사의식과 역사인식이 서로 반비례 관계에 놓이기도 한다. 즉, 역사가 현실정치에 좌우되거나 종속될 경우, 역사의식의 과잉으로 인해 역사인식이 황폐화되는 일이 생긴다. 반대로 역사인식이 활성화되어 이전에 보지 못하던 역사적 소재나 접근법이 개척되어도 그것이 현실 문제와의 연관성을 상실하고 있다면 역사로의 도피나 지적 유희로 귀결됨으로써 역사의식이 왜소화되기 쉽다. 이런 점에서 비판적 역사담론은 역사의식과 역사인식 사이의 생산적 긴장을 통해 형성된다고 말할 수 있다. 본론에서는 이러한 기준 위에서 '식민지 근대'와 '민중사'의 입장을 비판적으로 검토하고, 양자가 가진 합리적 핵심을 종합하기 위해서는 식민지를 '서로 경합하는 공공영역들'의 관점에서 바라볼 필요가 있음을 강조하고자 한다.

1. 역사학의 과제와 '식민지 경험'

1—신자유주의 세계화와 역사학의 과제

역사담론을 비롯한 모든 견해가 형성되는 곳은 궁극적으로 현실, 즉 인식 주체가 딛고 있는 '지금-이곳'의 시·공간이다. '현실'은 인식 주체의 모든 질문이 발화되고, 그 질문에 관한 수많은 모색과 대답이 회귀하는 곳이다. 그런데 이 현실은 단일하고 목가적인 곳이 아니라 복잡하고 적대적인 투쟁의 장소이다. 또한 정세에 따라 시시각각으로 변화한다. 최근의 한국 사회에서 1990년대는 분수령적 의미를 가진 변화가 일어난 시점이다. 사회주의권의 몰락, IMF 구제금융 사태, 삼풍백화점 붕괴 참사……. 그 변화에 대한 찬반 양론이 계급·계층, 기타의 조건에 따라 다양하게 나누어졌다.

이러한 일련의 사태를 경험하는 사이 우리 사회에서는 '성장'과 '경쟁', '효율성' 등을 원리로 하는 '신자유주의적 세계화' 이데올로기가 '분배'와 '복지', '인간성' 등의 가치를 압도하면서 광범위하게 유포되었다. 신자유주의적 세계화에 편승해 국제적인 경쟁력 향상을 위해 매진할 것인가, 아니면 민족주의의 강화를 통해 세계화에 저항할 것인가, 그것도 아니면 '다른' 세계화라는 비전을 설정하고 작금의 세계화에 적극적으로 대처해 나갈 것인가. 사람들은 몇 가지 선택의 기로에 서 있다. 비판적 역사담론은 지배이데올로기를 무비판적으로 추수하거나 현실의 변화를 외면해서는 형성되기 어렵다. 그렇다면 위의 방안 가운데 '자본'이 주도하는 신자유주의적 세계화에 맞서 '민중 혹은 다중多衆' 주도의 세계화를 주장하는 세 번째 입장에 주목하고 싶다. 물론 그 입장은 아직 추상적이고 원론적인 문제제기에 그치고 있다. 그러나 이 입장은 '국민국가' 단위에 시야를 국한시키지 않고 국가와 세계 사이의 상호관계를 폭넓게 고찰하며, 이와 연동하여 국민국가의 경계나 전통적인 민족·계급적 정체성을 벗어나는 사람들을 대안적인 주체로 발견하고자 시도한다. 이러한 상황에서 비판적 역사담론은 '신자유주의적 세계화'가 가진 비윤리적 측면을 고발함과 동시에 새로운 주체 구성의 문제를 과제로 삼지 않을 수 없다. 즉 국민국가에 고착되지 않고 그것을 넘어서는 주체는 누구이며 그것을 어떻게 포착할 수 있을까 하는 질문을 역사적 맥락 속에서 제기해야 하는 것이다.

변화된 정세 속에서 이미 다양한 종류의 사회운동이 전개되고 있다. 우리가 던지는 질문도 예전과 달라질 수밖에 없다. 1980년대 학술운동의 기치 아래 사회운동에 참여했던 역사연구단체들은 어떻게 현실에 개입할 것인가, 사회운동의 분화와 저항이데올로기의 '부재'라는 작금의 상황에서, '과학'과 '실천'의 방식·범위를 어떻게 재설정해야 하는가, 무엇을 선택해서 집중해야 할 것인가, '역사' 담론의 특이성은 무엇이며 '식민지 경험'의 특이성은 또 무엇인가 등이 그것이다. 어느 하나도 손쉬운 대답을 기대하기 어려운 질문들이다. 하지만 '역사학도'로서 할 수 있는 최선의 출발은 '역사'를 '현실' 설명의 도구가 아니라 '현실' 비판의 무기로 활용하는 것이다. 이런 점에서 그동안 역사의 '변방'으로 치부되었던 '일제 식민지 시기'의 경험은 새롭게 해석될 수 있다.

2—식민지 경험의 새로운 '가능성'

한국 자본주의 논쟁에서 수탈론과 식민지근대화론은 상호 대립했지만 심층에서는 '민족주의'의 지반을 공유했다는 지적이 있음은 이미 언급했다. 이런 지적에는 식민지를 정상적인 역사 흐름의 '왜곡'·'비정상'·'일탈' 등으로 바라보는 기존의 관점에서 벗어나려는 노력이 반영되어 있다. 1970~80년대 한국 자본주의의 고도성장과 1990년을 전후한 시기 동구 사회주의권의 몰락은, 연구자들에게 이전의 논쟁 구도를 새롭게 바라보도록 했다. 식민지 경험과 관련해서 예전의 질문이 주로, '우리는 왜 우리 힘으로 근대화를 수행할 수 없었는가' 였다면, 이제는 그 초점이 '우리의 근대는 과연 어떤 모습이었는가' 로 바뀌었다. 더구나 1990년대 한국 사회의 각종 재난과 참사는 사람들에게 '근대의 피로감' 을 느끼게 했다.[2] '식민지 시기의 한국' 은 우리가 지향해야 할 '근대' 가 결핍되거나 반대로 그 기원의 무대로 파악되기보다는, 우리가 성찰적으로 파악해야 할 근대성modernity의 발현장소로 새롭게 인식되었다. 이때를 전후해서 근대성에 대한 발본적 비판을 추구하는 서구의 포스트모더니즘 사조가 유입되고 그 문제의식이 식민지 인식에도 투영되어 검토해야 할 식민지 경험이 개척·확장되었다.

 그렇다면 새로 주목되는 식민지 경험의 내용은 무엇이며 그것은 어떤 함의를 가지는 것일까. 우선 기존의 식민지 이해부터 점검해 보자. 그동안 한국사 연구에서 식민지 시기는 '변방' 에 위치했다고 해도 과언이 아니다. '나라를 빼앗긴 시기' 였기 때문이다. 중·고등학교 교과서나 대학의 한국사 개설서를 보면, 조선 시대까지는 '정치·경제·사회·문화' 의 체제를 갖추어 설명되고 있다. 그러나 식민지 시기부터는 '운동사' 중심으로 서술되기 시작한다. 이는 식민지 연구의 폭이 빈약하기 때문에 나타나는 현상이다. 그러나 그것은 단순히 양적 빈약성뿐만 아니라 질적 빈약성, 즉 식민지 시기에 관한 인식의 왜소함을 보여주는 것이기도 하다. 한국사에 관한 통설적 견해에서, 개항기 무렵 이후 한국 근대사의 과제는 '주체적 근대화' 였다. 이는 곧 당시의 시대적 과제를 '국민국가 형성과 그 주도 하의 근대화'로 보는 관점이다. 이러한 당위성에 비추어볼 때 한국의 일제 식민지화는 국민국가 건설의 좌절이자 '주체적 근대화' 의 실패였다. 식민지 시기는 1945년 8월 15일의 '광복' 시점까지 '암흑기'로 묘사되었다.

좀 도식화해 보자면, '주체적 근대화' 과제의 좌절은 연구자들의 식민지 이해에도 반영되어, 그동안의 식민지 이해는 '주체성'을 강조하는 경향과 '근대화'를 강조하는 경향으로 대별되었다. 전자의 경향은 독립운동사에서 출발하여 사회주의운동까지 포함하는 민족운동사로 나아갔고 '좌우합작' 이 '운동' 평가의 규범적인 잣대가 되었다. 그러나 식민지에서 근대성의 진전은 '그들만의 근대화' 라는 식으로 평가절하되거나 무시되었던 측면이 컸다. 후자의 경향은 식민지 시기를 주로 경제 성장의 측면에서 접근하면서 한국인에 의한 근대적 지식과 기술 습득을 중요시했다. 그러나 한국 사람들의 주체성을 말하면서도 그것이 정치적 층위의 주체성을 배제하고 경제적 층위의 능동성에 제한되었다는 혐의를 벗기 힘들다. 그 능동성은 '순치된 주체' 의 속성에 불과한 것이기 때문이다.

이러한 두 대립적 인식은 '근대성 비판' 이라는 새로운 접근에 의해 상대화되기 시작했다. '근대'를 부정적 유산으로 보게 됨에 따라 '그들만의 근대'도 정면으로 응시할 수 있게 되었다. 민족운동적 주체나 부르주아적 주체를 확인하고 현창顯彰해야 한다는 강박에서 자유로워지면서 식민지 민의 '일상'에 눈 돌릴 여력이 생겼다. 이러한 발상의 전환이 풍부한 성과물로 이어졌다고 말하기는 때 이르다. 그러나 그러한 전환으로 인해 우리는 식민지를 근대의 '결핍'이 아니라 근대의 성찰과 근대 비판의 '가능성'을 보여주는 장소로 볼 수 있게 된다.

그렇다면 그 '가능성'의 내용은 무엇인가. 일단 식민지 경험 중 '국민국가로 회수回收되지 않는 것'에서 찾을 수 있다. 그것은 식민지 경험이 상대적으로 '강한 근대'와 '강한 비非근대'의 공존과 지속으로 표상된다는 점과 밀접하게 관련되어 있다. 그리고 이 점은 근대의 폭력성과 근대 비판의 내적 자원들을 식민지로부터 더 잘 추출할 수 있음을 의미한다.

'근대'로의 이행은 계몽과 폭력, 저항과 순치를 동반한 국민국가의 창출 과정에 다름 아니다. 그런데 식민지에서 '과대성장'한 국가, 즉 총독부권력과 독점자본은 궁극적으로 식민모국의 이해관계에 종속된다. 따라서 근대화의 템포나 전통 사회와의 상호작용 등의 측면에서 식민지 조선 사회는 훨씬 급격하고 일방적인 변화를 경험하게 된다. 즉, 식민지에서의 근대적 국가기구나 기타의 장치들은 조선 사회보다는 일본 제국주의의 이해관계와 발달 수준, 전략 등의 맥락 속에 배치됨으로써 근대 자체가 가진 '구조적 폭력성'은 더 강하게 발현된다. 이것이 '강한 근대'의 내용이다.

한편 식민지 조선에서 일제는 그러한 폭력적 제도와 물리력에도 불구하고 역설적으로 식민지 주민을 '국민'으로 통합하는 데 어려움을 겪었다. 뿐만 아니라 일본을 매개해서 이식되는 서구 근대의 파급력도 상대적으로 제약되었다. '강한 비非근대'라는 용어는 식민지에서 행사되는 서구문화의 헤게모니 능력이 상대적으로 제한적이었음을 표현하기 위해 선택했다. '국민'으로 길들여지지 않는 '민중'의 존재를 식민지 조선에서 부각시켜 검토할 필요가 있는 것이다. 물론 식민지에서 조우하는 서구문화와 토착문화 사이의 비대칭적 관계, 즉 '서구 〉 토착'의 관계가 있다는 데는 동감한다.[3] 그러나 대의제 정치시스템의 부재, 경성과 지방 또는 도시와 농촌 사이의 불균등 발전이 초래한 격차, 국민국가적 모델로부터의 '탈구'라는 박탈감 등은, 한편으로는 급격한 근대화의 추구를 불러일으킬 수도 있지만, 다른 한편으로는 근대 자체에 대한 회피와 반발을 야기할 수도 있다. 이것이 식민지 사회에서 서구 및 일본의 헤게모니적 지배에 일정한 제약이 될 수 있음에도 유의해야 한다. 식민지 엘리트 및 민중들에게서, 서구 근대 국민국가적 지향·모델과 식민지 상황의 불일치는 근대의 '폭력성'에 대한 저항 및 일탈에 '명분'을 제공하기도 한다.[4] 이 글의 논의와 관련해서 중요한 점은, 다양한 분열의 이미지로 표상되는 그러한 저항과 일탈이 국민국가 건설이나 민족주의운동으로 수렴되지는 않는다는 점이다.

여기서 우리는 21세기 역사학의 과제와 관련해서 기존의 역사학이 제시한 규범의 지평을 비판적으로 넘어서야 한다. '민족 분열'이 라는 부정적 잣대를 '다양한 전략'이라는 측면에서 재검토해야 할 것이다. 기존의 역사학은 식민사학의 주장, 즉 '타율성론'·'정체성 론'·'당파성론'을 비판적으로 극복하기 위해 '내재적 발전'과 '좌 우합작'·'통일전선' 등을 규범적 기준으로 삼았다. 오늘날의 탈식 민적 과제는 이러한 식민사학 비판과는 다른 맥락·방식으로 추구 되어야 한다. 그 출발점은 식민지 경험이 가지는 다양한 차이와 분 열상, 강한 비근대 등의 측면을 역사담론의 자원으로 적극 포섭하는 데서 이루어져야 한다. 왜냐하면 그러한 측면들이야 말로 식민지 경 험이 가진 '가능성의 새로운 처소處所'이기 때문이다.

2. 식민지 경험의 재현방식들

1—식민지 근대

여기서는 검토대상을 마츠모토 타케노리와 윤해동의 연구성과에 제한했다. 물론 두 사람의 연구가 식민지 근대의 연구경향을 대표한 다고는 할 수 없다.[5] 그러나 두 사람은 아직 명확한 사론으로 정착했 다고 보기 힘든 '식민지 근대'에 관해 자신의 분석틀을 가지고 본격 적인 연구사 검토를 하거나 사론을 전개한 바 있다. 간혹 식민지 근 대 논의를 비판하면서 그 논의를 상대화하기도 하지만, 그런 대목조 차도 크게 보면 식민지 근대의 논의를 식민지 조선 사회의 분석에 좀 더 엄밀하게 적용하려는 입장에서 나온 것이지, 근본 입장은 다르지 않다.

마츠모토 타케노리는 식민지 근대에 관한 기존 연구가 다음과 같은 특징을 가진다고 했다. 첫째, '수탈론 대 식민지근대화론'을 극복하기 위한 새로운 분석틀을 제시했다는 점, 둘째, 헤게모니·규율권력·젠더 등 새로운 분석틀을 의식적으로 채택하여 일상생활 수준에서의 권력 작용을 분석함으로써 사회구성체 수준에서의 거대권력 분석과는 다른 논점을 제시했다는 점, 셋째, 민족주의 언설의 강력한 권력 작용을 언급하고, 다양한 사상·운동을 민족주의와는 다른 시점에서 재평가하는 등 민족주의를 상대화하려는 시도를 보인다는 점 등이 그것이다.

여기에 그치지 않고 그는 '동시대성과 단계성의 종합적 고찰'이라는 관점에서 식민지 근대의 논의를 비판적으로 정리했다. 실증적 연구가 축적된 규율권력·대중문화·근대적 미디어 연구를 대상으로, 그는 이들 연구가 '동시대성'에 초점을 둔 것이라 평가했다. 즉, 이들 연구는 1920~30년대 구미(일본)의 사회문화적 변화가 식민지 하 조선에서도 '동시대적'으로 발생했다는 점에 주목한 것이며, 이 점에서 그것은 '식민지 조선에서의 근대성'을 밝힌 것이라 했다. 이런 입장에 대해 마츠모토는 자신의 입장을 '조선에서의 식민지 근대'에 주목하는 것으로 차별화했다. 이는 곧 식민지 조선을 이해할 때 '동시대성'의 측면과 아울러 '단계성'의 측면도 함께 고려해야 한다는 것이다. 그의 주장은 두 가지로 압축된다. 첫째, 규율권력 장치·

대중문화·근대적 미디어는 그 제한적 보급(= '편재偏在')에도 불구하고 식민지 하 조선인 사이에서 헤게모니로서 성립했으며, 둘째, 촌락은 근대의 헤게모니와 전통적 규범이 각축하는 장場이고 농촌엘리트는 식민지 권력의 의지를 전달하는 자이면서 동시에 민족의식의 보유가 가능한 양면성(= '회색지대')을 가졌다는 것이다. 마츠모토는 촌락을 '전통과 근대의 각축장'으로, 농촌엘리트를 '회색지대'로 설정하면서 그곳에서 '수탈-저항'의 이분법을 넘어서는 새로운 인식의 가능성을 보고자 했다고 할 수 있다.[6]

한편, 윤해동은 이러한 가능성을 마츠모토와는 조금 상이한 영역에서 모색한 바 있다. 그의 논의는 두 단계로 전개되었다. 첫 번째 단계에서 그는 피지배 민중을 일상에서 '협력과 저항'의 양면성을 띠는 존재로 파악한 뒤, 이러한 양면성이야 말로 '식민지 인식의 회색지대가 발원하는 지점'으로 보았다. 또한 식민지에서 '정치'의 범주를 확대하고, 일상에서 '정치'가 이루어지는 공적 공간을 '식민지적 공공성'이라는 개념으로 포착하고자 했다. 그 사례로 1920~30년대 지방제도 개정, 1930년대 초반 경성지역의 전기사업 부영화운동, 각종 '민중대회' 등을 주목했다. 두 번째 단계로 그는 '대중大衆'을 주목했다. 기업열, 교육열 등으로 상징되는 '합리성의 폭발'이 근대적 개인을 형성시켰고, 이를 바탕으로 대중이 급격히 창출되었다는 것이다.[7] 그는 식민지권력과 대중운동이 이 근대적 대중을 정치적으로 전유(= '재주술화')하기 위해 경쟁관계에 있었다고 보았다. 이를 통해 대중은 한편으로는 좌우익에 의해 각각 '계급'과 '민중'으로 전유되었으며, 다른 한편으로 식민권력에 의해 제국 민족이라는 새로운 신성으로 동일화되어 갔다는 것이다.

마츠모토와 윤해동의 이러한 이해는 흥미로운 비교거리를 제공한다. 양자는 '수탈과 저항'을 넘어서는 새로운 식민지 인식을 추구하는 공통점을 보이고 있다. 마츠모토는 '식민지 근대' 연구가 새로운 관점에 들어맞는 사실史實들을 부조적으로 드러내는 데 그치지 말고, 여기서 한 걸음 더 나아가 식민지 조선 사회에 대한 입체적인 접근을 통해 역사인식의 확장으로 나아가야 함을 주문하고 있다. 마츠모토가 '회색지대'를 농촌엘리트로 설정했다면, 윤해동은 그 지대를 도시의 대중으로 설정했다. 이러한 세부적인 차이에도 불구하고 양자를 포함한 식민지 근대 논의들에 의해 기존 식민지 인식의 사각지대에 있던 광범위한 식민지 경험이 연구자의 분석 시야 속으로 들어오게 되었다. 이로써 식민지를 대상으로 새로운 역사인식이 가능해졌다.

그러나 역사의식의 측면에서는 어떤가. 역사의식과 관련해서 생각할 경우 매우 중요한 사안의 하나가 '저항적 주체'의 재구성 문제이다. 식민지 근대가 민족 주체 혹은 계급 주체에 기반한 역사인식을 넘어 새로운 지평을 열어 나가고자 할 때, 새로운 주체를 무엇으로 설정할 것인가가 핵심적인 문제로 제기된다. 그런데 이 문제는 양자 모두에게 불명확하거나 소극적인 채로 남아 있다.

예컨대, 민중사 계열의 신창우는 식민지 근대 논의가 "식민지 하근대의 헤게모니 성립과 이에 대한 조선인의 적극적인 대응(=부응)을 과도하게 강조한 것"이라고 비판한 바 있다.[8] 이에 대해 마츠모토는, "촌락에서의 농촌엘리트 활동은 민중 저항과 폭력의 '음화陰畵'"라고 대답했다.[9] 농촌엘리트의 활동 반경 너머가 곧 민중적 저항과 폭력의 장소이므로 농촌엘리트 활동을 묘사한다고 해서 조선인의 저항을 무시하거나 없다고 보는 것은 아니라는 뜻이다. 그 대답이 타당함에도 불구하고 주체 구성의 문제를 본격적으로 조명하는 태도는 아니라는 점에서, 그 문제에 대해 소극적인 입장을 취한다는 혐의는 벗기 어렵다. 윤해동도 이 문제에 대해서 다소 '비관적인 결론'을 내린다. 윤해동은 "공공성을 매개로 공권력이 사생활의 영역으로 광범하게 침투"한다고 했다.[10] 여기서는 기껏 확보된 식민지적 '공공성'이 대중들을 지배권력의 제물로 만들어 버린다. 따라서 그의 '대중' 상像도 "근대적 합리성에 포박되고 규율화"된 존재로 귀착된다.[11]

이상에서 살펴본 바와 같이 '식민지 근대'에 관한 논의는 대체로 새로운 역사인식을 만드는 데에는 성공하고 있으나, 역사의식과 관련한 점에서는 추상적 문제제기의 수준에서 크게 벗어나지 못한 상태라고 할 수 있다.

2—민중사

여기서 검토할 '민중사'의 범위에는 1980년을 전후해서 '민중사' 사건 등으로 드러났던 민중사학은 포함되지 않는다. 시기적으로는 주로 1990년대 이후이며, 내용적으로는 실증적인 연구성과로서 일본 '민중사'의 입장을 수용해서 식민지 조선에 관한 연구를 수행했던 조경달·신창우의 연구에 중점을 두었고, 이론적인 성과로는 인도의 '서발턴 연구'에 관한 국내의 소개글로 제한했다.

신창우는 일본의 한국병합을 전후한 시기에 경기도 양주의 헌병보조원 강기동姜基東이 의병 토벌 노릇을 그만두고 일제권력과 투쟁한 사실에 주목하고, 이 투쟁이 식민지 민중·하층민의 여망을 체현한 '대리투쟁'의 성격을 가졌다고 주장했다.[12] 신창우는 이와 관련된 중요한 사실로, 강기동이 관습과 종교 또는 가족, 지역공동체와의 인적 관계망을 보유한 존재였다는 점, 의병이 탄압받는 상황에서 민중들은 헌병보조원만을 유일하게 믿을 만한 봉기의 주체로 인식했다는 점 등을 들었다.[13]

그의 연구는 강기동이 일본의 '앞잡이'에서 '의병'으로 전환하는 모습을 설득력 있게 보여준다. 또한 개별 사례이지만 그를 통해 '대리투쟁'으로서의 성격이 논증만 된다면 매우 중요한 연구사적 의의를 가질 수 있다. 그런데 우리의 논의와 관련해서 짚고 넘어가야 할 사항이 있다. 첫째, 강기동의 '의병활동'을, '스스로 싸우기 곤란한 식민지 지배 하의 민중·하층민이 대리투쟁을 맡긴 것'으로 볼 수 있는가라는 점이다.

신창우가 제시한 논거는 양주와 무관한 지도군智島郡에서 1910년 4월에 유포된 유언비어, 즉 '의병이 탄압받는 상황에서 민중들은 헌병보조원만을 유일하게 믿을 만한 봉기의 주체로 인식'했다는 내용이다.[14] 그러나 이 유언비어는 헌병보조원이었던 강기동(들)이 보인 '혁혁한' 전투력이 민중들에게 준 인상에 불과하지 '대리투쟁'을 맡긴 증거로 보기는 힘들다고 생각된다. 신창우의 논문을 보면 강기동의 의병활동에는 오히려 의병장 이은찬의 권유가 직접적 계기로 작용했다.

어쨌든 여기서 우리는 '식민지 근대'의 비관적 이미지, 즉 '계급과 민중에 전유된 대중'이라는 이미지와는 다른 다소 '낙관적'인 어법을 볼 수 있다. 나아가 신창우는 헌병보조원을 "단순한 일본의 노예가 아니라 일본도 통어通御하기 어려운 반反권력성을 가진 존재"로까지 본다.[15] 민중·하층민을 능동적인 존재로 설정하고, 개인의 저항 행위를 '반권력성'이라는 본질에서 도출하는 방식은 조경달이 이미 일반화된 형태로 제시한 바 있다.

조경달은 민중의 가치체계를 통해 근대라는 시대를 상대화하기 위해 '저변민중, 특히 농민을 자율적 존재로 보는 관점'이 필요하다고 했다. 그런데 그에 따르면 민중의 가치체계는 민중의 일상성에 접근해야 발견될 수 있는데, 그것은 용이한 일이 아니다. 왜냐하면 "민중은 스스로 말할 방도가 없고 사료를 남기지 않"기 때문이다. 오히려 민중을 언급하는 사료는 민란과 농민전쟁, 혹은 범죄와 의적·민중종교 활동 등 비일상적 세계가 전개될 때 종종 남게 된다. 따라서 그는 '운동'을 "시대와 사회의 전체성을 표상하는 것"으로 파악한다. 나아가 그는 '민중운동사'를 단지 변혁 주체의 동태를 알기 위한 방법이 아니라 "운동·투쟁이라는 비일상적 세계로부터 민중의 일상적 세계를 역逆투시"하기 위한 방법으로 설정한다.[16]

그러나 그는 일본의 '국민국가론'에 대해서는 비판적이다. 민중사 입장과 마찬가지로 국민국가론 또한 근대를 상대화하는 입장이지만, 국민국가론은 민중을 주체적으로 포착하려는 시각이 희박한 까닭에 항상 국민국가를 '주어'로 하며, 민중은 수동태로 언급되기 때문이다. 그는 한국에서의 식민지 근대 논의가 일본의 국민국가론과 동일한 문제점을 가졌다고 보고 있다.[17]

이상과 같이 조경달, 신창우의 글에서는 민중(농민)을 능동태로 묘사하고 자율적 존재로 상정하는 태도가 발견되며, '민중운동'은 민중의 일상성을 포착하기 위한 유리한 지점으로 설정된다. 그리고 이러한 노력은 민중의 가치체계를 통해 근대를 상대화하고자 하는 현재적 문제의식에서 비롯된 것이다. 이 점에서 민중사 연구가 가진 강한 역사의식을 엿볼 수 있다. 이런 점에서 그들이 '농민의 자율성'을 주장하거나 '민중운동사'라는 방법론에 의미를 부여하는 것은 민중사의 가장 기본적인 문제의식에 속하며, 그 자체로 매우 중요하다고 생각된다. 그러나 문제의식이 건강하다고 해서 분석과정의 타당성이 자동적으로 담보되는 것은 아니다. '농민의 자율성'은 과연 존재할까, 어느 정도의 자율성을 가질까, 그 자율성 여부를 어떻게 확인할 수 있을까 등의 질문에 대해 민중사는 경험적인 방법을 통해 증명해야 할 의무가 있다. 그러나 신창우의 검토에서는 강기동의 행위를 민중의 '대리투쟁'으로 이해할 합리적 설명고리를 찾기 어려웠다. 이러한 '설명 부족'이 '농민의 자율성'에 대한 과도한 믿음에서 비롯한 것은 아닐까라는 의문을 가져봄 직하다. 이 문제를 좀 더 상세하게 살피기 위해 서발턴 연구에서 전개된 이론적 쟁점을 살펴보기로 한다.

　사실 '민중은 스스로 말할 방도가 없다'는 조경달의 언급은 인도의 서발턴 연구가 가진 문제의식과도 일맥상통한다. 서발턴 연구에서도 이 '민중', 즉 '서발턴'을 어떻게 볼 것인가를 둘러싸고 두 가지 입장이 대립하고 있다. 이른바 '해체적' 입장과 '구성주의적' 입장이 그것이다. 전자의 대표적 논자는 호미 바바이고, 후자의 대표적 논자는 라나지뜨 구하이다. 호미 바바는 지배와 저항의 이항대립 구조, 즉 '식민주의에 대한 마르크스주의적·민족주의적 저항'이라는 이항대립 구조를 해체하기 위해 '탈중심화된 다중적 주체'와 '혼성성'을 강조한다. 즉, 그는 단일한 의도를 가진 주체 대신에, 지배자/피지배자의 경계를 왔다갔다 하는 양가적인 정치적 행위자를 가정함으로써 '지배와 저항'이라는 민족주의적 이항대립을 넘어서고자 한다.[18] 이러한 바바의 '해체적' 입장은 주체에 관한 논의나 지배에 맞서는 저항의 동인에 관해서 이론적 모호함을 드러낸다고 비판받았다. 이와 아울러 서구 포스트구조주의 이론에 지나치게 의존한 나머지 담론 연구에 편향되었고 사회경제적, 정치적 실천에 무관심하게 되었다는 비판도 받았다.[19]

　구성주의적 입장에 선 라나지뜨 구하는 바바와 대조적으로 서발턴의 정체성을 구성하는 논리는 필연적으로 이원론적이라고 보았다. 즉, "(서발턴을) 지배와 짝을 이루면서 이원적인 관계를 구성하는 하나의 항으로 보지 않고서는 종속을 이해할 수 없다"는 것이다.[20] 이와 같은 바바와 구하의 입장 차이는, 서발턴의 정체성이 혼성적인 것인가 아니면 이원적인 것인가, 반反본질주의적 이해가 타당한가 본질주의적 이해가 타당한가 등의 논점을 제기한다.

　'서발턴은 말할 수 있는가' 라는 질문으로 유명한 스피박은 이러한 대립을 종합하기 위해 '전략적 본질주의'를 제시한다. 스피박에 따르면 서발턴은 엘리트의 사유 없이는 재현될 수 없는 존재인 동시에, 재현 안으로 들어오는 것만으로도 서발터니티(=타자성)를 상실하는 모순적 존재이다. 그러므로 서발턴 연구는 서발턴을 자명한 모습으로 재현할 수는 없고, 다만 '서발턴 주체-효과'만을 생산할 수 있을 뿐이다. 그의 결론은, "식민적/토착적, 서발턴/지배, 안/밖, 근대적/전통적 등의 이원구도들을 전복하는 '지속적인 탈배치/탈구축의 과정' 안에서만 서발턴 정치가 일어날 수 있다는 것"이다.[21]

　이상의 논의에서 볼 수 있듯이 서발턴의 재현을 둘러싸고 서로 상이한 두 입장이 제시되어 대립하거나 절충되고 있었는데, 이러한 긴장관계는 현실의 정치적 실천 문제로까지 연장된다. 서발턴의 재현 문제를 정리하면서 한 논자는 다음과 같이 언급했다. "서발턴 연구는, 민족과 민족주의와 아카데믹한 지식과 공식적인 정치적 좌파가 저마다 서발턴을 대표한다고 주장하는 것을 탈구축하는 프로젝트와, 집단적인 정치적·문화적 행위의 새로운 형태들을 구축하는—스피박 식으로 말한다면 '전략적'—접합(또는 인정) 사이의 긴장 아래 놓여 있다"는 것이다. 나아가 이러한 이중적 요청으로부터 두 가지 상이한 정치적 의제가 도출된다. 하나는, '민족에 미달하거나 또는 민족을 초과하는 층위에서 새로운 사회운동들과 풀뿌리 저항을 지지하는 것'이며, 다른 하나는 '헤게모니를 쥘 수 있을 잠재력을 갖는 정치적—문화적 '민중' 블록을 구성하는 것, 즉 이런저런 방식으로 '민중'과 '민족' 범주 둘 다를 내세울 수밖에 없는 어떤 이데올로기적 접합을 구성하는 것'이 상정될 수 있다는 것이다.[22]

이상에서 살펴보았듯이 서발턴 연구에서는 서발턴의 재현과 정치적 실천의 두 층위에서 각각 '해체적' 경향과 '구성주의적' 입장 사이의 긴장이 쟁점화되어 있다. 특히 스피박의 '전략적 본질주의'라는 개념은 서발턴 재현의 불가능성과 재현 노력의 불가피성 사이에 상존하는 긴장을 이론적으로 잘 보여주고 있다. '재현'과 '실천'이라는 두 층위를 다소 도식적으로 우리의 논의와 결부시켜 보면, 각각 역사인식 및 역사의식과 연결될 수 있다고 생각된다.

이러한 서발턴 연구의 문제의식을 조경달 등의 민중사와 직접 비교하는 것은 조심스럽지만, 민중사의 실증적 연구를 검토하는 하나의 기준이 될 수는 있을 것이다. '농민의 자율성'을 강조하는 민중사의 입장은 서발턴 연구에서 본질주의적 시각을 가진 구하의 입장에 가깝다고 생각된다. 따라서 서발턴 연구의 쟁점들에 비추어 보면 다음과 같이 평가할 수 있다. 민중사는 자율적 주체로서의 민중이라는 이미지를 강하게 전제함으로써 민중사가 가지는 실천적 의의, 즉 역사의식적 측면을 강하게 담보하고 있다. 그러나 그 반대인 역사인식의 측면, 즉 민중성을 재현하는 작업의 곤란함을 자각하면서도 그 곤란을 극복하려는 노력은 투철하게 드러나지 못했고, 따라서 설득력 있는 민중성의 구현에도 미흡함을 보였다고 생각된다.

3. 비판적 사론 형성의 방향

1—차이에 기초한 소통과 '새로운 공공성'

지금까지 검토한 내용을 바탕으로 비판적 사론 형성의 방향을 모색하고자 한다. 신자유주의적 세계화에 대한 대항담론이 그에 대한 저항적 주체, 예컨대 서발턴 등의 설정과 밀접하게 관련될 수밖에 없음을 서발턴 연구를 검토하면서 시사받을 수 있었다. 그런데 한 논자에 따르면 '서발턴들 사이에 서로 소통지대가 없다'는 것 자체가 문제시된다. 이런 문제의식 위에서 그는, "차이를 무화無化시키지 않으면서 연대할 지점들을 발견함으로써 자율적이고 자발적으로 함께 저항해 나가는 것"을 전 지구적 군사화를 저지하는 방법의 하나로 제시한다.[23]

'차이에 기초한 소통'은 사실 실천적 층위뿐만 아니라 이론적으로도 매우 중요하다. 이 문제에 대해 최소인은 철학적 관점에서 다음과 같이 언급했다. 현대정신의 토양을 마련했다고 평가되는 니체의 경우, '자율성, 현상주의, 이성의 보편성에 대한 믿음'과 같은 근대 계몽정신의 핵심을 더욱 철저하게 추구한 결과, 현상은 절대화되고 모든 보편적 규준은 제거되어 버렸다는 것이다. 그리하여 차이와 이질성, 분쟁으로 대표되는 현대정신은 보편의 폭력에서 우리를 해방시키지만, 다른 한편으로는 모든 것을 파편화시켜 어떠한 연대나 결합도 불가능하게 하는 또 다른 그늘을 초래했다는 것이다.[24]

'차이에 기초한 소통'의 문제의식을 발전시키기 위해 우리는 '새로운 공공성' 형성이라는 문제에 주목할 필요가 있다. 하버마스의 공공성 논의를 한국사 인식에 응용하고자 노력한 연구자로 박영은이 있다. 박영은이 가진 문제의식의 출발점은 '사회의 분화와 통합'이라는 사회학적 중심 주제였다.[25] 그에 따르면 '공公'은 갈등과 대립에 처한 구체적 개인들이 하나의 집합체를 만드는 장치이다. 그것은 사회적 관심의 정식화이자 일종의 커뮤니케이션이며, '사회 나름의 정체성의 근거'라는 것이다.[26] 나아가 이러한 '공'은 정치권력에 대한 대항적 권력을 형성하며, 동시에 '사회'와 '국가'의 갈등과 위기 상황에서는 사회 전체의 통일성과 조정을 가능하게 만드는 힘으로 작용한다는 것이다.[27] 그는 이러한 '공' 개념에서 출발하여 조선 사회에서 근대 사회로의 이행을 '성리학적 사회구성으로부터 행위론적 사회구성으로의 전환'으로 설명했다.

박영은의 이러한 시도는 하버마스의 문제의식에 '차이'의 문제설정을 적극 포섭하면서 이루어졌다고 평가된다. 그럼에도 불구하고 그의 '공공성' 논의는 일제 식민지 시기를 비켜가고 있다. '국민국가가 부재'하는 식민지 시기에 '공공성' 개념을 적용하는 것은 무리라고 판단했기 때문인 듯하다. 그러나 그러한 시도가 전혀 없는 것은 아니다.

얼마 전 역사학대회에서 공공성 문제를 특집으로 다룬 바 있다. 하버마스의 '공공영역' 문제를 식민지에 적용하려는 시도가 간단하게나마 언급되었다.[28] 특히 프랑스혁명 연구에서 부르주아적 공공영역만이 아니라 '민중적 공공영역'이 '발견'됨에 따라 공공영역 논의가 더 확장되었다고 했는데,[29] 이런 사실은 공공성 논의를 식민지에 창조적으로 적용하는 데 적지 않은 시사점을 준다. 또한 식민지 시기 연구자 가운데에는 식민지 시기를 좀 더 보편적인 관점에서 이해하려는 노력의 하나로 '공공성' 개념에 관심을 가진 자도 나타났다. 이론적 측면에서 '식민지적 공공성'이라는 개념을 제시한 윤해동이나, 식민지에서 공공성은 주로 공권력 등의 측면에 편중되어 나타난다는 시각 및 기타 구체적인 실증 연구의 시도 등이 산출되고 있다.[30]

그런데 최근 조경달은 이러한 '식민지적 공공성'이 과대평가되어서는 곤란하다고 문제제기했다. 근대적 공론은 총독부권력(재조在朝일본인 사회 포함)과 도시·지식인 사회라는 좁은 공간에서만 성립했으며, 민중세계는 지식인세계와 단절되어 식민지 공공성의 권외圈外에 있었다는 것이다.[31] 조경달의 지적은 '공공성' 개념의 내포와 외연 문제, '공공성'과 '차이'의 관계설정 문제 등에 관한 본격적인 논의의 필요성을 환기한다는 점에서 의의가 있다. 이런 문제는 매우 논쟁적이며 앞으로 풍부한 연구와 토론이 기대되는 분야이다. 다만 지금까지의 논의와 관련시켜 볼 경우에는 박영은의 시도를 식민지 시기로 확장해서 생각해 보는 노력이 필요하리라 본다. 즉, 공공성과 차이를 상호 대립적으로만 볼 것이 아니라, '차이에 기초한 소통'의 문제의식을 적극 수용해서 식민지 경험을 이해하는 방향으로 나아가야 한다.

2—식민지: 서로 경합하는 공공영역들

식민지 조선에서 '공공성' 논의를 하기 위해서는 '사회'의 존재여부가 중요하다. 왜냐하면 앞에서 살펴본 바와 같이 '공' 개념은 '사회 나름의 정체성의 근거'이기 때문이다. 연구자에 따라서는 '시민사회civil society'라는 개념을 식민지 조선을 설명하는 데 사용하기도 하지만, 국민국가 수립에 실패하고 일제의 지배를 받는 식민지의 제반 현상을 '국가—시민 사회'라는 모델로만 파악하는 데는 많은 무리가 있는 것도 사실이다. 시기별로 다소 차이는 있지만 '조선인 사회'의 활성화에도 불구하고 그 동력이 국가나 정부 차원으로 반영되는 기제는 매우 협소했다는 측면에서, 식민지 시기 국가와 사회 사이에는 상당한 틈이 존재했다.

그러나 식민지라고 해서 '시민 사회' 개념에 내재된 문제의식, 즉 '사적 이해관계의 공적 반영'이라는 측면을 소극적으로만 취급하는 것은 바람직하지 않다고 생각한다. 다만 국민국가와 비교해 볼 때 상대적으로 식민지 '사회'는 불안정한 '분절적 구조' 위에 서 있었던 것은 아닐까. 식민지 조선의 경우 내적으로 몇 차원의 '다양한' 사회적 영역이 상정될 수 있고, 외적으로는 제국과의 강한 연관을 가진 구조가 상정될 수 있다. 비록 식민지에서 시민 사회가 미성숙했다고 하더라도 식민지 주민들은 파편적 · 단자적單子的으로 존재하기 보다는 여러 가지 전통적 · 근대적 네트워크 속에서 일상을 영위했다고 생각된다. 여기에 '종교적' · '지역적' · '성적性的' 정체성이 복잡하게 결합하여 상호작용하고 있었다. 따라서 식민지 조선에서는 이식 근대의 전개에 따라 다양한 반응과 양태가 나타났으며, 몇 차원으로 분화·발전하던 '사회'의 제 영역은 이러한 '차이'들과 상호작용해 나갔다는 이미지를 그려봄 직하다.

이러한 역동적인 이미지를 뒷받침하기 위해 '서로 경합하는 공공 영역'이라는 발상을 끌어들이고자 한다. 이 발상은 강상중·요시미 준야의 《세계화의 원근법》에서 참조했다. 강상중 등은 오늘날의 신자유주의적 세계화 시대를 인식하기 위해 1920~30년대와 1990년대를 직접 '접속'시켜 볼 것을 제안한다. 그들은 이 두 시기를 세계질서 변용의 시대로 파악하고, 그 사이에 자리한 '냉전기'를 국제질서의 상대적 안정기로 본다. 1차 세계대전 후에 전 지구적 혼성화, 즉 정체성과 차이, 자본을 둘러싼 잡종적 상황이 이미 진행되기 시작했는데, 그 흐름이 냉전의 지정학적 원근법으로 가시화되지 않다가 냉전 붕괴와 함께 드러났다는 것이 핵심 논지이다.[32]

이러한 발상은 식민지 경험을 통해 새로운 역사담론의 방향을 모색하는 이 글에 중요한 시사점을 준다. 그동안 한국사학계에서 '식민지→해방·분단→통일'의 단선적 발전틀은 크게 의심되지 않았다. 이 도식 아래에서 '식민지'는 주로 결여와 미달, 고통으로 표상되었다. 현재적 문제의식 속에서 식민지에서의 다양한 정체성 형성이나 탈근대 담론의 존재에 주목하는 최근 논의는 그러한 존재를 '현대성의 출발점'으로 설정하거나 '담론' 사이의 구조적 유사성으로 설명하지만, 어느 쪽도 식민지 경험이 최근의 문제의식과 연결되는 매개 고리를 적극적으로 제시하지는 못했다고 생각된다.

그러나 위의 '원근법' 발상을 통해 우리는 식민지 경험에서 보이는 혼성적 경향과 다양한 차이 등을 마츠모토의 '동시대성과 단계성'보다 훨씬 직접적이고 역동적인 방식으로 이해할 수 있다. 이 '원근법'적 사유에 의해 식민지 경험은 '지나간 과거'라는 단선적·역사주의적 이미지가 아니라, 비로소 '오래된 미래'라는 복선적·입체적 이미지를 가지게 되는 것이다. 여기서 강상중 등에게 다시 돌아가 그 발상의 현재적 의미를 살펴보자.

　　그들은 21세기 세계화에 대한 대항담론을 검토하면서 지금의 사회주의는 미래 프로젝트로서의 의의를 상실했다고 본다. 그렇다고 그들이 근본주의(내셔널리즘 등에서 보이는)나 공동체주의, 그리고 '시장의 세계화'에 맞서는 '시민 사회의 보편화' 등을 대안으로 설정하는 것도 아니다. 이상의 어떤 담론이든, '자본주의 : 민주주의', '시장 : 시민 사회', '경제시스템 : 국가', '시스템 통합 : 규범적 통합'이라는 이분법적 경계설정을 공유하기 때문이다. 이러한 이분법적 설정에는 각 경계의 전자가 벌이는 맹목적 폭주에 대해 후자 중심으로 규범적인 공공성을 재건하려는 시도가 깔려 있는데, 그 시도가 한계를 가지는 이유를 다음과 같이 설명한다. 이런 이분법적 인식틀을 취하면, 첫째, 세계화가 초래하는 동일화/차이화의 중층적인 경합이나 잡종적 편성은 글로벌과 내셔널의 대립, 즉 '단일하고 동질적인 것'과 '로컬하고 특수한 것'의 대립으로 환원되어 버리는데 이는 결국 전자에 경제를, 후자에 문화를 할당하는 것에 불과하다는 것이다. 둘째, 이런 인식틀로는 정치경제 구도의 해체가 진행되는 오늘날의 변화, 즉 헤겔 이래 '가족·시민 사회·국가'라는 근대적 삼체로 이루어지는 구도 자체의 해체를 제대로 포착·설명할 수 없다는 것이다.[33]

이러한 판단 위에서 그들은 하버마스의 공공영역 논의를 벗어나 "다원적이고 서로 겹치며 경합하는 공공공간"을 제시한다. 여기서 '공공공간'은 이미 자율성을 확립한 시민이 패권이나 이데올로기로부터 자유로운 상태에서 수평적으로 토의하는 공간이 아니라, 패권이나 이데올로기의 한복판에서 그 정체성을 집합적으로 구축해 가는 정치의 장으로 재설정된다. 이런 해법은 탈중심화하고 가변적으로 네트워크화하는 다양한 사회적 주체의 '정치'를 기존의 정당정치로는 대표할 수 없게 되었다는 현실인식에 기초한 것이다. 그들은 서로 경합하는 공공공간의 네 차원을 전 지구적 통치(글로벌), 장소에 뿌리 내린 운동(로컬), 네오내셔널리즘(단일성), 차이를 포함한 네트워크(다양성)로 제시했다.[34]

나는 강상중 등의 이러한 접근법을 식민지 경험의 이해에도 적용할 수 있다고 생각한다. 물론 식민지 조선과 21세기의 한국 상황을 무매개적으로 동일시하는 것은 위험하다. 그러나 앞서 언급한 식민지의 '가능성'이나 '원근법'적 구조를 생각한다면 그러한 위험은 감수할 만하다. 식민지에서 공공성의 문제의식을 부르주아적 차원에서 '일상'으로 확장할 필요가 있고, 공공영역의 몇 가지 차원을 상정하면서 그들 간의 긴장과 상호접합도 시야에 넣어야 한다. 차이의 확인에서 한 걸음 더 나아가 차이들의 자기표현, 그리고 여기에 개입하는 지식인의 실천 등도 시야에 넣을 필요가 있다. 예컨대 젠더나 '위안부' 등과 같이 차이를 중심으로 한 네트워크가 있으며, 경성전기 부영화府營化운동과 같은 지역적 현안을 중심으로 한 공공영역이 있다. 또한 민족주의 계열의 운동이 가지는 단일화 효과도 상정될 수 있는 반면, 제국주의 일본의 식민이데올로기가 만드는 동일화 과정도 상정 가능하다. 공공영역을 좋은 것, 규범을 대표하는 것으로 보지 않고 다양한 가치와 방식을 가진 네트워크로 상정하여 그것들 사이의 역동적인 경합에 주목하는 포괄적이고 새로운 시야가 요청되는 것이다.

새로운 식민지 이해를 위하여

이상의 논의를 간략히 정리하고 소감을 피력하면 다음과 같다. 이 글의 출발점은 신자유주의 세계화를 비판하는 새로운 역사담론을 구성하기 위해 우리의 식민지 경험을 적극적으로 재해석하자는 것이었다. '식민지'는 근대 국민국가의 '미달'·'결여'로만 파악할 것이 아니며, 오히려 그것에 상반되는 혹은 넘어서는 요소들을 풍부하게 검출할 수 있는 장소로 보고자 했다. 이와 관련하여 새로운 식민지 이해를 추구하고 있는 '식민지 근대'와 '민중사' 논의를 검토했다. 양 입장에 대한 검토의 기본틀은 '역사인식'과 '역사의식'이었다. 비판적 역사담론은 양 요소를 구비해야 한다는 전제가 있었다. 이것을 염두에 두되, 식민지 경험의 재현과 현실정치의 측면에서 두 입장을 검토했다. 마츠모토와 윤해동의 논의에 기대어 살펴본 '식민지 근대'의 경우 역사인식의 측면에서 새로운 식민지 해석의 가능성을 보이고 있으나, 식민지 경험을 현실 문제와 연관시켜 적극적으로 사유할 핵심은 잘 보이지 않았다. '민중사'에서는 조경달과 신창우의 실증 연구를 중심으로 하되 서발턴 연구의 이론적 고민을 참고해서 검토했다. '민중사' 연구는 '식민지 근대'와는 반대경향을 보였다. 즉, '민중사' 연구는 '식민지 근대' 논의에서 두드러지지 않던 저항적 주체 형성의 문제를 환기했고, 이는 오늘날의 세계화에 대한 저항담론의 문제의식으로 이어질 수 있었다. 그러나 구체적인 연구에서는 민중의 자율성을 선험적으로 전제하는 경향을 보임으로써 식민지 경험의 설득력 있는 분석과 재현에 그다지 성공적이지 못했다.

그리고 식민지 경험의 새로운 재현방향을 '서로 경합하는 공공영역'으로 제시해 보았다. 그 핵심은 '차이에 기초한 소통'이었다. 박영은 등의 논의를 거쳐 강상중·요시미 준야가 제시한 '세계화의 원근법'에서 중요한 인식틀을 빌려왔다. 1920~30년대 식민지 조선의 '경험'이 1990년대 이후 오늘날의 세계화와 직접 연결될 수 있다는 가정 위에서, 나는 그동안의 식민지 공공성 논의가 강상중 등이 제시하는 '서로 경합하는 다차원의 공공공간' 논의와 접목될 수 있다고 생각했다.

마지막으로 이상의 논의를 이끌어오면서 가장 염두에 둔 두 가지 점을 밝히고 싶다. 첫째는, 박사학위 논문 작성 과정에서 1920년대

《개벽》 기사를 읽고 가졌던 이미지이다. 《개벽》 초기 기사에는 놀랍게도 니체, 칸트, 쇼펜하우어 등에 대한 《개벽》 편집진의 높은 관심이 나타나 있었다. 실력양성운동, 자본주의 근대화론 등으로만 이 시기를 '이해'한 나로서는 일대 충격이었다. 문화주의, 민주주의, 사회주의의 제경향이 출현하고 민족주의와 접합·분리되는 모습이 그려졌다. '오래된 미래'가 그곳에 있었다. 어떤 방식으로든지 이러한 충격을 이론화하는 것이 과제로 부과된 듯하다. 이 글은 논증이나 이론화 작업이라기보다는 '선언'에 더 가까울 터이지만, 그러한 부채감의 표현으로 보아주면 좋겠다.

둘째, '식민지 근대'와 '민중사'의 문제의식이 좀 더 경험적 차원에서 논의되고 실증적인 연구로 연결되었으면 하는 바람이 있었다. 일본이나 미국 역사학계나 국내의 사회과학·국문학계에서는 한 발 앞서 경험적인 연구가 생산되고 있다. 그러나 한국 역사학계는 아직도 이론적 차원의 논의에서 크게 벗어나지 못하고 있다. 이런 상황에서 연구의 돌파구를 열기 위한 기준점을 마련한다는 차원에서 '공공영역'을 제시해 보았다.

2

농민: 초월과 내재의 경계
—일제 하 농민운동 연구 검토

한국 사회에서는 1980년대 중반 이후 학생 및 노동자·농민들의 사회적 진출이 활발해짐에 따라 근현대사 연구도 활성화되었다. 특히 '민중사학', '과학적·실천적 역사학'을 표방한 연구자들은 '사회구성체' 개념을 통해 한국사를 체계화했고, 변혁 주체로서 '민중'의 형성과 발전 과정에 주목했다.[1] 그 결과 개항 이래 한국 사회가 해결해야 하는 과제는 '반봉건·반침략'의 성격을 가진 '주체적 근대화'로 정식화되었고 '동학농민혁명'은 이러한 지향의 최고봉으로 자리매김되었다.

이런 분위기 속에서 1990년대 중반 무렵까지 동학농민혁명을 비롯한 민중운동 연구는 괄목할 만한 성과를 거두었다. 일제 시기 농민운동에 관한 연구 역시 민중의 대다수를 차지한 농민이 계급적·

민족적으로 각성해 나가는 과정에 주목했고, 나아가 농민운동이 민족해방운동이라는 전체 운동의 '부문운동'으로서 가지는 위상을 규명하는 데 치중했다.

그런데 1990년대에 들어와서 한국 사회에서 정치적 민주화가 이루어지고 구소련의 해체와 동구권의 변화 등 세계사적 변동이 일어나면서 민중운동에 대한 관심은 급격히 줄어들었다. 이에 연동하여 일제 시기 민중운동 연구도 현저히 위축되었으며, 특히 1990년대 중반까지 '1930년대 혁명적 농민조합운동' 등에 관한 활발한 연구성과를 산출했던 농민운동 부문은 침체 상황이 더욱 두드러져 보인다.

이상과 같은 연구사적 상황을 염두에 둘 때, 지금으로서는 기존의 쟁점에 대한 세부적이고 실증적인 검토보다는 새로운 문제의식과 접근법에 관한 고민이 더 절실하다고 할 수 있다. 따라서 이 글에서는 일제 시기 농민운동 연구에 대한 최근의 새로운 문제제기를 중심에 놓고, 그것을 주요 논점별로 검토하면서 새로운 방향을 모색하는 데 주안점을 두고자 한다.

1. 최근 10년간의 연구동향 개관

최근 10년간의 연구를 개관하기에 앞서 1990년대 중반까지의 농민운동 연구동향을 개관해 보면 다음과 같다. 일제 시기 농민운동에 관한 연구는 1980년대 초까지 주로 북한 및 일본 학계 주도로 이루어졌다.

북한은 1950년대 말경부터 농업부문의 '사회주의적 개조(농업협동화)'에 필요한 각종 사상개조사업에서 민족해방운동사를 다루기 시작했는데, 이를 계기로 1920·30년대 농민운동에 관한 연구가 시작되었다. 그러나 1970년대 이후 인민의 자발적 투쟁보다는 '수령의 영도'를 강조하는 주체사상이 확산되면서 이 분야에서 주목할 만한 연구는 나오지 않게 되었다. 일본에서는 1950년대 말부터 전후세대의 조선사 연구자들이 일본 제국주의의 수탈과 조선 민중의 저항에 관심을 기울이기 시작했고, 그 결과 1960년대 말부터 농민운동에 관한 일련의 연구성과가 나타나게 되었다. 그러나 1990년대에 들어와서 현실 사회주의의 몰락과 남한 경제의 발전에 영향을 받으면서, 일제의 조선 지배가 남긴 긍정적 측면에 더 주목하고 민족해방운동 특히 사회주의 계열의 민중운동에 무관심해지는 연구경향이 확산되었다.

한편 남한 학계에서는 1980년대 중반까지 소작쟁의나 '개량적' 농민운동에 대한 연구가 주류를 이루는 가운데 사회주의 계열의 농민조합운동에 관한 소개가 부분적으로 이루어졌다. 이데올로기적 제약에서 비교적 자유로운 해외 연구자들은 일찍부터 일제 하 공산주의운동 연구를 전개했고 혁명적 농민조합운동의 실상을 해명하는 연구를 진전시켰으나, 국내의 경우 이념적 경직성으로 인해 사회주의 계열의 농민운동에 대한 부정적 평가가 많았다. 그러나 1980년 광주민중항쟁 이후 국내에서도 일제 하의 농민운동에 대한 관심이 본격화되어 그 성과가 1980년대 중반 이후부터 나타나기 시작했다. 이 시기에는 혁명적 농민조합운동을 비롯한 조직 농민운동 연구가 활발했으며, 농민운동과 당재건운동의 관계가 본격적으로 논의되었고, 논의의 구체성을 확보하기 위해 군·도 단위의 지역운동 사례를 다수 연구하기 시작했다. 이 시기 가장 큰 쟁점은 혁명적 농민조합운동을 둘러싼 것으로서, 혁명적 농민조합으로의 전환 배경, 혁명적 농민조합 운동방침의 적절성 여부, 빈농 주체 여부, 당재건운동과의 관계 등을 논점으로 다루었다.[2]

지금까지 살펴본 바와 같이 1990년대 중반까지 일제 하 농민운동 연구는 그 대상을 소작쟁의 등 자연발생적 농민운동에서 점차 혁명적 농민조합운동 등 조직 농민운동으로 옮겨가면서 심화·확대되었는데, 그 과정에서 몇 가지 중요한 쟁점이 형성되었다. 또한 쟁점별 입장 차이에도 불구하고 '계급적·민족적 모순의 담지자인 농민층이 엘리트의 지도로 각성하여 민족해방운동의 주된 역량을 담당해나갔다'는 역사상이 연구자들 사이에 자리 잡게 되었다. 그러나 1990년대 중반 이후 최근 10년간의 연구동향을 살펴보면 그러한 역사상이 지속되는 측면과 더불어 여기에 도전하는 연구도 나타나고 있다. 최근 10년 동안에 나온 연구성과는 지역사례 연구와 새로운 문제제기성 연구로 나눌 수 있다. 사례 연구는 기존의 연구사적 쟁점, 특히 혁명적 농민조합 연구를 둘러싼 쟁점을 실증적인 연구를 통해 수정·보완하고자 하는 입장에 서 있다. 반면 문제제기성 연구는 기존의 농민운동 연구가 전제로 삼고 있던 역사상이나 기본 가정 등에 대해 발본적인 의문을 제기하면서 이론적·실증적 양 측면에서 새로운 방향을 모색하는 태도를 취하고 있다.

1—지역사례 연구

과문하나마 최근 10년간 일제하 농민운동 연구로서 단행본으로 공간되거나 논문으로 발표된 지역사례 연구는 10편이 못되는 것으로 보인다. 강원도 영동과 전라북도의 농민운동을 다룬 단행본이 각각 1권씩 출간되었고,[3] 논문으로는 전남 영암, 경남 진주(2편), 경북, 충남 부여, 강원도 영동지방의 농민운동을 다룬 연구성과가 있다.[4] 이 수치는 이전 시기, 즉 1990년부터 1996년까지 발표된 사례 연구가 23편이었던 사실에 비추어 보면 크게 부진한 상태라 할 수 있다. 최근 사례 연구 중에서 주목할 만한 주장을 살펴보면 다음과 같다.

조성운은 기존의 농민운동 연구에서 통설로 자리 잡은 두 가지 인식, 즉 '일제 하 농민조합운동은 1930년을 전후하여 혁명적으로 전환했다'는 인식과 전환 뒤 '빈농우위의 원칙'이 관철되었다는 인식에 의문을 제기하면서 강원도 영동지방의 사례 연구를 통해 이 문제를 비판적으로 검토했다.

'혁명적 전환' 문제와 관련해서 그는, 영동지방에서도 1930년을 전후해 혁명적 농민조합으로의 전환이 이루어졌지만, 구체적인 활동 양상에서는 지역적 조건과 활동가들의 운동역량에 따라 지역별 차이가 있었다는 점을 지적했다.[5] 삼척이나 강릉 등에서는 면사무소 습격, 신탄薪炭 판매에 대한 수수료 징수 반대 시위 등 폭동이나 대중시위가 일어났지만, 양양에서는 이 무렵 농민대중에 대한 교양활동이 중심이 되었고 시위나 폭동 형태의 운동은 나타나지 않았다는 것이다. 이러한 운동의 지역적 편차를 고려할 때 농민조합운동에 대한 좌편향 유무 등 종합적인 평가는 풍부한 사례 연구가 축적된 이후로 유보하자는 것이 그의 결론이다.

한편 '빈농우위의 원칙'과 관련하여 그는, 통천, 고성, 강릉, 양양, 삼척, 울진 등 영동지방 6개 군의 농민조합 참여자를 지도층과 일반 구성원으로 나누어 분석했다. 그 결과 기존 연구가 일반적으로 '1920년대 말 이후에는 농민 출신의 활동가가 지도부로 성장해 갔다'고 본 것과는 달리, 이 지역의 농민조합운동은 '유산계급' 출신의 지식층이 주도했으며 농민 출신의 활동가가 운동의 최고지도층으로 성장한 사례는 찾아보기 어렵다고 했다.[6]

박이준도 전남 영암지방의 지역사례를 통해 혁명적 농민조합운동을 주도한 세력이 '유산계급'적 기반을 가지고 있었다고 주장했다. 그는 1932년 6월의 소작권 쟁취를 위한 투쟁을 주도한 세력의 대다수가 덕진면 영보 출신이라는 점, 그리고 1934년 '전남운동협의회' 사건에 연루된 영암지역 지도부가 군서면 구림리 출신이라는 점을 밝힌 뒤, 두 지역 모두 사족적·지주적 기반을 가진 선진적 지식층이 운동을 주도했다고 결론지었다.[7]

장세옥은 이전 시기의 사례 연구가 주로 군郡이나 도道 단위를 범위로 한 결과, 운동의 전 과정에 영향을 끼친 다양한 조건에 소홀했다고 하면서 부여지역 동족마을의 야학운동을 군 단위에서 이루어진 혁명적 농민조합운동과 상호 관련시켜 살펴보았다.[8] 그에 따르면 부여지역 농민조합운동은 일반 농민대중을 널리 확보하지 못했고 일부 마을의 민중야학운동 중심으로 전개되었다. 1930년대 초반 장정마을의 민중야학은 전통적 교육 시설과 진주 강씨 문중의 도움을 받아 사회주의사상을 보급하고 민중문화운동을 전개했으며, 나아가 부여 지역 혁명적 농민조합운동 과정에서 중심적인 역할을 했다. 부여 장정마을의 사례를 통하여 일제 시기 농민운동에는 지주·총독부 대 농민의 단순한 경제적 갈등 구조보다는 동족의 전통적 질서와 문중의 도움이 크게 작용하고 있었다는 것이 그의 결론이다.[9]

이상과 같이 최근 10년간의 사례 연구는 이전 시기의 연구가 혁명적 농민조합운동이 매우 활발한 함남·함북지역에 집중되었던 것과 달리 그동안 크게 주목하지 않은 지역에 주목하고 사례 연구방법에서도 인터뷰 내용을 활용하며, 농민운동 발생의 다양한 변수를 고려하는 등의 차별성을 보였다. 또한 이들 연구는 혁명적 농민조합으로의 전환이나 '빈농주도설' 등의 통설을 구체적인 지역사례 연구를 통해 비판적으로 점검하면서, 지역 내부의 구체적인 상황과 변수 등에 따라 차이가 나타난다는 점을 부각시켰다. 그러나 이러한 비판에도 불구하고 일부 연구를 제외하면,[10] 최근의 사례 연구는 합법 농민조합운동에서 혁명적 농민조합운동으로의 전환에 주목하고, 그 과정에서 사회주의 지식인의 활동 및 당재건운동과의 관련성을 중시하는 등 이전 시기 농민운동에서 도출된 쟁점과 문제의식의 기본틀은 그대로 수용하고 있다. 이런 점에서 이 연구들은 이전 시기의 연구가 가진 패러다임을 수용하면서 그것을 수정하고 보완하는 차원에 놓여 있다고 말할 수 있다.

2—새로운 문제제기

이 시기 농민운동을 소재로 하는 연구 중에는 이전 시기의 쟁점에서 크게 벗어나서 새로운 역사상이나 문제의식을 담은 성과도 나타났다. 이윤갑은 기존의 연구에 대해 직접적이고 포괄적인 비판을 시도했다. 그는 기존의 일제 하 농민운동 연구가 반공주의에 대한 대항이데올로기 운동으로서의 성격을 띠고 전개되었고, 이 중에서도 특히 사회주의 혁명사상에 의해 지도되었던 1930년대 전반의 혁명적 농민조합운동 연구에서 괄목할 만한 성과를 거두었다고 평가했다. 동시에 그는 기존의 농민운동 연구자들이 마르크스주의 연구방법론을 수용하면서도 그 한계를 비판할 역량을 갖추지 못했기 때문에, '일제 하 사회주의 농민운동을 기계적으로 발굴·소개하는 데 치중했을 뿐, 그것을 비판적으로 연구하는 문제의식을 발전시키기 어려웠다'고 비판했다.[11] 나아가 그는, 일제 하 농민운동 연구가 사회주의 체제의 붕괴로 인하여 침체기에 들어섰다고 진단하고, 기존의 연구방법론에 대한 철학적·이론적 비판을 통하여 농민운동 연구의 방법론을 과학적으로 재정립할 것을 주장했다.[12]

김동노, 조경달, 클라크 소렌슨의 연구도 기존의 농민운동 연구가 가진 패러다임을 비판하고 있다. 김동노는 각각 '착취'와 '근대화'로 요약되는 민족주의와 식민지근대화론의 시각이 지나치게 규범적 가치판단에 집착한다고 비판했다.[13] 그는 경험적 실재를 객관적으로 분석하는 작업이 필요하다고 강조하면서 민족적 적대감과 계급 이익이 농민의 삶에서 각각 어떻게 작용했는지를 분석하고자 했다. 일본의 민중운동 연구가 도달한 성과를 수용하고 있는 조경달은 민중운동 연구를 '역사의 전환과 방향을 통찰하는 동시에 민중의 일상세계도 또한 투시하고자 하는 연구 영역'으로 정의하면서 '운동'을 통해 시대와 사회의 전체성에 접근하려는 태도를 취하고 있다.[14] 그는 민중사학의 민중상이 '근대주의적 성격'을 벗어나지 못하기 때문에 문제점을 갖는다고 비판하면서 일제 시기 민중종교운동에 주목했다. 내재적 발전론과 식민지근대화론을 넘어 탈민족주의 역사학을 지향하는 미국 학계의 클라크 소렌슨은 '농민'이라는 범주가 1920년대 무렵 한국 지식인들이 만들어낸 것이라고 주장했다.[15] 당시 지식인들은 발전과 근대화가 독립을 유지할 수 있는 힘을 제공할 수 있다고 보았으나, 발전과 근대화를 상징하는 도시적인 것은 외국에서 수입된 위험한 것이었으므로 이를 피하기 위해 농촌과 농민을 중심으로 민족정체성을 형성해 나갔다는 것이다.

이윤갑 등 네 명의 연구자는 기존의 농민운동 연구, 나아가 한국 근대사의 주류적 연구경향에 대해 모두 비판의 목소리를 높이고 있지만, 각각 취급하고 있는 소재도 다를 뿐만 아니라 방법론이나 사론 등에서의 공통분모나 상관관계를 찾기도 어렵다. 또한 농민운동에 관한 기존의 주류적 연구경향과 비교해 보면, 워낙 기본 전제에 대한 접근이 틀리고, 시론에 불과한 경우도 있기 때문에 상호 간에 쟁점을 도출하기도 쉽지 않다. 그러나 현 시점에서 연구의 한 단계 진전과 활성화를 위해서는 이들의 '근본적'인 의문과 문제제기를 적극 경청해야 할 필요가 있다고 본다. 다음 절에서는 새로운 경향의 연구를 주요 사안별로 검토해 보고자 한다.

2. 사안별 논점 검토

연구자에 따라서는 기존의 농민운동 연구에 대해 여러 방면에 걸쳐 세부적인 검토를 한 경우도 있고, 어떤 연구자는 특정 주제에 대해서만 집중한 경우도 있어서, 이 글에서는 다음 세 가지 사안을 중심으로 이들의 주장을 살펴보기로 한다. 첫째, 농민은 계급적·민족적 모순의 담지자인가, 둘째, 농민은 지식인의 지도를 받고서야 각성할 수밖에 없는 수동적 존재인가, 셋째, 농민운동 연구의 현재적 의의는 무엇인가라는 질문이 그것이다.

1— '농민' = 계급적·민족적 모순의 담지자인가

기존의 연구에서는 농민이 민중의 중핵을 이루는 계층으로서 계급적 착취와 민족적 수탈의 이중고에 시달리는 존재로 설정하고 있다. 이러한 본질을 가진 농민이 농민조직을 통해 지식인과 연결됨으로써 현실의 모순에 눈을 뜨게 되고 농민운동의 대열에 참여하게 된다는 역사상을 그리고 있는 것이다.

1920~30년대 초의 소작쟁의에 주목한 김동노는 기존의 전통적인 견해와 구별되는 자신의 입론을 다음과 같이 주장했다. 첫째, 식민지 시기 농민들의 일반적인 삶과 투쟁을 살펴보기 위해서는 1920~

30년대 초반에 계급투쟁의 성격을 띠고 전개된 소작쟁의를 분석대상으로 삼는 것이 적절하며, 1930년대 민족적·정치적 요구조건들을 내걸면서 전개된 혁명적 농민조합운동은 오히려 예외적인 것이다. 둘째, 기존의 연구에서는 식민지기 소작쟁의에서 계급투쟁적 성격과 반제국주의 투쟁적 성격의 구분이 명확하지 않았고, 당시의 소작쟁의를 식민 정부나 그 대리인인 지주에 대한 반제국주의 투쟁으로 이해했다. 그러나 실제로 당시 농민들은 소작쟁의를 통해 소작권 보장, 소작료 인하, 지세 및 수세의 전가 금지 등 대부분 경제적인 요구를 표출했다. 이는 그만큼 농민들이 경제적으로 겪고 있는 절박한 상황을 반영한 것이다. 셋째, 조선 시대의 농업 사회에서는 국가 및 국가 관료의 과도한 징세에 맞서 농민공동체 전체가 대항했다. 반면 식민지 시기에는 근대적 지세제도의 도입으로 농민공동체가 약화되고 지주와 농민 사이에 경제적 이익을 둘러싼 갈등이 증대되어 지주와 소작인 사이에는 민족적 연합이 어려워지고 계급적 갈등이 두드러졌다.

김동노가 소작쟁의의 발생에 영향을 끼친 식민지 경제제도를 분석해 농민들에게 민족모순보다는 계급모순이 더욱 커다란 규정력으로 작용하고 있었음을 주장한 데 비해, 클라크 소렌슨은 문화사적 접근을 통해 '농민'이라는 기본적인 범주 자체를 새롭게 인식하고자 했다. 그는 그동안 한국의 민중주의적 역사학자들이 '농민' 개념을 '실제로 존재하는 계급'이 스스로를 자각한 결과로 이해해 왔다고 비판하고, '농민' 개념은 특정한 역사적 국면에서 생산된 구성물이라는 점을 부각시켰다. 즉 그는 이광수의 〈민족개조론〉과 조선농민사가 발간한 《조선농민》의 농민 관련 언설을 검토하면서 '농민'이라는 범주가 1920년대에 한국 지식인들이 민족을 재상상하는 과정에서, 이전의 신분 집단 범주를 대체하여 도입한 경제적 계급 범주였으며, 이러한 근대적인 범주는 1920년대에 사회 갈등 모델과 계급분석이 소개되면서 유행하게 되었다고 했다. 나아가 그는 중국에서는 '농민'을 후진적이고 봉건적이며, 중국의 후진성의 원인으로 파악한 데 반해 한국에서는 '농민'이 한국의 종족적 정체성과 동일시되었다고 했다. 그 이유는, 중국이 국민 주권을 유지하면서 근대화의 경로를 밟아 나갔기 때문에 도시적인 모델에서 자신의 정체성을 발견할 수 있었던 반면, 한국은 식민지 지배를 받으면서 근대화를 경험했기 때문에 도시적 모델에서는 한국인의 종족적 정체성을 찾기 어려웠기 때문이라는 것이다.

　김동노의 연구는 '소작쟁의의 발생'이라는 사회적 현상이 '농촌 공동체의 해체로 인한 농민들의 개별화'라는 구조적 변동의 결과로만 언급될 뿐, 양자의 인과관계가 구체적으로 나타나 있지는 않다. 소렌슨의 연구는 식민지 지식인의 민족적 정체성 형성에 초점을 맞춘 것이어서 그것이 농민운동 연구의 진전에 통찰력을 제공함에도 불구하고 그에 관한 직접적·구체적인 문제제기라고 보기는 힘들다. 그러나, 양자의 연구는 기존의 연구가 '농민'이라는 범주를 본질적·실체적 존재로 전제해 온 관행이나, '농민'이 식민지 모순 구조의 최하층에 존재하는 까닭에 그 존재조건에서 곧바로 '계급적 주체'이자 '민족적 주체'의 속성을 도출해 온 관행을 비판적으로 볼 필요성을 환기시켰다. 이러한 문제의식을 수용하여 '농민' 범주를 지식인의 인식·실천과 더욱 긴밀하게 연결된 구성물로 파악하거나, 식민지 사회경제 구조에 대한 좀 더 폭넓은 안목과 결합할 경우, 기존 연구에서 제기된 과제, 즉, 운동사를 구조사 및 문화사·정책사 등과 긴밀하게 결합하는 연구도 진행할 수 있을 것으로 생각된다.

2—농민과 지식인의 관계

기존의 연구에서는 식민지 농민의 계급적·민족적 각성이 주로 지식인의 활동을 통해 이루어진다고 보고, 농민과 지식인을 매개하는 각종 '조직'에 관심을 집중하여 '합법적 농민조합운동으로부터 혁명적 농민조합운동으로의 전환'을 운동의 '발전'으로 파악했다.

이윤갑은 지식인과 농민의 결합이라는 관점에서 볼 때 기존 연구가 주목한 함남·함북의 혁명적 농민조합운동은 지도부와 대중의 괴리를 극복하고 결합도를 높여 갔으나, 그 경우는 소작쟁의나 합법적인 농민조합운동뿐만 아니라 혁명적 농민조합운동에서조차 결코 일반적이지 않은, 일부 선진지역에 국한된 예외적인 것으로 보았다. 오히려 1920년대 농민운동에서는 지도부와 대중의 결합도가 전반적으로 매우 취약했고, 조선공산당의 농민운동 지도방침이 본격화되는 1920년대 후반으로 갈수록 그나마도 더욱 약화되는 추세를 보였다는 것이다. 그 근거로서 소작조합의 초기 결성 과정은, 농민운동이 먼저 발달한 이웃지역의 조직과 결의 내용이 하향적으로 이루어지는 등 현지 상황과 무관하게 전개된 점, 농민들에 대한 교육 및 조직활동에는 극히 소홀했다는 점, 1925년 이후 지도부의 사상과 조직 노선에서는 획기적 발전이 나타났으나 농민 조직화는 도리어 후퇴하고 대중적 농민투쟁이 급격히 침체했던 점 등을 들고 있다. 이런 점에서 그는 지도부의 사상으로부터 농민의식 및 농민운동의 발전을 곧바로 유추하는 관행을 비판하고, 농민운동 조직 형태상의 변화를 지도부·농민대중의 결합도 및 그 지도방식 변화와 연계시켜 이해할 것을 주장했다.

이런 문제의식을 가지고 그는 일제 하 경북지방의 농민운동에 대해 실증적인 연구를 내놓았는데, 여기서 그는 청년·사상운동이 농민조직의 결성을 주도했더라도 농민운동의 구체적인 지도방식에 따라 해당 지역의 농민운동은 매우 다른 결과를 낳았다고 했다. 즉, 청년·사상운동가들이 직접 농민조직의 간부가 되어 농민운동을 지도한 지역에서는 대중조직의 결집력과 투쟁역량의 배양을 우선하면서 공세적인 대지주투쟁을 전개한 결과, 농민대중이 빠르게 계급적, 민족적 주체로 성장했고 그 조직세도 상대적으로 오래 유지되었던 반면, 청년·사상운동이 당위적인 요구만을 좇아 외부에서 일방적으로 농민운동을 이끌 경우 그 자체가 실패할 뿐만 아니라 농민들로 하여금 농민운동을 불신하게 만드는 결과를 초래했다는 것이다. 전체적으로 보면 소작조합 형태의 농민운동에서는 전자보다는 후자에 가까운 농민운동이 훨씬 다수를 점한다고 했다.[16]

이윤갑의 연구가 기존의 농민운동 연구를 방법론의 측면에서 전면적으로 비판하고 있지만 농민의 자각과 운동 주체로의 성장에서 지식인의 역할을 중요시하고 있는 데 반해, 조경달은 농민운동에서 지식인의 역할에 그다지 주목하지 않는다. 기존의 농민운동 연구가 민중사학적 역사관에 토대를 두었다고 본 그는, 민중을 '투쟁하는 인민'으로 보는 민중사학의 관점은 객관적인 민중상이 될 수 없다고 비판했다. '투쟁하는 인민' 상은 민중의 일상의 삶을 시야에서 놓치기 때문이라는 것이다.

나아가 그는 민중사학적 '민중' 개념, 즉 "노동자·농민은 물론 민족모순과 계급모순에 직면해 있는 소시민·민족자본가·지식인 등 광범한 계급·계층을 포괄하는" 민중 개념은 자칫하면 농민을 비롯한 기층 민중을 지식인이나 대자적인 계급의식으로 각성한 노동자 등의 지도를 받는 존재로만 파악하게 된다고 경고한다. '지식인-농민(민중)'의 관계를 바라보는 그의 시선은 좀 더 포괄적인 측면, 즉 민중사학이 가진 근대주의적 성격을 비판하는 것으로 확장된다. 그는 민중사학이 민중을 '근대를 개척하는 주체'로 설정하고 이상적인 민족국가(국민국가) 수립을 추구한다는 점에서 근대주의의 한계에 갇혀 있다고 보고, 민중의 가치체계를 발견하여 근대라는 시대를 상대화하기 위해서는 특히 농민을 '자율적인' 존재로 보는 관점이 필요하다고 했다. 또한 일제 시기에는 전체 인구의 약 80퍼센트가 문맹인 상황에서 압도적 다수의 민중이 계몽의 범위 바깥에 있었기 때문에, 농민들의 문화와 자율성을 적실하게 포착하기 위해서는 지식인이 가진 근대적 인식과 계몽적 활동보다는 토속신앙이나 종교,

비합리적인 요소 등에 더 많은 주의를 기울여야 한다는 입장을 표명했다.

기존의 연구에서도 농민이 일상에서 운동으로 나아가는 과정을 자동적으로 설정하지는 않았고 엘리트, 나아가 조직 등의 매개를 중요시했다. 그러나 이윤갑은 조직이라는 형태적인 문제를 '실질적인 결합도'와 연계시키는 방식으로, 그리고 조경달은 엘리트의 역할보다는 자율적인 농민문화에 주목함으로써 각각 농민이 운동적 주체로 나아가는 과정을 조명하고자 했다. 이윤갑의 문제제기는 아직 일부 지역의 단편적인 사례 분석에 그치고 있고 조경달의 연구는 농민의 자율성을 배타적으로 강조하는 경향은 있지만,[17] 두 연구는 '농민·민중과 지식인의 상호관계'라는 오래된 주제나, '주체적인 민중상의 재구성'이라는 새로운 과제를 농민운동사의 재구성이라는 차원에서 적극 고민해야 할 필요성을 환기하고 있다.

3—농민운동 연구의 현재적 의의

기존의 연구는 일제 하 민중운동 연구의 의의를 '이 시기의 민족적·계급적 모순 구조를 이해하고 그러한 모순을 극복한 새로운 사회로의 이행이라는 문제를 이해'하는 데 두었다.[18] 농민운동은 그러한 민중운동의 주력군이라는 차원에서 주목되었다. 이러한 구도 속에서 1970년대까지 한국 사회에 팽배했던 이데올로기적 경직성을 비판하는 움직임이 일제 하 농민운동 연구에도 투영되어 사회주의 계열의 농민운동 연구는 곧바로 '과거의 운동 전통을 복원하여 새

사회 건설의 사상적 모태를 형성'한다는 현실적인 의미를 가지는 것으로 인식되기도 했다.[19]

최근의 연구 중에서 이윤갑은 농민운동 연구의 현재적 의의를 이와는 다르게 규정하고 있다. 그는 '현실에서 진보를 실현시키는 농민운동론을 철학적으로 이론적으로 정립'하는 것이 농민운동 연구의 궁극적인 목적이라고 했다. 이윤갑의 '이론적 정립'이란 표현이 위의 '사상적 모태 형성'과 별 차이는 없어 보이지만, 그의 '농민운동론의 정립'은 '과거의 전통'을 복원하는 것과는 차이가 있다. 그가 보기에는 사회주의적 전통은 복원해야 할 것이 아니라 상대화하고 비판적으로 계승해야 할 것이었기 때문이다. 그는 사적유물론의 경우, '피착취계급은 자신의 계급적 이해에 충실할수록 사회와 역사를 객관적, 과학적으로 인식하고 사회모순을 합법칙적으로 해결할 수 있게 된다'는 설정을 하고 있다고 보고, 이와 관련해 두 가지 점을 문제로 제기한다. 첫째, 인간은 사적유물론이 설정하는 것처럼 물질적 제관계에 규정된 존재로서 뿐만 아니라 이를 초월한 창조력을 가진 존재로서 사회 형성 과정에 참여하며, 그 창조력은 인간의 의식이 가진 자기 성찰력에서 나온다는 것이다. 둘째, 피착취계급이 착취계급과 동일한 문화 기반을 가지고 있는 한, 피착취계급의 이해를 실현하는 사회운동은 사회 형태를 변화시킬 수는 있어도 역사를 진보시키지는 못한다는 것이다. 이런 맥락에서 그는 역사의 진보를 위해서는 문화의 진보, 즉 역사 주체의 진보가 핵심적이라는 점을 강조한다.

이상과 같은 이윤갑의 지적은 그의 표현대로 '이론적·철학적' 수준의 논의라서 추상 수준이 매우 높고 구체적인 내용적 뒷받침이 충분하다고 보기는 힘들다. 그러나 그의 지적은, 현실 사회주의권의 동요와 붕괴를 목격하고 한국의 노동자운동이 가진 명암을 경험한 1990년대 한국 식자층의 고민을 반영하고 있다고 생각된다.

3. 새로운 방향 모색을 위한 단상

이 글의 2절에서는 최근 10년간 제기된 새로운 문제제기를 세 가지 논점으로 나누어 살펴보았다. 각각의 논점은 결국, '농민은 정치·경제적 모순의 담지자인가, 농민이 운동적 주체로서의 자기의식을 어떻게 획득하는가, 농민운동 연구의 현재적 의미는 무엇인가' 라는 질문과 관련이 깊다. 비록 논자별로 문제제기의 밀도와 폭에서 편차가 있지만, 각각의 질문은 식민지 사회 구조와 농민계층의 존재방식, 농민과 지식인의 관계, 일제 하 농민운동의 역사와 오늘날의 사회운동 간의 관계 등에 관한 발상의 전환을 우리들에게 요구하고 있다. 이 절에서는 기존의 연구동향과 새로운 문제제기가 각각 가지고 있는 합리적 핵심에 유의하면서 이 분야의 연구를 새롭게 진전시키기 위한 방안을 거칠게나마 모색하고자 한다.

이 글에서는 논의의 전개를 다음과 같은 관점을 제시하며 시작하고자 한다. 즉, 1930년대 초 혁명적 농민조합운동을 중심으로 전개되어 온 기존의 농민운동 연구는 1980년대 진보적 지식인 진영이 한국 사회의 개혁을 위해 내건 아젠더의 산물이라고 보는 것이다. 사회운동의 파고가 높아지는 가운데 진보적 역사학자들은 학술운동의 하나로 '민중사학'이란 아젠더를 제기하면서 스스로를 일제 하 민중운동을 지도하는 사회주의적 전위에 투영시켰다. 이런 점에서 볼 때, 1930년대 초 혁명적 농민조합운동이라는 주제에는 이미 그들의 연구에서 특권적인 자리가 예정되어 있었다고 보아도 좋겠다. 혁명적 농민조합운동은 전위 조직을 매개로 사회주의 지식인과 농민대중이 높은 수준에서 결합한 역사적 사례였기 때문이다. 그러므로 클라크 소렌슨의 어법을 좀 더 급진적인 방식으로 말하자면, 1930년대 혁명적 농민운동, 나아가 그 운동에서의 농민상 자체는, 연구 과정이나 결과가 아니라 그 출발점에서 이미 '현재', 즉 1980년대 역사연구자에 의해 구성된 것이었다고 말할 수 있다. 이처럼 일제 하의 역사상을 현재적인 아젠더의 산물로 보는 관점에 설 경우, '식민지 사회의 모순을 담지한 농민, 농민과 지식인의 연결, 농민운동의 현재적 의의'라는 세 차원의 논점을 둘러싼 연구 상황을, 식민지 인식의 계기적 발전 과정으로 포착하는 기존의 연구사 정리방식은 허구적이게 된다. 상대적으로 서로 구분되어 있는 듯이 보이는 세 차원의 논점은 사실은 이미 처음부터, 1980년대 연구자가 가진 통합적인 역사상의 세 측면에 불과하기 때문이다. 그 시대 역사연구자는 역사 현장의 외부에 머물면서 1930년대 혁명적 농민운동이라는 역사적 의제를 부각시켰다는 점에서 '창조주'에 비유될 수 있다. 세 차원의 논점은 혁명적 농민조합운동 단계에서 예정조화적으로 결합되게 되어 있고 여타의 농민운동은 그것과의 원근법에 의해 평가되고 배치되는 것이다.

한편, 최근 10년간의 문제제기는 기존 연구가 가진 이러한 통합적 역사상을 해체하는 방식으로 제출되었다. 대부분의 문제제기가 기존 역사상에서 가장 정점에 위치해 있던 혁명적 농민조합운동의 비중을 상대화하면서 논의를 전개한 사실은 우연이 아니다. 주요 문제제기가 시도한 해체작업을 '일제하/농민/운동/사'라는 도식, 즉 이글에서 연구사 검토대상으로 삼은 '일제하 농민운동사'라는 영역을 네 개의 마디로 나누어 설명하고자 한다.

일제 식민지 시기의 구조적 모순과 농민의 상관관계를 '민족적·계급적 모순의 담지자'로 뭉뚱그려 설명하는 기존 연구에 대해, 김동노는 당시의 농민 현실에서는 경제적인 요소가 민족적인 요소보다 더 컸다는 점을 주장함으로써 두 모순을 안이하게 접합시켜 보는 관행을 비판했다. 소렌슨은 기존 연구가 전제하고 있었던 '농민' 개념의 실체성을 부정하고 그것을 지식인의 상상적 산물이라는 점을 논증했다. 조경달은 '운동'의 의미를 '민중의 조직적·의식적 투쟁'이라는 좁은 의미에서 해방시켜 '일상 차원의 활동'도 포함하는 넓은 의미로 재정의했다. 현재적 의미와 관련해서 이윤갑은 '사회주의적 전통의 복원과 계승'이라는 기존의 틀을 비판하고 사회주의적 농민운동 및 사적 유물론에 대한 발본적인 비판의 필요성을 강조한 바 있다.

지금까지의 서술이 기존 연구의 패러다임과 이에 대한 새로운 문제제기의 비판적인 개입 지점 등에 치중했다면, 앞으로의 새로운 방향 모색에는 어떠한 고민이 필요한가를 나름대로 제안해 보고자 한다.

앞에서는 기존의 혁명적 농민조합운동 연구에서 지식인(전위·엘리트)과 농민(민중)의 만남이 '보증' 되어 있었다고 말한 바 있다. 그럼에도 불구하고 거기에는 '역사 발전의 동력=민중' 이라는 인식과, '민중을 지도하는 지식인·전위' 라는 인식 사이에 서로 우열을 다투는, 일정한 긴장이 있었음도 부정하기 어렵다. '민중－지식인' 의 이원론적 구도 위에서, 민중은 지식인의 개입에 의하여 '즉자적即自的 계급의식' 에서 '대자적對自的 계급의식' 을 가지게 되는 존재로 설정되었다.

이러한 구도에 대한 발본적인 문제제기가 '국외' 연구자에게서 나왔다는 것은 흥미롭다. 조경달은 자신의 역사상을 제시하면서 지식인의 간섭을 배제하고 '민중(농민)의 자율성' 을 확보하고자 애썼다. 그 결과 그의 구도는 일원론의 형태를 띠게 되었다. 그의 '민중(농민)' 은 지식인으로부터만 자유로울 뿐 아니라 역사적인 제약으로부터도 자유로운 존재로 그려진다. 그에게서 민중은 초월적 존재로 상정되었다. 이런 관점에서 볼 경우 조경달이 설정하는 농민상은 '농민 실재론實在論' 이라고 부를 수 있을 것이다. 소렌슨의 경우는 조경달과는 반대편에서 기존의 이원론적 구도에 도전했다. 그에게 '농민' 은 사회적 실체를 가진 범주가 아니라 당시 지식인의 상상 속에서 재구성된 범주이다. 그의 구도에서 '농민' 범주는 지식인의 종속 변수로 설정되어 있다는 점에서 그의 입장은 '농민 유명론唯名論' 이라고 부를 수 있겠다.

'민중(농민)–지식인' 관계를 파악하는 조경달·소렌슨의 일원론적 구도에서는, 기존 연구가 가진 이원론적 구도에서 도출되는 어려움, 즉 지식인과 민중의 긴장을 조정하고, 양자의 결합을 보증해야 하는 난제 등이 애초부터 문제로 제기되지 않는다. 그러나 지식인과 민중의 관계에서 그 한 축이 가진 실체성 혹은 지분支分을 지워 버리는 것은 너무 손쉬운, 그래서 불안한 뒷맛을 남기는 해결책이 아닐까. 사실 기존의 도식이 불안정한 이원론의 형태를 띤다고 해도 여기에는 '역사의 동력=민중', '조타수=지식인'이라는 전제가 있었음도 부정하기 어렵다. 이런 구도 위에 있었기 때문에 기존 연구에서는 민중이라는 '초월적' 존재가 지식인에 의해 역사의 장場으로 내재화할 수 있었다. 지금 문제가 되고 있는 것은 내재화의 장치, 즉 '계급적 패러다임에 기초한 당적 전위의 지도'가 현실 적합성을 잃었다는 점에 있지, '민중–지식인' 관계에서 기존 연구가 가진 '내재적 초월'이라는 구도 그 자체가 의문시되고 있다고는 보기 힘들다.[20]

조경달의 구도는 민중의 자율성을 선험적으로 가정하는 방식으로 민중(농민)을 초월적 심급에 위치시키고, 그러한 심급으로써 민중에게 가해지는 모든 지배적 가치와 역사적 규정성을 약화시키는 전략을 취한다. 이 점에서 그의 방식은 기존 질서와 관념에 대한 '비판의 특권화'라고 말할 수 있을 것이다. 이런 구도는 참신함과 분명한 입장 등으로 새로운 역사상과 설명틀을 구성하는 장점이 있는 반면, 지배질서와 민중 사이에 개입되는 '매개' 변수를 너무 좁게 설정하고 편협하게 해석함으로써 구체적인 역사적 경험에 대한 설명력의 빈약을 초래하기 쉽다. 뿐만 아니라 그의 구도에서는 현대 유럽 지식인의 아킬레스건이라 할 파시즘 논의에서 종종 제기되는 문제, 즉 '제어되지 않은 민중의 욕망과 폭력성'이 가진 위험은 간과되고 있는 듯하다. 소렌슨의 경우에는 '역사의 동력=민중' 부분을 '허구화' 시킴으로써 저항적 주체의 구성이 어렵게 되었다. 그렇다고 그가 민중 대신 지식인에게 그 역할을 부여할 생각도 없는 듯하다. 저항적 주체의 자리가 모호한 역사의식은, 역사가의 주관적 의도와는 별개로, 지배 구조와 가치의 재생산을 방조하거나 무력감을 노정하기 쉽다는 사실도 쉽게 무시하기 어렵다.

이렇게 본다면 기존의 연구가 가진 '내재적 초월'의 구도를 유지하되, 오늘날의 연구자가 처한 시대적 상황 및 이에 연동하여 제기되는 최근의 비판적 문제제기를 수용하여, 민중의 초월성을 역사화, 내재화하는 '새로운' 방식을 고민하는 것이 필요하지 않을까 한다. 물론 이러한 방향은 일종의 형식적인 지침에 불과하다. 그 내용을 모색하고 채우는 작업은 우리 앞에 과제로 남아 있다고 말할 수 있다.

새로운 '주체'를 향한 전망

이 글에서는 최근 10년간의 일제 시기 농민운동에 대한 연구성과를 검토하면서 앞으로의 방향을 제시하고자 했다. 본문 내용을 간략히 요약하고 몇 가지 단상을 덧붙이고자 한다. 전체적으로 보아 1980년대에 크게 진전을 보인 일제 시기 농민운동 연구가 민중사학의 한 흐름으로 전개되었다고 보고, 최근 10년간의 부진한 상황도 민중사학의 침체, 즉 한국 사회의 정치적 민주화 및 구소련권의 붕괴와 연동된 민중사학의 침체에서 그 원인을 찾았다. 구체적인 논의는 다음 세 단계로 나누어 전개했다.

첫째, 1930년대 초 혁명적 농민조합운동 연구를 중심 소재로 삼고 기존 연구의 쟁점을 수정·보완하는 지역사례 연구경향을 검토했다. 영동지방의 사례를 연구한 조성운은 혁명적 농민조합으로의 전환 시점이 지역적 조건과 활동가의 역량별로 차이가 있었다는 점과, 농민조합 지도층이 유산계급적 기반을 가지면서도 '빈농우위의 원칙'을 내세웠던 점을 부각시켰다. 박이준도 전남 영암지방의 사례를 통해 운동의 주도층이 '빈농'이 아니라 사족적·지주적 기반을 가졌다는 사실을 입증했다. 장세옥은 농민의 구체적인 삶의 현장을 적극 고려한다는 취지에서 부여지역의 동족마을의 야학운동을 군 단위의 혁명적 농민조합운동과 관련시켜 고찰했다. 그 결과 일제 시기 농민운동에서는 '지주·총독부 대 농민'의 단순한 경제적 갈등 구도보다는 동족의 전통적 질서가 크게 작용하고 있었음을 규명했다.

둘째, 일제 시기 농민운동을 소재로 다루면서도 문제의식이나 방법론의 측면에서 기존 연구의 패러다임을 발본적으로 의심·비판하는 연구를 '새로운 문제제기'라는 범주에 넣어 사안별로 검토했다. 먼저, '농민은 계급적·민족적 모순의 담지자'라는 기존 연구의 전제에 대한 비판을 김동노, 클라크 소렌슨의 연구를 통하여 살펴보았다. 1920~30년대 초의 소작쟁의에 주목한 김동노는, 근대적 제도의 도입으로 경제적 어려움에 처한 농민들의 경우 민족적이기보다는 계급적인 요구가 중심이 되었다는 결론을 도출했다. 소렌슨은 일제시기 '농민'이라는 범주가, 1920년대 사회 갈등 모델과 계급 분석에 영향을 받은 지식인이 제국주의 근대문화의 지배에 노출된 도시보다는 '농촌'을 통해 자신의 민족적·종족적 정체성을 동일시하는 과정에서 산출된 상상적 구성물이라고 했다.

다음으로 '농민과 지식인의 관계'에 대한 비판은 이윤갑, 조경달의 견해를 통하여 검토했다. 농민운동의 발전을 지도부의 사상에서 유추하지 말고 지도부와 농민대중의 결합도나 지도방식 변화 등에 주목하자고 주장한 이윤갑은 경북지방의 농민운동 연구를 통하여, 소작조합 형태의 농민운동에서는 청년·사상운동이 외부에서 일방적으로 농민운동을 이끌었던 경우가 대다수였는데, 이 경우 대부분 운동이 실패할 뿐만 아니라 농민들이 농민운동을 불신하게 되었다는 점을 밝혔다. 조경달은 민중사학이 '투쟁하는 인민'상을 가졌다는 점에서 민중의 일상을 연구 영역에 포괄하지 못했고, 또 기층민중을 지식인이나 노동자의 지도를 받는 존재로 파악한 결과 근대주의적 민중상에 빠졌다고 비판했다. 이런 문제를 극복하는 대안으로 그는 '민중의 자율성'을 통해 근대를 상대화시키는 관점을 제시하고 구체적으로는 농민운동 등에서 지식인의 계몽보다는 토속신앙, 종교, 비합리적 요소의 영향 등에 주목했다.

마지막으로 '농민운동 연구의 현재적 의의'와 관련해서는 이윤갑의 문제제기를 중심으로 살펴보았다. 이윤갑은 '과거의 운동 전통을 복원'한다는 기존의 의미 부여를 비판하면서, 사회주의적 전통에 대한 집착에서 벗어나 '현실에서 진보를 실현시키는 농민운동론을 철학적·이론적으로 정립'하는 것이 궁극적인 목적이 되어야 한다고 했다.

셋째, 기존 연구의 합리적 핵심과 최근의 문제제기가 가진 비판적 함의를 포괄하는 설명틀을 필자 나름대로 제기하면서 앞으로 농민운동 연구가 어떤 방향으로 가야 할 것인가를 모색하고자 했다. 혁명적 농민운동에 관한 1980년대의 연구가 당시 '민중사학' 차원의 아젠더로 제시되었다는 관점에서 그 패러다임을 파악할 필요성을 환기했다. 그리고 최근의 문제제기는 그러한 패러다임에서 나온 통합적 역사상을 해체하는 방식으로 전개되었음을 설명했다. 기존의 연구에서 민중을 '역사의 동력'으로 보고 지식인을 그 '조타수'로 봄으로써 역사의 발전을 설명하려는 틀은 수용하되 지금의 변화된 상황과 비판적 문제제기를 고려하면서, 민중과 지식인의 결합방식을 '대중·전위'로 설정했던 사회주의적 패러다임을 묵수墨守하지는 말자는 것이 필자의 결론이다.

이 글은 일제 시기 농민운동 연구를 테마로 시작했으나, 농민운동 연구에 관한 실증적이고 구체적인 검토를 주안점에 두지 않은 관계로 논의가 추상적으로 전개된 감이 없지 않다. 뿐만 아니라 이 글이 취하고 있는 바, 역사적 연구대상을 후대의 연구자가 제시하는 아젠더의 종속변수로 보는 '현재주의적 관점'에 설 경우, 오히려 필요한 작업은 '지금 우리에게 필요한 아젠더는 무엇이며 어떻게 제기할 것인가'라는 문제가 중심이 되어야 할 것이다. 이 경우 '일제 시기 농민운동 연구'라는 주제는 어디까지나 참고에 불과하고, 더 중요한 것은 현재적 관점에서 새롭게 제기할 아젠더의 구성요소, 즉 새로운 '주체'와 그 주체의 '실천'을 어떻게 정립할 것인가를 고민하는 일일 것이다. 이런 까닭에 이 글의 제목과 관점 사이에는 일정한 긴장이 존재하고 있다. 실증성·구체성이 취약한 점과 제목과 관점 사이에 간극·괴리가 있는 점은 이 글의 한계라 할 수 있는 바, 이러한 문제에 대해서는 별도의 논의를 기약하고자 한다.

제2부

표상과 번역의 매체 공간

표상공간 속의 쟁투
모방과 차이로서의 번역

1
표상공간 속의 쟁투
— 《개벽》의 표지·목차 분석

일제 식민 통치 아래에서 창간된 《개벽》은 검열·삭제 등의 억압을 받으면서도 사회적 계몽, 여론의 수렴과 시사동향 보도, 독자대중의 확보 등 근대적 잡지 매체로서의 역할을 수행해 나갔다. 대부분 천도교 청년이기도 했던 《개벽》 주도층의 내면에는 천도교의 '종교적 이상주의'에서 비롯한 계몽적 열정이 자리 잡고 있었다. 그런데 이러한 '종교적 이상주의'에 잠복된 '현실 초월적' 경향은 때때로 《개벽》이 매체로서 가진 일상적 한계 너머까지 분출하여 강한 정치적 효과를 낳기도 했다. 이렇듯이 '종교적 이상주의'는 현실에서 《개벽》이라는 매체를 움직이게 하면서도 결코 매체의 틀에 갇히지 않는다는 점에서, 그것은 매체이론에서 말하는 '사회적 상상'에 해당한다고 할 만하다.[1]

이 글은 《개벽》의 '표상공간表象空間'을 분석하여 근대적 매체로서의 성격이 그곳에 어떻게 구현되었는지를 파악하고, 나아가 매체적 성격과 사회적 상상 간의 상호관계가 《개벽》의 주요 시기별로 어떤 특징을 보이며 형성·전개되었는지를 규명하고자 한다. 여기서 '표상공간'이라 함은 주로 표지와 목차를 가리키는데, 이 글에서는 이곳을, 매체와 사회적 상상이 상호 교섭하는 일종의 '상징적 공간'으로 간주했다. '매체적 성격'이란 용어는, 《개벽》이 매체로서 담당했던 역할과 속성을 '계몽성'·'소통성'·'대중성'의 상호작용으로 보려는 관점을 담기 위해 사용했다. 이러한 세 가지 요소에 대한 지적은 그다지 새로울 것이 없으나,[2] 이 글에서는 그 요소를 '표상공간'이라는 영역을 분석하는 도구로 활용하고, 나아가 3자의 상호 긴장관계에 특히 유의하여 《개벽》의 시기별 변화 양상을 파악하고자 한다. 이러한 접근은 최근 《개벽》의 전·후기 논조 변화를 둘러싼 쟁점에 대해서도 일정한 시사를 줄 수 있을 것이다.

《개벽》의 전·후기 논조 변화와 관련해서는 김정인·김건우 등 단절 혹은 차이에 주목하는 입장과, 최수일·한기형 등 연속성을 강조하는 입장으로 나눌 수 있다. 김정인은 《개벽》이 1922년 하반기, 나아가 1923년 상반기까지도 "우파·민족주의 노선의 주도권을 포기하지 않"다가, 1924년 초부터 "사실상 지면을 좌파에게 넘겨주면서 계급론과 사회주의운동을 이해하기 위한 노력을 시도"[3]했다고 한다. 최수일이, 기존의 연구가 《개벽》의 사상적 전환을 "무척 수동적인 것으로 파악"했다고 지적한 것은 이와 같은 김정인의 이해방식을 겨냥한

비판이라고 볼 수 있다.[4]

한편, 한기형은 《개벽》 후반부(1924~26)의 현저한 사회주의적 경향은, 천도교가 전략적 동반자로 선택한 사회주의의 확산이 자연스럽게 《개벽》 지면에 반영된 것과, 천도교 측이 그러한 상황을 능동적으로 자기화한 이중의 결과로 이해해야 할 것"이라고 하여 최수일보다는 좀 더 유연한 입장을 보였으나, 그 역시 '능동성'과 '일관된 사상적 맥락'을 더 중시하고 있다.[5] 그런데 이와 관련하여 한기형이 강조하는 '종교적 이상주의'에 대해 김건우는 "천도교 교리가 내포하고 있던 이상주의적 사회관을 근거로 하여, 이돈화가 이미 초기에 사회주의적 정치성향을 드러냈다고 보는 것은 무리가 따른다"라고 비판했다.[6]

이 연구에서는 《개벽》의 표상공간을 분석한 뒤 그 결과를 바탕으로 이상의 연구사적 상황에 대한 나름의 결론을 도출해 보고자 한다.

《개벽》의 표지 및 목차 검토

1—표지 디자인의 유형

표지는 잡지의 얼굴에 해당하는 것으로, 독자들의 주의를 끄는 가장 핵심적인 정보가 담겨져 있다. 국내의 잡지뿐만 아니라 《태양》 등 당시의 일본 잡지 등과 비교해 봐도 《개벽》의 표지에는 다양한 이미지가 등장하는 것이 특징적이다.❖

그 이유를 정확하게 알기는 어려우나, 〈그림 1〉에 제시된 천도교의 기관지 《천도교회월보》의 표지를 주목할 필요가 있다.❖❖

여기서 구름과 밤바다, 보름달을 배경으로 "천도교회월보天道教會月報"라는 제호題號가 자리 잡고 있는 장면은 수운水雲-해월海月-의암義菴으로 이어지는 천도교의 교주와 교도教徒대중을 상징한다. 또한 표지에 관한 설명은 천도교의 역사와 대중을 도道와 심心이라는 공통기반에서 통일적으로 파악하고 있다. 특히 천도교의 역사를 천-지-인의 관계로 파악함으로써 의암 손병희 단계가 수운('天')과 해월('地') 단계를 종합하는 '인人'의 위치에 있음을 암시하며, 나아

❖

《태양》	《개벽》	《개벽》	《개벽》
1922년	통권 7호	통권 15호	통권 17호
1월호	1921년 1월호	1921년 9월호	1922년 11월호

위 그림은 1921~22년에 나온 《태양》 및 《개벽》의 표지를 비교한 것이다. 《태양》의 경우 태양 속의 새(삼족오) 표지가 계속된다는 점에서 표지 양식이 이미지 위주의 도안이라고 할 수 있으나 시종일관 이 도안의 틀에서 벗어나지 않는다는 점에서 '다채롭다'고 하기는 어렵다. 이와 비교해서 《개벽》의 표지는 위의 대표적인 예와 같이 다양한 형태가 나타났다.

가 이것을 모두 회통하여 '천도교'라는 교명 속에 집약시키고 있다. 이 표지의 그림은 천도교의 역사를 압축한 것이면서 동시에 교주와 대중의 통일, 나아가 인내천이라는 천도교적 이상理想을 담은 것이 기도 했다. 이처럼 천도교의 경우 이미 1910년대부터 고도로 상징화한 이미지를 사용해서 천도교의 종교적 정체성을 선전하고 있었던 점으로 미루어, 《개벽》 표지가 가진 다양한 이미지, 그리고 그 이미지가 가진 상징적 성격은 천도교라는 종교적 전통과 일정하게 관련된다고 보인다.

❖❖

〈그림 1〉
《천도교회월보》의 표지와 표지 설명(1913년 8월) 위 표지는 인쇄 상태가 좋은 《천도교회월보》 통권 37호 (1913년 8월)의 것인데 이와 동일한 표지는 이미 통권 31호(1913년 2월)부터 나타나고 있다.

本報表粧也,

上雲下海中有月이오

義字形이 又包其大니.

盖取諸四海雲中月一鑑之義也로다.

道氣, 若大雲彌天은

號水雲齋之 天宗大神師心也오.

道波, 若大海含地

號海月堂之 道宗神師心也오.

導正義天地

號義庵之 教宗聖師心也오.

道光이 若月在太空은

我宗徒累百萬人心也.

《개벽》의 경우 표지 이외에 광고 등에서도 상징과 도안 등 이미지의 중요성을 깊이 인식하고 있었던 증거는 여러 군데에서 확인할 수 있다. 대표적인 예를 들면, 《개벽》 제16호 등에는 '개벽사 상공도안부' 명의로 다음과 같은 광고 문안이 실려 있다.

구주대전歐洲大戰에는 우리가 참가하지 않았지만 대전 후 세계상업전쟁에는 우리도 참가하지 않을 수가 없습니다. …… **이십세기의 문명은 실로 선전과 광고의 문명이올시다.** 정치도 선전과 광고이며 주의도 선전과 광고이고 학술에도 선전과 광고올시다. 하물며 적어도 이천만의 고객을 끌려고 하는 상품의 판매소와 제조의 공장에서 선전과 광고가 아니고 무엇으로 상전商戰에 참가하려 합니까. 현대의 상전에는 여러분의 제조물과 상품은 병졸이요 선전과 광고는 적진을 함락하는 공성포攻城砲올시다. 아무리 명장과 용졸이 모였더라도 총기가 없고야 무엇으로 승전을 바라겠습니까? 이와 같이 모처럼 여러분이 내신 광고가 도안, 문안, 색채, 배열이 적당치 못하면 누가 그 광고를 보겠습니까? 기십수백원 요금은 헛것이 되고 말 것입니다. 그러므로 특효있는 광고를 원하시거든 개벽사開闢社 상공도안부商工圖案部로 오세요. …… 사계斯界의 전문가와 기술자를 망라하여 본사 학예부장 현희운씨 감독 하에서 상공부가 여러분의 온갖 편의를 도모하겠습니다(밑줄-인용자).[7]

〈그림 2〉의 '영창당永昌堂' 광고들은 이런 시스템 위에서 만들어진 것으로 보인다. 여기서 《개벽》 제20호 광고는 《개벽》 제18호나

제21호의 텍스트형 광고 내용을 구름 사이로 햇빛이 쏟아지는 이미지로 재구성한 것이다.❖ 이것을 보더라도 개벽사 상공도안부는 광고제작에서 높은 형상화 기술을 가졌음을 알 수 있다.

한편, 《개벽》의 표지 디자인 공간은 제호가 위치한 상단부, 주요 기사명이나 이미지가 위치한 중단부, 개벽 호수나 출판사명 등의 정

❖

《개벽》
18호
(1921년 12월)

《개벽》
20호
(1922년 2월)

《개벽》
21호
(1922년 3월)

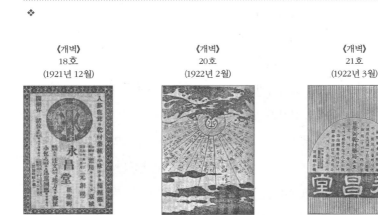

〈그림 2〉
《개벽》에 실린 영창당永昌堂 광고

❖❖ 동북아시아 지도, '창조'라는 의미의 에스페란토 등은 모두 《개벽》 제31호(1923년 1월)에서 처음 등장한 것인데 이 '창조'는 1월부터 7월까지 연속해서 나타나고, 9월호 및 1924년 1월호 표지를 마지막으로 사라졌다. 그런데 1934년 11월, 차상찬 명의로 4회에 걸쳐 발간된 '복간호' 표지에는 이 '창조'가 재등장했다. 흥미로운 것은 이 복간호 1호에서도 사우제社友制의 확대강화를 언급하고 있다는 사실이다. 이 점으로 보아 '창조'를 뜻하는 에스페란토와 사우제는 《개벽》 주도층이 '도약'이나 '중흥' 등 어떤 '획기'를 만들 때 중요한 상징적 자원으로 활용되었다고 볼 수 있다.

보가 위치한 하단부로 이루어진다. 중단부에 주요 기사명이나 이미지가 생략될 경우, 상단에 위치하던 제호가 여기로 내려와 세로로 배열되는 경우가 많으며, 제호 대신 'ㅇ월호' 등의 표현이 이 곳을

❖❖❖

텍스트 중심형 51호(1924년 9월)	이미지 중심형 14호(1921년 8월)	혼합형 34호(1923년 4월)

〈그림 3〉

표지의 유형별 분류

물론 '개벽'이라는 제호 등을 단순히 '텍스트'로 볼 수 있는가, 그것도 이미지가 아닌가라는 의문이 제기될 수 있다. 제호의 경우만 봐도 고딕체 이외에도 서예의 해서, 행서체 등의 변화가 보이기도 하고, 어떤 시점에서는 제호에 관하여 독자를 대상으로 현상공모를 하기도 했다. 또한 동그라미 두 개를 사용해서 만든 도안을 싣기도 했다. 이런 점에서 보면 그러한 제호도 이미지로 볼 수 있다. 그런데 이 글에서는 표지가 '개벽 잡지의 주요 정보를 나타내는 문자' 위주로 이루어졌을 경우에 그것을 '텍스트 중심형'으로 보았다. '이미지'의 범주에서 제호 등을 배제한 것은, '이미지'의 기준을, '표지(및 목차)의 최소정보를 넘어서는 것'으로 설정했기 때문이다. 《개벽》에서 그러한 '이미지'들은 대개 그림이나 지도 등으로 제시되며 《개벽》 주체들의 욕망을 직접적으로 반영한다. 이런 점에서 보면 '개벽'이란 제호는, 그것이 아무리 다양하게 표시되어도 《개벽》의 제호를 나타내기 위한 '기호'에 불과하다. 또한 이 기준에서 보면 'LA KREADO'도 '텍스트'이지만 《개벽》의 기본 정보를 초과하는 특이성을 가졌기 때문에 그것과 이미지가 공존하는 경우엔 '혼합형'으로 분류했다.

차지하기도 한다. 한편 표지와 관련하여 특기할 것은 일정 기간 동안 상단부에서 제호 위에 "LA KREADO"라는 에스페란토가 첨가되었던 사실이다.**

"창조The Creation"를 의미하는 이 단어의 등장은 단순한 수사적修辭的 장식이라기보다는 여러 가지 정황으로 보아 편집진의 의지가 투사된 것으로 생각된다. 이런 점을 고려하면 〈그림 3〉과 같이 중단부에 이미지(지도 포함)가 배치된 경우를 '이미지 중심형', 이미지가 빠지고 《개벽》의 정보를 나타내는 글자 중심으로 구성된 경우를 '텍스트 중심형', 그리고 상단부에 "LA KREADO"라는 문자가 오고 중단부에 이미지가 배치된 경우를 '혼합형'으로 명명해서 삼자를 구분할 필요가 있다.***

이 글 마지막의 〈부표 1〉을 참고하면, 텍스트 중심형의 상대적 비중이 가장 높은 시기는 제39호(1923년 9월)~제72호(1926년 8월)이며, 이미지 중심형은 제1호(1920년 6월)~제30호(1922년 12월)에 집중되어 있다. 혼합형은 숫자가 많지는 않으며 제31호(1923년 1월)~제43호(1924년 1월)에 한정되어 있다.

2—목차공간의 분할과 변동

목차는 《개벽》에 실린 기사의 제목과 필자, 수록 위치 등에 관한 정보를 1~2면의 지면에 모아놓았다는 점에서 '본문의 축도'라고 할 수 있다. 이와 동시에 목차는 특정 기사를 강조하려는 편집진의 의도 등을 반영해 제목을 확대·강조하거나 기사제목을 본문 순서와 다르게 배열하는 경우가 종종 있다. 이런 점에서 목차는 본문의 상태를 반영하되 '가상적으로 반영한다'고 말할 수 있을 것이다.

목차공간은 물리적으로 보면 1~2면의 지면 위에 조성된 평면 공간이지만, 의미상으로 보면 비非균질적이며 위계적位階的인 공간이기도 하다. 《개벽》과 같이 계몽적 성격이 강한 잡지인 경우 계몽적 논설의 비중이 특히 높은 경향을 보인다. 시기별로 편차는 있지만 대체적인 경향을 보면, 목차에서 신문의 사설에 해당하는 '권두언'이 제일 먼저 나오고 그 다음에 이러한 '주요논설' * 몇 개가 배치된다. 문화운동의 선전에 주력하던 초기에는 이돈화, 김기전, 박달성 등의 중심인물은 매회, 적게는 1인당 1편 많게는 2~3편씩 이 논설들을 집필했다. 그러므로 《개벽》에 실린 기사들은 그 비중이 '1/n'로 동일했던 것은 결코 아니다. '주요논설' 특히 그 가운데 제일 앞자리를 차지하는 간판논설(= '대표논설')을 분석할 때에는 그것이 점유하고 있는 공간적인 무게와 가중치를 충분히 고려할 필요가 있다.

이러한 비균질성과 위계성은 논설 차원이 아니라 목차공간 전체에 대해서도 적용할 수 있다. 《개벽》의 목차공간은 '계몽의 영역',

---

* 이 글에서는 '주요논설'이라는 용어를, 조금 뒤에 설명할 '계몽의 영역'에 실린 논설을 지칭하는 것으로 사용한다. 《개벽》 주도층은 독자들을 향해 가장 강조하고 싶은 주장과 입장을 '주요논설'의 위치에 배치한 것으로 생각된다.

** 물론 '소통의 영역'에 실린 글이 지금의 인터넷 공간과 같은 양방향적 소통과 같은 효과를 낳았다고 말하기는 힘들다. 그리고 이 영역에서 강한 계몽적 효과를 가진 글도 많이 실렸다. 이 명칭은 세 공간 구분에서 갖는 이 공간의 상대적인 특성을 표시하기 위한 것이다. '계몽의 영역'에 비해 이 공간에서는 사회적 동향을 반영하거나 여론을 수렴하는 글 등이 활발하게 게재되었다는 의미이다.

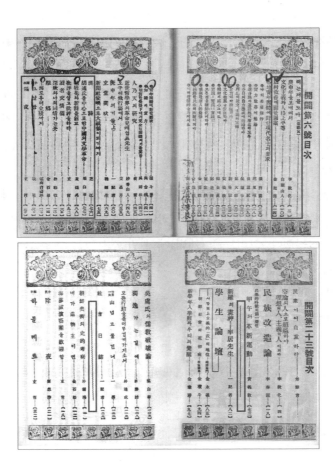

《개벽》 제6호(영역별 구분선 등장 이전)와 《개벽》 제23호(구분선 등장 이후)의 목차. 《개벽》 제6호의 경우 글의 성격과 내용 면에서 볼 때, '개벽 제6호 목차' 라는 글 바로 다음에 필자가 사각형으로 표시한 부분이 '계몽의 영역' 이고 끝 부분의 사각형으로 표시한 부분이 '대중의 영역' 에 해당한다. '소통의 영역' 은 그 중간지대에 해당한다.

'소통의 영역',※ '대중의 영역'으로 부를 수 있는 3개 영역을 기본형으로 가진다.

'계몽의 영역'은 '주요논설'이 밀집해 있는 목차 앞 부분의 공간을 가리키는데 대체로 설문조사와 같은 '비非논설'류 기사로 시작하는 '소통의 영역'과 경계를 이루면서, 편집진의 대對사회적 발언·주장을 담고 있다. '소통의 영역'은 앞으로는 '계몽의 영역'과, 뒤로는 '대중의 영역'과 경계를 맞대고 있으며 설명문·각종 조사·일반논설·시사 등에 관한 기사를 통해 독자들과 좀 더 자유로운 형식의 사회적 소통을 도모하는 곳이다. '대중의 영역'은 주로 문예작품이나 평론 기사 등을 모아놓은 목차의 마지막 공간을 가리키는데, 창작물이나 번역물, 독자투고 작품 등을 게재함으로써 독자의 관심을 끌고 잡지의 대중적 기반을 확대해 가는 곳이다.

〈부표 2〉를 참고하면, 목차공간의 시기별 변동 양상은 각각 '형성기', '안정기', '격동기'로 구분할 수 있다. 형성기는 제1호(1920년 6월)~제19호(1922년 1월)로 영역 간의 구분이 내용적으로 이미 진행되고 있으나 외형적으로는 드러나지 않은 시기이다. 안정기는 제20호(1922년 2월)~제40호(1923년 10월)로 3개 영역이 구분선("§")에 의해 뚜렷이 나누어져 지속되는 시기이다. 격동기는 제41호(1923년 11월)~제72호(1926년 8월)로 구분선 모양과 기사제목 서체書體의 변동, 3개 영역 내부의 통일성 파괴 등 전반적으로 변화가 격심하게 나타나는 시기이다. 〈그림 4〉는 격동기에 해당하는 《개벽》 제52호(1924년 10월)의 목차로서, 굵은 원을 표시한 부분이 앞 시기와는 크게 달라진 모습이다.✲ 또한 편집자가 목차의 기사배열을 본문의 기사 순서와 다르게 배치하는 '조작操作' 현상도 이 '격동기'에만 나타난다. 이 글에서 '조작율'이란 용어는 잡지 본문의 실제적인 기사배열 순서와 목차상의 배열 순서 사이에 놓인 차이를 계량화하기 위해 만든 것이다. 잡지 편집작업의 순서를 생각할 때, 통상 잡지의 기사 본문을 배열해 놓고 면수面數를 매긴 뒤 맨 마지막에 목차를 작성한다고 본다면, 이 조작율은 개벽 편집진이 여러 가지 이유로 목차상에서 본문 기사 제목의 순서를 바꿈으로써 발생한다. 《개벽》 목차상의 면수 증가분을 살펴보면, 특정 기사를 그 기사가 있어야 할 곳에서 빼내어 앞이나 뒤로 옮겼을 경우, 새로 자리 잡은 곳의 앞 혹은 뒤쪽에 인접한 기사와는 어느 한쪽에서 면수의 증가분이 "−"가 된

....

✲

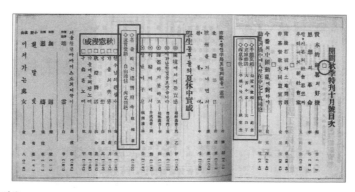

〈그림 4〉
'격동기' 목차공간의 주요 양상

다. 이 "–"의 증분은 곧 '조작'을 말해주는 지표이며 기사의 이동거리가 크면 이 수치의 절대값도 커지는데, 이 경우를 '조작율이 높다'라고 말할 수 있다. 이 조작율은 《개벽》 편집진의 개입 정도를 보여주는 것인데, 아래 그래프에서 '페이지 증감'이 마이너스("–")를 보인 부분의 수치가 곧 '조작율'에 해당한다.❖❖

왜 《개벽》 후반부로 접어들면서 편집 주체들이 이러한 조작을 많

❖❖

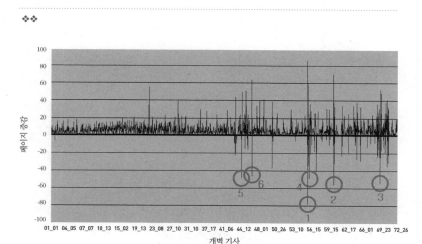

※ 72_26은 '제72호의 26번째 기사'를 의미한다.

〈그림 5〉《개벽》 목차에 나타난 기사 순서별 페이지 증감 추이

〈그림 5〉에서 굵은 동그라미로 표시되어 있는 부분의 숫자를 참조하면서, 이동이 일어난 기사와 조작율을 그 이동거리가 큰 것부터 순차적으로 언급해 보면, 〈牛頌〉(제55호, 78+)〉, 〈女子曰男子曰〉(제60호, 56+)〉, 〈牛耳洞의 봄을 찾고서〉(제69호, −52)〉, 〈南信北通〉(제55호, 49+)〉, 〈流言蜚語〉(제42호, −48)〉 〈거츠른터(小說)〉(제44호, −46) 순이다. 괄호안 수치의 '+'는 '전진前進조작'으로서 뒷 기사에 대한 '쪽수의 증가분'을, '–'는 '후진後進조작'으로서 앞 기사에 대한 '쪽수의 감소분'을 표시한 것이다.

이 하게 되었을까. 이 점을 해명하기 위한 충분한 검토는 하지 못했지만, 〈부표 3〉에서 알 수 있듯이 첫째, 조작이 기사들의 묶음 현상과 밀접하게 관련된 것으로 보인다. 둘째, 조작의 대부분이 소통 영역에 집중되어 일어난다는 점이 특징적이다.

첫 번째 문제를 조금 더 자세히 언급하면 다음과 같다. 우선 조작의 형태를 유형화하면, 기사의 '개별이동'과 '집단이동'으로 구분가능한데, 개별이동은 '단순진퇴'(단순 자리바꿈)와 '개별편입'(한 기사가 묶음기사에 삽입)으로, 집단이동은 '내부혼거'(묶음기사 간 순서 뒤섞임)와 '집단진퇴'(묶음기사 자체의 이동)로 나눌 수 있다. 이 중 '단순진퇴' 이외의 경우는 기사의 묶음과 직접 관련된다. '단순진퇴'의 경우에는 조작의 이유를 알 수 없는 경우도 많다. 그러나 글의 종류(수필, 소설 등)가 비슷한 것끼리 모으기 위해 옮기는 경우(〈부표 3〉의 연번 '01' 등)도, 비록 가시적인 '묶음' 표시가 없더라도 크게 보면 기사의 '묶음'과 관련이 되는 것이다. 또한 '단순진퇴'로 분류된 경우 중에는 묶음 기사 내부에서의 자리바꿈도 포함시켰으므로 이 경우도 묶음 기사와 밀접하다('12'의 경우). 어쨌든 이런 경우를 포함하면, 〈부표 3〉의 '묶음 관련' 란에서도 알 수 있듯이 묶음과 관련한 조작 건수가 모두 25건으로 전체의 절반에 조금 못 미친다.

두 번째 문제와 관련해서는 59개의 조작 기사 중에서 계몽 영역과 관련 있는 경우는 4건, 대중 영역과 관계있는 경우는 10건에 불과하고 나머지 45건은 소통 영역에서 이루어졌다.

그럼 이러한 기사의 '묶음' 행위가 왜 소통의 영역에 치중해서 이루어졌을까. 지금 단계에서 단언하기는 힘들지만 그 이유를 크게 두 가지 정도로 추정할 수 있다. 첫째, 특정 기사를 강조하기 위해서이다. 이전 같으면 '계몽의 영역'에 들어가기 부적절하다고 보이는 [시평]〈왼편을 밟고서〉·〈레닌은 죽었습니다〉('08'), 그리고 목차공간의 형태나 쪽 수로 보면 '소통의 영역'에 해당함에도 불구하고 '계몽의 영역'으로 밀고 들어간 〈민족감정의 심리와 그 사회적 의의〉(번역문, '27') 등이 대표적이다.✽ 이외에도 기사제목을 강조하기 위해 제목의 일부 혹은 전부에 방점('·')을 찍는 경우도 더러 보인다.

둘째, 목차공간의 '정돈'을 위해서이다. 시詩는 시끼리 한데 묶어 놓기 위해 옮긴 사례가 보인다('19'·'29' 등). 또한 시사적인 내용의 경우 한데 묶거나, 소통의 영역 마지막 부분에 두기 위해 일부 기사를 옮긴 경우도 있다('44' 등).✽✽

이 '정돈'의 경우에는 정돈의 '감각'이 이전과 달라졌을 수 있다는 주관적 요인과, 정돈이 불가피하게 될 만큼 실제적인 본문 구성이 이전보다 산만해졌을 수 있다는 객관적 요인을 함께 고려할 필요가 있다. 전반부와 달리 3개 영역의 구분선을 무시하고 기사를 배열하거나 구분기호를 다른 형태로 바꾸어 다수를 사용하며, 특히 구분기호로 'ㅣㅣ'를 사용해서 이 기호 안에 '관찰과 주장', '참고와 연구' 등과 같은 표현을 넣은 것은 감각의 차이에서 기인한 바 크다고 생각된다. 한편, '객관적 요인'과 관련해서는 다음과 같은 점을 생각할 수 있다. 《개벽》 전반부에는 '대중의 영역'에서 목차는 장르별로 정돈되어 있는 경우가 많았다. 물론 이는 본문의 상태를 반영한

'08' (제44호)

'27' (제59호)

'19' (제55호)

'29' (제59호)

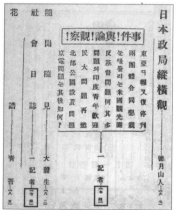

'44' (제68호)

※ 따옴표 안의 숫자는 〈부표 3〉의 '연번'이다

식민지 조선, 오래된 미래

것이다. 시사의 경우도 크게 다르지 않다. 이런 경우에는 후반부에 와서 어떤 이유인지 모르겠으나 《개벽》 본문의 기사를 이전처럼 정돈하지 못하자 본문의 무질서함을 감추기 위한 일종의 '포장' 차원에서 조작을 가했다고 생각된다. 실제로 이 경우가 있었다면 그것은 편집과 관련한 일종의 '기술적 한계'를 역설적으로 반영하고 있는 바, 이에 관한 컨텍스트적 맥락이 고려되어야 할 것이다. 초기부터 《개벽》 주도층이 전국조사에 힘을 집중한 나머지 일손의 부족 등이 초래되었다면 그것도 중요한 변수로 작용했을 가능성이 크다.

3. 표상공간의 계기적 변동과 매체성

1—주요논설과 표상공간의 종합적 이해

이 글 2절에서 살펴본 표지의 시기별 분포와 목차의 시기별 변화 사이에는 일정한 시간적 격차가 보인다. 즉, 표지의 경우 이미지 중심형, 혼합형, 텍스트 중심형이 각각 중요한 의미를 가지는 기점이 제1호(1920년 6월), 제31호(1923년 1월), 제39호(1923년 9월)인 반면, 목차의 경우 형성기, 안정기, 격동기의 기점은 각각 제1호(1920년 6월), 제20호(1922년 2월), 제41호(1923년 11월)이다. 따라서 제20호, 제31호, 제39호 · 제41호의 세 곳이 표상공간 상의 중요한 '획기'로 일단 고려될 수 있다. 흥미롭게도 《개벽》의 논조 등을 참고하면 대체로 이 시점들은 문화운동 비판, 민족담론 대두, 계급담론 대두 시점과 각각 대응한다.

그러나 세 시점이 《개벽》의 전체적인 맥락에서 동일한 비중을 가졌다고 보기는 힘들다. 이 중 제31호는 단순히 민족담론이 대두한 시점이 아니라 《개벽》 초기부터 억압되어 온 정치성이 전면적으로 표방된 시기라는 점에서 그 이전과 이후를 가르는 가장 큰 분기점이 될 수 있다. 애초에 《개벽》 주도층의 종교적 이상주의가 '민족담론' 및

〈표 1〉《개벽》 후반부 이돈화, 김기전 논설의 목차상 위치

호	발간 연월	사설/권두언	이돈화	김기전
45	24.03	甲申年來의 「思想」과 壬戌年來의 「主義」	● 世界三大宗教의 差異點과 天道教의 人乃天主義에 對한 一瞥	② 上下·尊卑·貴賤, 이것이 儒家思想의 基礎觀念이다 ③ 二千年 前의 勞農主義者-墨子
46	24.04	事必歸正	● 朝鮮勞農運動과 團結方法	④ 世界社會主義運動의 史的 記述 ⑤ 赤色組合과 黃色組合
47	24.05	最近의 感		④ 떠드는 世上. 變하는 세상 이것을 츄려서 쓰면 이러케 된다
48	24.06		① 仁愛天命, 勤勉에對한 疑問	● 녜로 보고 지금으로 본 서울 中心勢力의 流動 ● 在京城 各教會의 本部를 歷訪하고
49	24.07		② 天國行 ● 夏休中의 학생 제군을 위하야 —어린이들과 結誼하라	④ 朝鮮苦 ● 世上은 또 이만큼 變하얏다 ● 國際漫話 ● 夏休 中 歸鄉하는 學生 諸君에게- 첫째, 사람 냄새를 좀 맛타 볼 일
50	24.08		② 天國行	① 不知手之舞·足之蹈之

51	24.09		① 現代靑年의 新修	● 朝鮮文化基本調査(其八)—平南道號 ● 西鮮과 南鮮의 思想上 分野, 政治運動에 압장 서고 社會運動에 뒤떠러진 西鮮
52	24.10			
53	24.11	● 黑帝의 幕下에 모여 드는 無産軍	① 敎外別傳	
54	24.12			② 甲子一年總觀, 생각나는 癸亥一年
55	25.01		① 赤子主義에 돌아오라, 그리하야 生魂이 充溢한 人種國을 創造하쟈	② 허튼 수작 ● 甲子一年總觀(續)
56	25.02	● 新春이냐 窮春이냐, 救濟를 要할 가장 緊要한 時機는 왓다.	① 사람의 힘과 돈의 힘, 사람의 힘으로 사람을 돕는 社會를 만들어 노하야 할 것이 안입니까	
57	25.03			① 죽을 사람의 生活과 살 사람의 生活 ● 喜悲交集의 敎育界의 昔今
58	25.04			● 선생님네 處地에 鑑하야
59	25.05	● 五月一日	① 사람性과 意識態의 關係	

비고: 기사 제목 앞에 동그라미로 된 숫자는 권두언을 제외하고 계산한 목차상의 순서를 가리킴. 이 표에서 이 숫자에 해당하는 기사는 대체로 '계몽의 영역'에 배치된 것으로서 '주요논설'에 해당한다. '●'가 붙은 것은 계몽의 영역에 있지 않은 글이다.

'계급담론'과 계기적으로 결합하면서 제31호로부터 시작하여 제41호를 넘어서 지속되는 표상공간 상의 변동을 유발했던 것으로 보인다. 그런데 이와 같은 종교적 이상주의의 정치적 표출은 제48호(1924년 6월) 무렵부터 그 양상을 달리하게 된다. 〈표 1〉에서 볼 수 있듯이 이 무렵부터 목차공간 상에 1년가량 등장하지 않던 이돈화의 글이 주요논설로 나타나기 시작했다. 김기전의 논설도 이돈화만큼 극적이지는 않지만 이 무렵부터 더욱 중요한 위치에 실리기 시작했다. 이돈화는 천도교의 대표적 이론가이자 《개벽》 창간호부터 제72호까지 줄곧 편집인의 직함을 유지하면서 활발한 문필활동을 했던, 《개벽》 최대의 논객이었다. 김기전도 편집주간으로서 《개벽》의 실질적인 편집과 구성, 발간을 좌우했던 인물이다. 《개벽》 제48호가 가진 분기점적 성격은 《개벽》 주도층의 핵심이라 할 이돈화·김기전의 논설 비중이 강화되었다는 형태적 측면뿐만 아니라 내용적 측면에서도 확인할 수

---

* 이돈화는 이미 〈世界三大宗教의 差異點과 天道教의 人乃天主義에 對한 一瞥〉(제45호, 사상비판호)에서 기독교나 유교의 핵심사상을 비판하고 천도교의 종교적 특장特長을 강하게 부각시킨다. 그리고 이런 논조는 〈仁愛, 天命, 勤勉에 대한 의문〉(제48호)으로 이어진다. 그런데 이 단계까지는 잠재적이던 사회주의적 '계급의식'과의 차이화는 〈教外別傳〉(제53호)에서 '양심良心'의 강조로 나타나기 시작하다 〈사람性과 意識態의 關係〉(제59호)에서 '초월의식' 강조로 뚜렷해진다. 《개벽》의 이돈화 논설이 '종교성'을 강하게 띠고 게재된 것은 창간호부터 이루어진 일련의 〈인내천의 연구〉 연재 이후 처음 있는 일이며, '계몽의 영역'에서는 처음이라 할 수 있다. 이돈화가 사회주의와의 차별화를 종교성의 환기와 '대표논설' 자리의 점유를 통해 전개하는 양상은 초기의 '개조론' 수용 당시와 매우 흡사하다. 이돈화는 나중에 1920년대에 전개된 자신의 사상적 경로를 '정신개벽·민족개벽·사회개벽'으로 개념화하는데, 필자가 보기에 '사회개벽'의 기점을 이 시점부터 올려 잡아도 무방할 것 같다. 그 핵심은 '地上天國'을 통해 사회주의의 '사회개조'와 천도교의 그것을 의식적으로 분리시키기 시작했다는 점이다.

있다. 즉, 이 무렵에 실린 이돈화의 글은 사회주의의 계급담론을 대폭 수용하고 있음에도 불구하고 오히려 관심의 초점은 천도교의 종교적 관점을 전면에 제기하는 데 있었다.*

이와 같이 이돈화 등의 글이 목차공간 상에서 차지하는 위치가 《개벽》 제48호부터 이전과 크게 달라지고 내용 면에서도 시간이 흐를수록 사회주의와의 차이가 점점 강조되는 사실을 볼 때 이 시점을 시기구분에서 또 하나의 획기로 볼 수 있다.

이상과 같이 《개벽》의 논조 변화와 표상공간의 변동을 종합적으로 고려하면 《개벽》이 지속되었던 6년의 기간은 제1기를 제1호(1920년 6월)～제30호(1922년 12월), 제2기를 제31호(1923년 1월)～제47호(1924년 5월), 제3기를 제48호(1924년 6월)～제72호(1926년 8월)로 나눌 수 있다.

《개벽》의 시기구분과 매체적 성격

1— '문화적 계몽' 을 위한 미디어
공간의 정립(제1호～제30호)

《개벽》 전체에 실린 이미지 중심형 표지의 대부분은 이 시기에 집중되어 나타났다. 이미 《천도교회월보》 표지(1913년 2월) 등의 상징에서 선보인 천도교의 종교적 이

〈그림 6〉
《개벽》 13호 표지

상주의는 3·1운동 이후 고양된 민족정서와 결합하여 창간호의 '포효하는 호랑이'로 나타났다. 그러나 한반도를 상징하는 이 그림은 총독부의 조처로 삭제되었다. 〈그림 6〉에서와 같이 우리는 이 그림을 1년 후에 게재된 《개벽》 제13호 표지에서 확인할 수 있을 뿐이다.

한편, 《개벽》 제3호·제4호에는 '독수리' 그림이 표지에 실렸다. 〈그림 7〉의 a)에 제시된 《개벽》 제3호의 '독수리' 그림은 김기전이 《개벽》 제1호와 제2호에 연재한 니체를 소개하는 글과 밀접하게 관련된다고 생각된다. 그 이유는 다음과 같다.

c)의 상단에 있는 뱀을 문 새의 그림은 《개벽》 제1호의 니체 소개 글 속에 실린 삽화로서[8] 이 글에서 새와 뱀은 니체의 '짜라투스트라'가 좌우에 소지한 독수리와 뱀을 상징한다고 설명되었다.[9]

이 글에 따르면 독수리는 '창조적 초인의 상징'이고, 뱀은 '숙명적인 영원윤회의 상징'이다. 흥미로운 것은 이 그림이 비슷한 시기 일본에서 발행된 《개조》 잡지의 삽화와 동일하다는 사실이다.✤ 그런데 이 뱀이 상징하는 '영원윤회'는 1910년대 천도교계의 종교적 상징 가운데 밀물·썰물을 반복하는 바다와 상통한다고 생각된다.

이렇게 본다면 〈그림 7〉의 'c) → b) → a)'의 과정이 성립된다. 즉, 1910년대에 형상화된 종교적 상징의 바탕에 니체적 '초인'의 상징이 전파·결합된 결과가 《개벽》 제3호·제4호의 표지 그림으로 나타난 것이라고 해석할 수 있다. 이를 달리 말하면 《개벽》 주도층은 1910년대에 가진 천도교의 종교성을 스스로 '억제'하면서 '초인超人'이라는 '인간론'적 차원으로 변형시켜 제시했다고 할 수 있는데,

이로부터 종교적 이상주의의 세속화·온건화 경향을 읽을 수 있다.

　이상에서 살펴 보았듯이 종교성의 자기억제와 정치성의 거세去勢 과정을 통과하면서 《개벽》은 근대적 매체로 '탄생' 했다. 《개벽》 주도층은 종교성과 정치성이 표백된 매체 공간을 활용하면서 문화적 계몽을 주도해 나갔다. '계몽의 영역' 에서는 이돈화 주도로 '문화주의' 와 '대식주의大食主義', 그리고 '사람성주의' 등 방향제시형 논설

❖

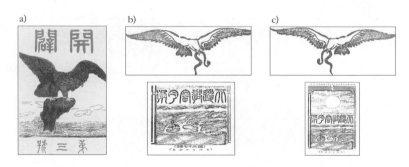

〈그림 7〉

주요 표지그림 간의 도상학적圖像學的 연관성

이 '독수리와 뱀' 그림은 《개조》 1921년 7월호 권두언 삽화와 일치한다. 앞으로 《개조》 잡지를 좀 더 면밀하게 검토해야겠지만, 동일한 삽화가 《개조》 1922년 3월호 권두언에도 나오는 것으로 보아 이 그림은 당시 《개조》에서 많이 사용되고 있었고, 김기전도 그 영향을 받았을 것으로 추정된다. 〈그림 7〉 a)에서 독수리는 파도가 부서지는 암초 위에 서서 날개를 퍼득이고 있다. 오랜 세월 밀물과 썰물을 반복하는 바닷물과 묵묵부답의 바위, 그리고 이에 대비되는 독수리의 날갯짓은 각각 니체의 '영원윤회' 와 '초인' 을 상징하는 것으로 볼 수 있다. 니체적 초인의 상징이 《개벽》의 얼굴을 장식한 것은 '초인' 의 이미지가 그들의 '신인新人', 즉 '새사람' 과 동일시되었기 때문일 것이다(허수, 《일제하 李敦化의 사회사상과 天道敎─'宗敎的 啓蒙' 을 중심으로》, 서울대 박사학위논문, 2005, 67쪽 각주21 참조).

《개벽》에 실린 이돈화의 논설과 목차공간의 상관관계

호수	발행일자	계몽의 영역	소통의 영역
제1호	1920. 06. 25.		人乃天의 研究
제2호	1920. 07. 25.		人乃天의 研究
제3호	1920. 08. 25.		人乃天의 研究(續)
제4호	1920. 09. 25.		人乃天의 研究(續)
제5호	1920. 11. 01.		人乃天의 研究(續)
제6호	1920. 12. 01.	文化主義와 人格上平等	人乃天의 研究(續)
제7호	1921. 01. 01.	大食主義를 論하노라	意識上으로 觀한 自我의 觀念(人乃天 研究의 其七)
제8호	1921. 02. 01.		疑問者에게 答함 (人乃天의 研究 其八)
제9호	1921. 03. 01.		人은 果然 全知全能이 될가 (人乃天 究研 其九)
제10호	1921. 04. 01.	사람性의 解放과 사람性의 自然主義	페이엘빠하Feuerbach의 〈사람〉論에 就하야
제16호	1921. 10. 01.		現代倫理思想의 槪觀
제17호	1921. 11. 01.	時代精神에 合一된 사람性主義	

이 계기적으로 배치되었고, '소통의 영역'에서는 주요 명사名士들의 설문응답과 개조사상가, 그리고 독자투표로 집계된 한국 10대 위인 偉人 등이 소개되었다. 제20호부터 '대중의 영역'이 구분되면서 점차 가시화된 3개 영역의 정립구도는 안정적으로 지속되었다.

2— '정치적인 것'의 침투와 공간의 격동(제31호~제47호)

1922년 9월 총독부의 정치 기사 게재 허용 조처 등을 배경으로 하여 《개벽》 주도층은 1923년 1월부터 다음과 같이 《개벽》의 신기원新紀元을 표방했다.

본지에 연재할 중요도시의 순례기는 본사의 금후 계획에 따라 반드시 어떠한 형식으로든 나타날 것이며, 오랫동안 연재하여 독자의 인내심을 끝까지 시험하던 문예부의 여러 작품들은 다음호, 즉 연말호로서 대체로 끝을 맺게 될 것입니다.[10]

〈그림 8〉
《개벽》 제31호 표지

외국인의 경제적 세력을 기록한 여러 문제들 가운데 나타난 통계는 모두 총독부의 손으로 발표된 것에 의존했습니다. 마음이 개운치 못하지만 갑작스레 어찌할 수 없습니다. 이러한 조사 방면에 대해 우리는 새삼스럽게 노력하려 합니다. …… 신년호는 한번 그럴듯하게 될 것 같습니다. 다른 이유는 다 그만두고라도 조선인의 손으로 만든다는 잡지계의 체면을 위하야 각별히 노력하지 않을 수 없습니다.[11]

또한 그들은 정치적 중심 세력의 필요성을 공공연하게 선동하는 한편, 간판 논설로 '범인간적汎人間的 민족주의'라는 정치사상을 선언했다. 〈그림 8〉처럼 표지의 최상단에 선보인 'LA KREADO'(=창조)라는 에스페란토는 종교적 이상주의를 구현한 슬로건으로서 '상징정치' 의 기능을 수행하기에 충분했다.

❖

<그림 9> '전국조사' 정보의 위치 이동

호	발행연월	계몽	소통	대중	기타
20	2				
21	3				
22	4				
23	5				
24	6				
25	7				
26	8				
27	9				
28	10				
29	11				
30	12				
31	23.1				
32	2				
33	3				
34	4				경남도호
35	5				
36	6				경북도호
37	23.7				
38	8		평북도호		
39	9				
40	10				

식민지 조선, 오래된 미래

이렇게 고양된 정치성은 사우제社友制 및 조선문화기본조사(='전국조사')의 실시로 구체화되었다. 특히 전국조사는《개벽》독자들에게 조선의 실제 상황을 알림으로써《개벽》의 '미디어적 중심성'을 유지·강화하겠다는 의지가 반영된 것으로 보인다.《개벽》주도층의 분투奮鬪로 생산된 정보는 '도호道號' 형식으로 게재되었다. 〈그림 9〉는 '도호'가 게재되던 초기 국면의 양상을 담은 것이다.◈ 여기서 볼 수 있듯이《개벽》주체들은 '경남도호'와 '경북도호'의 해당 내용을 목차나 본문에서 기존의 공간 구조 바깥에 별도로 배치했다. 〈그림 9〉에서는 편의상 그 공간을 '기타'로 명명했다. 도호의 분량이 방대했으므로 기존의 공간에 수용하기엔 부담스러워 별도로 처리할 필요성이 있었기 때문으로 생각되며, 또한 도호를 특별히 강조하기 위한 목적도 작용했으리라 추정된다. 어쨌든 도호 내용은 갑작스레 생성되어 '번외'의 공간에 실림으로써 기존의 공간 구조를 교란하는 효과를 낳았다. 이 점이 부담스러웠던지《개벽》주체들은 세 번째 도호인 '평북도호' 내용을 '소통의 영역'에 배치했다. 표지에도 한반도 그림의 해당 지역에 누적적으로 붉은 칠을 하던 관행을 중지했다. 다만 '부평북도호附平北道號'라는 이름만 남겨 놓았을 뿐이며 표지 그림은 '납량호'에 상응하는 관행적인 것으로 대체했다.

이런 변화상은 일시적인 것이 아니라 그 후에도 지속되었다. 〈그림 10〉은 이 점을 잘 보여준다. 그들은 네 번째인 '강원도호' 내용부터 마지막 순서인 '전북도호' 내용을 모두 '소통의 영역'에 게재했다. 표지 그림에서도 해당지역을 표시한 한반도 지도는 싣지 않았

〈그림 10〉 '전국조사' 정보가 '소통의 영역'에 게재된 모습

호	발행 연월	계몽	소통	대중	기타
41	11				
42	12		강원도호		
43	24.1		함북도호		
44	2				
45	3				
46	4		충남도호		
47	5		경기도호		
48	6		경성호		
49	7				
50	8		경기도호		
51	·9		평남도호		
52	10				
53	11		함남도호		
54	12		함남도호		
55	25.1				
56	2				
57	3				
58	4		충북도호		
59	5				
60	6		황해도호		
61	7				
62	8				
63	11		전남도호		
64	12		전북도호		

식민지 조선, 오래된 미래

다. 그리고 '충남도호'나 '평남도호'에서는, 해당 도호를 실었다는 메시지인 'ㅇㅇ도호' 등을 표지에 따로 기록하지 않았다.

이처럼 《개벽》 주체들이 게재 공간이나 표지 구성 등의 측면에서 도호 내용을 점차 '범상하게' 처리한 것은 전국조사에 대한 기대나 효과, 동력 등의 측면에서 그것이 갖는 중요성이 급격히 감소한 까닭으로 생각된다. 전국조사가 비록 끝까지 계속되었고 그 내용이 《개벽》에 실렸음에도 불구하고 같은 시기 사회주의적 계급담론이 뿜어내는 강한 정치적 메시지가 전국조사사업의 정치적 효과를 반감시킨 것으로 판단된다. 이제 《개벽》의 종교적 이상주의는 사회주의에 대한 관심으로 전이轉移되는 양상을 보였다. 사회주의 소개 기사가 본격적으로 등장하던 무렵인 제41호부터 목차공간은 격렬한 변동을 보이기 시작했다. 물론 여기서 사회주의의 소개 기사 등장과 목차공간의 격변 사이에 명백한 논리적 인과관계가 쉽게 증명되는 것은 아니다. 《개벽》 편집진이 대거 사회주의자로 교체된 적도 없다. 앞의 '목차공간의 분할과 변동'에서도 살펴보았듯이 《개벽》 후반부에 나타난 목차공간의 변동에는 편집 감각의 변화, 본문 구성의 무질서 증가, 편집 역량이나 일손의 부족 등 다양한 요인이 고려될 필요가 있다. 이 외에도 편집 기술상의 변화 등의 요인도 배제할 수 없다.*

그러나 이 무렵 《개벽》의 주요 편집진은 계급 문제와 사회주의에

---

* 특히 잡지 매체의 편집기술과 유행의 변화 양상이 이 무렵의 《개벽》에 중요한 변수로 작용했는가 유무, 그리고 만약 변수로 작용했다면 구체적으로 어떤 경로로 영향을 끼쳤는가 등에 관해서는 향후 폭넓은 자료 검토를 통해 분석할 필요가 있다.

관심을 갖고 좌경적 성향의 논설과 기사를 비중있게 다룬 것은 사실이다. 뿐만 아니라 《개벽》 편집자 자신들도 좌경적 성향의 글을 발표하기 시작했다.[12]

또한 이 시기 목차공간의 격변과 관련하여 〈부표 3〉에서 볼 수 있듯이 《개벽》 주체들이 '계몽의 영역'에 집어넣어 강조하려 했던

제42호
(1923년 12월)

제46호
(1924년 4월)

〈그림 11〉
'3개 영역'의 교란

* 《개벽》 제44호의 경우, 이전 같으면 '소통의 영역'에 들어가야 자연스러울 시평, '원편을 밟고서'나 '레닌은 죽었습니다'가 '계몽의 영역'에 실린 사실이나, 《개벽》 제59호에서 〈민족감정의 심리와 그 사회적 의의〉라는 長谷川如是閑 글의 번역문과 《개벽》 제69호에서 배성룡의 〈계급의식의 이론〉이 그 쪽수의 위치로 보아 모두 '소통의 영역'에 실려야 할 위치임에도 불구하고 목차상 '계몽의 영역'에 배치된 점 등이 그 대표적인 사례이다.

기사가 대부분 사회주의 관련 기사인 점도 주목할 필요가 있다.*
이와 같이 사회주의 기사의 본격화를 즈음한 표상공간의 변동은
'도호' 정보의 그것보다 더욱 급진적으로 나타나 앞 시기에 형성된
3개 영역 구분선을 크게 교란시켰다. 〈그림 11〉에서 볼 수 있듯이,*
《개벽》제42호에서는 그 이전에 '계몽의 영역'에 실리지 않았던
'올해의 문단'이나 스포츠 관련 동향 등이, 《개벽》제46호에는 '소
통의 영역'에 주로 실렸던 국제 동향 등이 '계몽의 영역'에 실렸다.

3— '계몽의 분화'와 공간의 균열(제48호~제72호)

제2기 후반부에서 사회주의 기사가 목차공간을 장악하다시피 하
던 상황은 이 시기에 들어서 '조정 국면'을 맞이했다. 종교적 이상
주의와 사회주의 사이의 긴장관계는 제2기 후반부에서 이미지 중심
형 표지의 '실종' 현상을 통해 징후적으로 드러나고 있었다. '사회
주의적 리얼리즘'은 《개벽》에 실린 지도나 그림, 그리고 '창조'라는
에스페란토 등의 '상징象徵'보다는 '개벽'이라는 '기호記號'를 더
선호했는지도 모른다.

거의 1여 년의 '침묵'을 깨고 제48호의 '계몽의 영역'에 복귀한 이
돈화는 '계급의식'에 대한 '초월의식'의 우위를 강조하면서 점차 사
회주의와의 차별성을 표명해 나갔다. 그 결과 목차공간 전체에서는
사회주의적 영향력이 지속되고 공간의 격동이 지속되었지만, 〈그림
12〉에서 볼 수 있듯이* '계몽의 영역'에서는 이돈화, 김기전 등 창간
주체의 글이 핵심적 지위를 유지하면서 사회주의적 언설과 기묘하게

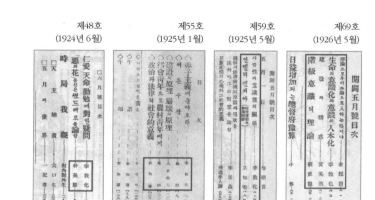

<그림 12>
사회주의 논설과의 '공존'

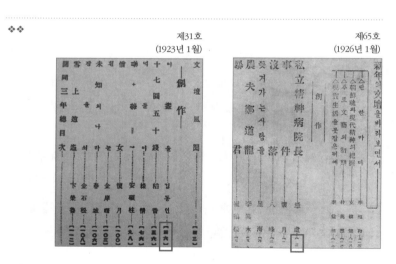

<그림 13>
'창작' 부문의 독립(이전과 이후)

식민지 조선, 오래된 미래

호	발행연월	계몽		소통		대중	기타
60	6			: 황해도호	§	① 創	
61	7		‖	‖		‖ ① §	
62	8	‖		‖ · ‖	‖	① 創	
63	11		‖	‖ ‖ 전남도호	‖	①	
64	12			‖‖‖전북도호	‖	①	
65	26.1		§	§ § §	§	‖ ① 創	
66	2			§	§	‖ ① 創	
67	3		§	§	§	§ ① 創	
68	4		§	§	§	‖ ① 創	
69	5		§	§	§ ‖	‖ ‖ ① 創	
70	6					§ ‖ ①	
71	7					①	
72	8					①	

'공존'하고 있었다. 또한 정확한 이유는 알 수 없으나 '도호' 관련 정보가 종료된 직후(제65호)부터 '대중의 영역'에서는 '창작' 공간의 형태적 분리가 가시화되었다. 〈그림 13〉에서 볼 수 있듯이^{***} 《개벽》 제65호부터 '창작' 부문이 '새 번호'로 시작하는데, 이런 경향이 지속되는 현상은 〈그림 14〉를 통해서 확인할 수 있다. 목차공간의 3개 영역은 영역 내부에서든 영역 간에서든 심각하게 균열되어서 제1기와 같은 통일과 조화를 회복하기란 불가능해 보였다.

계몽과 소통의 영역에서 발생한 변화의 차이

이 글은 두 개의 전제 위에서 출발했다. 첫째는 《개벽》의 표상공간을, 종교적 이상주의에서 비롯하는 초월적 힘과, 문화적 계몽을 위한 매체로서의 일상적 역할을 수행하려는 지향이 상호 작용하는 공간으로 본 것이다. 둘째는 매체로서의 일상적 역할이 반영된 《개벽》의 목차공간을 '계몽의 영역', '소통의 영역', '대중의 영역'으로 나눈 것이다. 이러한 전제를 필요로 했던 것은 《개벽》을 '종합적'으로 보고자 하기 위함인데, 이러한 노력의 궁극적인 목표는 《개벽》을 '식민지적 미디어 주체'로서 형상화하는 것이다.

식민지 시기에 창간된 미디어 '주체'로서의 《개벽》은, 근대 주체 일반이 '거세去勢의 위협'을 통과하는 경험과 비슷하게, 탄생 과정에서 식민지 조선 사회로부터 '정치성의 억압', '종교성의 억제'를 강요받았다. 뿐만 아니라 이후 매체로서 일상적인 역할을 수행하면서 대중의 기호에 대한 부응과 상업적 요소의 고려, 사회적 공기公器로서의 역할, 계몽운동에서의 주도성 견지 등과 같은 욕구 사이에서 항상적인 불균형과 긴장에 직면했다. 천도교의 종교적 이상주의는 《개벽》의 논조를 '계몽적 종합월간지'라는 '순치順治'된 틀 너머로 계기적으로 밀어올리는 '무의식적 기제'로 작용했다. 《개벽》의 '자아'를 구성하는 중심인물은 이돈화와 김기전이었다. 이돈화가 《개벽》 자아의 '진정성'을 대표한다면, 김기전은 '소통성'을 대표한다고 비유할 수도 있는 바, 범박하게 말하자면 양자는 각각 '계몽의 영역', '소통의 영역'을 주재主宰했다고 말해도 좋을 것이다.

이 점을 염두에 두고 머리말에서 언급한 쟁점을 재론해 보자. 선행 연구들은 《개벽》 전반부에서는 서구 개조론의 영향, 특히 문화주의의 영향이, 후반부에는 사회주의의 영향이 반영되고 있다는 사실 자체에 대해서는 대체로 인정하고 있다. 그런데 이와 관련한 평가, 특히 후반부의 사회주의 영향에 대한 평가에서는 '사회주의가 득세하는 외부적 상황 변화에 《개벽》 주도층이 수동적으로 동조하는 데 그쳤다'는 입장과, 애초 '종교적 이상주의를 내장한 《개벽》 주도층이 외부적 상황 변화에 능동적으로 대응하여 사회주의적 가치를 자기화해 나갔다'는 입장으로 갈라진다. 즉 《개벽》 후반부 지면에 사회주의 기사가 빈발하는 상황에 대해, 전자의 입장은 객관적인 상황 변화를 강조하고, 후자의 입장은 주도층의 내적 자기변화라는 주관적 요소에 더 주목한다.

이 글에서는 주·객관적 요소를 절충하는 입장에 서서 상황을 좀 더 동태적으로 설명하고자 했다. 이 글은 《개벽》 주도층이 애초 '종교적 이상주의'를 내장하고 있었고 그 바탕 위에서 사회주의에 대한 친연성을 보였다는 점에서 후자의 입장과 비슷하지만, 사회주의의 득세에 대해 그렇게 '전향적前向的'으로 대응했다고는 보지 않는다는 점에서는 전자에 더 가깝다. 후반부 시점부터 이미 이돈화가 주력한 사회주의와의 차이화 노력, 천도교적 사회개조의 입각점 확보 시도 등이 주도층 전체의 동향을 대표하는 '위상'을 가진다고 보는 것이다. 그러나 이 글이 두 선행 연구와 구별되는 더 큰 차이점은 이돈화와 김기전의 '분산적 행보', 그리고 '계몽의 영역'에서 일어나는 변화와 '소통의 영역'에서 일어나는 변화의 차이에 주목하고 양자를 종합적으로 파악하면서 전체적인 변동을 포착하고 재구성하려 했다는 점이다. 이런 목표를 위해 《개벽》에서 그들이 가진 질적 비중, 즉 그들의 논설이 가진 '가중치'를 적극 고려했음은 물론이다. 이 점이야 말로 '표상공간'을 다루는 이 글이 《개벽》에 관한 연구사적 지형에 적극 개입하고자 했던 지점이라고 말할 수 있다.

● 참고자료

〈부표 1〉《개벽》 표지의 유형별 분포와 시기구분

호수	발행연월	텍스트	이미지	혼합	호수	발행연월	텍스트	이미지	혼합
1	20. 6		○		37	23. 7			○
2	7	○			38	8		○	
3	8		○		39	9	○		
4	9		○		40	10	○		
5	10	○			41	11	○		
6	12	○			42	12	○		
7	21. 1		○		43	24. 1			○
8	2	○			44	2	○		
9	3	○			45	3	○		
10	4	○			46	4	○		
11	5	○			47	5	○		
12	6	○			48	6	○		
13	7		○		49	7		○	
14	8		○		50	8	○		
15	9		○		51	9	○		
16	10	○			52	10	○		
17	11		○		53	11	◎		
18	12		○		54	12	◎		
19	22. 1	○			55	25. 1	◎		
20	2	○			56	2	◎		
21	3	○			57	3	◎		
22	4	○			58	4	○		
23	5	○			59	5	○		

24	6	○			60	6	○		
25	7	○			61	7	○		
26	8		○		62	8	○		
27	9		○		63	11	○		
28	10		○		64	12	○		
29	11		○		65	26. 1	○		
30	12	○			66	2	○		
31	23. 1			○	67	3	○		
32	2	○			68	4	○		
33	3	○			69	5	○		
34	4			○	70	6	○		
35	5	○			71	7	○		
36	6			○	72	8	○		

비고: ◎ = 한글 제호 '개벽' (제53~57호)

〈부표 2〉《개벽》 목차공간의 형태별 변동 양상

호	발행연월	계몽		소통		대중		기타
1	20. 6							
2	7							
3	8							
4	9							
5	10							
6	12							
7	21. 1							
8	2							
9	3							
10	4							
11	5							
12	6							
13	7							
14	8							
15	9							
16	10							
17	11							
18	12							
19	22. 1							
20	2					§	①	
21	3					§	①	
22	4		§			§	①	
23	5		§			§	①	
24	6		§			§	①	
25	7		§	§				§ ı ① 附

26	8					①	
27	9		§		§	①	
28	10		§		§	①	
29	11				§	①	
30	12		§		§	①	
31	23. 1		§		§	①	創 l附
32	2		§		§	①	
33	3		§	§ §	§	①	
34	4				§		§ l① 경남도호
35	5						
36	6						§ l① 경북도호
37	23. 7				§	①	
38	8			평북도호	§		
39	9						
40	10				§		
41	11	‖	‖	‖ ‖	§	①	
42	12			§ 강원도호 §	§		
43	24. 1		‖	‖함북도호‖			
44	2		§	§	‖	§	l創
45	3						
46	4			§ 충남도호	§	①	§
47	5		§	§ § 경기도호	§		
48	6		§	경성호	§		
49	7		‖	§	§		
50	8			‖ § 경기도호 ‖	§	①	
51	9		§	평남도호	§	①	
52	10	□	□	□ □ §	§	§ ①	

53	11		§	§ㅁ함남§도호	ㅁ	§	
54	12		‖	§ㅁ함남도호	ㅁ		
55	25. 1						①	附
56	2		§		ㅁ	①	
57	3			§	§	①	
58	4			§충북도호	§	①	
59	5		§		ㅁ	①	
60	6			:황해도호	§		① 創
61	7		‖		‖①		§
62	8	‖		‖ ‖	‖	①創	
63	11		‖	‖전남도호	‖	①	
64	12			‖‖전북도호	‖	①	
65	26. 1		§	§ § §	§	‖①創	
66	2			§	§	‖①創	
67	3		§	§	§	§①創	
68	4		§	§	§	‖①創	
69	5		§		§	‖ ‖ ‖ ①創	
70	6				§	① ‖	
71	7					①	
72	8					①	

비고: 1) 제46호—〈세계풍운호〉

　　　(본문에는 '충남도호' 해당 내용 있지만 표지에 '부충남도호' 라 쓰지 않음.)

　　2) 제51호— '평남도호' 내용이 수록되었으나 표지에는 이에 대한 언급이 없음.

　　3) '§', '‖', '|', 'ㅁ' 등은 목차공간을 분할하는 각종 기호들을 실제 모양에 가까운 기호로 표기한 것임.

　　4) '①' 표시는 면수面數가 새 번호로 시작한다는 의미임.

　　5) '創' 은 문예 가운데 '창작' 물을 담은 공간이라고 표시된 곳을 가리킴.

　　6) '附' 는 부록이라고 명기된 것을 표기한 것.

〈부표 3〉 조각음의 유형별 분석

호수	발행연월일	연번	개별이동(A)		집단이동(B)		기타(A,B중에서)		
			단순진퇴	개별편입	내부혼거	집단진퇴	묶음 관련("묶음표시")	영역 이동	영역
41	11	01	85/100/92				(수필)		소통
		02	92/108/99						소통
		03			108/92/102/99/107/84/66/110	66/110/111/113/113/112/104	"◇"	이동	소통
		04					(시사)		소통
42	12	05		100/106/(102)			"≡"		소통
		06		114/66/(116)			"≡"		소통
43	24. 1	07	115/131/115						소통
44	2	08				4/17/22/11	"시"평"		계몽
		09	30/14/38						소통
		10	122/186/140						대중
45	3								
46	4								
47	5								
48	6								

								제→소	소통/소통
49	7	11							소통
		12	57/65/59		56/15/54	56/15/54		"ㅁ"(학교) "ǁ"(전해듬)	소통
50	8								
51	9								
52	10	13	125/128/127					秋懷舊感 "ㅁ"	소통
		14	(136)/146/140						대중
53	11								
54	12								
55	25.1	15				23/109/99/106/28	23/109/99/106/28	"◇"(사사)	소통
		16	48/61/57			57/117/94/119/70	57/117/94/119/70	"△"(세비)	소통
		17						(이광수문)	소통
		18	80/86/79						소통
		19	[36/54/33]						대중
		20	[91/95/83]						대중
56	2	21		(64)/46/72				"ㅁ"	소통
		22					[30/56/81/81/82/41]	문단사평 "ㅇ"	대중
57	3	23	51/52/56						소통
		24	69/79/77						소통

연도	세부	No	값		77/72[1]	시평/"ㅁ"	소→계	구분
58		25						소통
	4	26	49/57/53					소통
59		27	19/49/38				소→계	제무
	5	28			48/60/56	" "(시사)		소통
		29	[42/28/44]					대중
60	6	30			32/32/41/30/100/44	"ㅂ"(시사)		소통
		31	44/82/50					소통
		32	62/95/87					소통
61	7	33			62/72/89/66	(증다)		소통
		34	66/100/91					소통
62	8	35	83/64/89					소통
63	11	36	21/38/31					소통
		37	31/55/35					소통
64	12	38	40/52/45					소통
		39	64/76/74					소통
65	26, 1	40	79/50/83					소통
66	2	41	75/62/82					소통
67	3	42		(81)/72/87		"ㅁ"(시사)		소통
68	4	43	59/68/66					소통
		44	74/82/74					소통

69	5					소→제		계통
		45	10/46/51					소통
		46	10/46/51/26					소통
		47	26/40/46/28		115/61/65 [1]		갑자ᐟᄆ	소통
		48		55/74/81/78/85/79/55/86			訪北道神紀	
		49					’’’’	대중
70	6	50	4/53/36					소통
		51	86/100/95	95/93/81/97				소통
		52					(시사)	소통
71	7	53	[13/2]	[1/14/40/22/23/13]	[1/14/40/22/23/13]	대중	’’ (견해듦)	대중
		54						
72	8	55	73/113/79	55/75/73			“o,’’(시사)	소통
		56						소통
		57	79/112/90	79/103/106/110/79			(시사)	소통
		58						소통
		59	9/2/17					대중

비고: 1) '연변'은 임의로 붙인 것이다.

2) 각 숫자는 목차의 기사에 딸린 면수로서 각 기사가 시작하는 본문 첫 부분의 면수를 나타낸다. 맨 끝의 진한 부분은 이동한 기사를 가리킨다.

3) 연변 '65'의 '100/106/[102]'에 보이는 괄호('/')는, 괄호 속 기사가 나머지 기사(여기서는 100과 106의 두 기사)와 내용 혹은 영역상 구분되는 것을 표시한 것이다.

4) 연변 '19'의 [36/54/33]에 보이는 대괄호('[')는 괄호 속의 기사(여기서는 세 기사)가 특정 기호 등에 의해 하나로 묶여 있는 경우를 표시한 것이다.

2
모방과 차이로서의 '번역'
— 《개벽》 주도층의 근대사상 소개

이 글은 1920~21년 동안 《개벽》 지면에 실린 서구 근대사상에 관한 소개글을 분석해서, 《개벽》 주도층이 일본을 통해 서구사상에 접근하고 그것을 소개했던 구체적 양상과 그 특징을 파악하고자 한다. 《개벽》 초기 지면의 서구 근대사상 소개 기사에 주목한 연구는 크게 세 그룹으로 나눌 수 있다. 첫째, 개조론에 영향을 받은 문화운동의 논리 구조를 분석하면서 주목한 연구인데, 박찬승과 조규태가 대표적이다.[1] 이들은 1920년대 초 《개벽》의 서구 근대사상 소개 기사를 개조의 시대사조 및 조선인 주도의 문화운동과 관련시켜 적극적으로 파악했다는 점에서 의의가 있다.

둘째, 특정 인물이나 사상이 한국에 도입된 초기 양상을 언급하는 차원에서 주목한 연구들이다. 여기에는 주로 철학이나 문학 분야의 연구가 많이 포함되는데, 니체의 한국 수용사를 고찰한 정동호의 연구,[2] 윌리엄 제임스와 러셀을 다룬 이병수의 연구,[3] 엘렌 케이를 다룬 홍창수의 연구[4] 등이 있다. 이들은 《개벽》의 근대사상 소개 기사가 개별적인 소개로서는 거의 최초라는 데 의견을 같이하고 있다. 또한 일본 등을 소개의 경로로 추정하는 점도 비슷하다.

셋째, 일본 등을 통한 서구 근대사상의 국내 수용을 구체적으로 검토하고자 시도한 허수, 류시현의 연구가 있다. 허수는 《개벽》 초기 서구사상이 수용되는 중간 통로로 일본의 저서가 활용되었음을 규명했으며,[5] 류시현은 버트란트 러셀 저작의 번역과 소개 과정을 꼼꼼하게 추적했다.[6]

그러나 이상의 세 갈래 연구들은 개별 인물의 사상 소개에 치중하거나, 문화운동 혹은 특정 사상 형성의 전사前史로 《개벽》의 근대사상 소개를 취급함으로써, 그 사상의 소개 양상에 대한 본격적이고 포괄적인 분석 및 특징 추출에는 이르지 못한 한계가 있다. 따라서 이 글은 첫째, 일본의 저본과 《개벽》 기사를 면밀히 대조해서 인용 양상에 대한 기초적인 정보를 저본별·인물별로 파악하고자 한다. 둘째, 이러한 기초적인 정보를 토대로 소개 과정에 드러난 전반적인 특징을 규명하고자 한다.

1. 《개벽》 초기 지면의 근대사상과 인용처

3·1운동의 대중적 열기와 세계개조·사회개조의 시대사조에 영향을 받아 창간된 《개벽》은 일제 식민지기 전체를 통틀어 가장 대중적 영향력이 컸던 종합월간지였다. 《개벽》에는 동서고금의 다양한 사상과 인물이 소개되었는데, 그 가운데 서구 근대사상과 인물에 대한 관심이 가장 두드러졌다. 서구의 근대적 사상 혹은 인물을 본격적으로 소개한 글은 이 글 말미에 첨부된 〈부표 1〉에서 볼 수 있듯이 대략 40여 편에 달했다. 《개벽》 초기 지면을 다루는 이 글의 관심과 관련해서는 이 '다양한 사상' 중 전반부에 집중할 필요가 있다.[7] 전반부의 글 20여 편은 소개방법에서 첫째, 특정 인물·사상을 전반적으로 소개하는 유형,[8] 둘째, 인물·사상의 특정 부분이나 주제를 소개하는 유형,[9] 셋째, 인물보다는 특정 분야의 사상적 조류를 소개하는 유형 등으로 나눌 수 있다.[10] 이 글에서는 이 가운데 첫째 유형에 관심을 집중하고자 한다.[11] 12개 글의 면면을 정리하고, 추적 가능한 범위 내에서 각 글의 출처를 밝히면 〈표 1〉 및 〈표 2〉와 같다.

〈표 1〉에서 볼 수 있듯이 한 인물이 2회에 걸쳐 소개되거나 동일한 기사가 실리는 경우가 있어서, 모두 12편의 글에서 소개되는 근대사상가는 8인이다. 이 가운데 인용처를 확인할 수 있었던 것은 6인의 인물에 관한 9편의 글이다. 이 글에서는 분석의 주대상을 인용처가 확인되는 9편의 글, 6인의 인물로 한정하고자 한다.[13]

니체, 루소, 제임스의 소개 기사는 1915년 12월에 일본에서 처음

<표 1> 《개벽》 초기 지면에 실린 서구 근대사상의 전반적인 소개글[12]

소개 인물	필자	제목	호수	시기	분량	인용처	일련 번호
니체	小春 (金起田)	力萬能主義의 急先鋒 푸리드리히 니체 先生을 紹介함	1	1920.06	6쪽	16-4	1
	妙香山人 (金起田)	新-人生標의 樹立者 푸리드리취 니체 先生을 紹介함	2	1920.07	6쪽	16-4	2
루소	妙香山人 (金起田)	近代主義의 第一人 루소先生	5	1920.11	15쪽	16-3	3
제임스	妙香山人 (金起田)	近世哲學界의 革命兒 쩨임쓰 선생	6	1920.12	8쪽	16-12	4
입센	玄哲 (玄僖運)	近代文藝와 입센	7	1921.01	10쪽	?	5
엘렌 케이	盧子泳	女性運動의 第一人者 - Ellen Key-(엘렌케이)	8	1921.02	8쪽	8-8	6
	盧子泳	女性運動의 第一人者 - Ellen Key-엘렌케이(續)	9	1921.03	6쪽	8-8	7
러셀	妙香山人 (金起田)	思想界의 巨星 뻐- 츄랜드·러쎌氏를 紹介함	11	1921.05	14쪽	8-3 @	8
카펜터	朴思稷	改造界의 一人인 에드와드· 카펜타아를 紹介함 *	12	1921.06	15쪽	8-6	9
	朴思稷	人生은 表現이니라, 에드와드· 카펜타아를 紹介함 **	13	1921.07	15쪽	8-6	10
	妙香山人 (金起田)	먼저 당신 自身의 自我에 眞理가 잇슬지어다	14	1921.08	8쪽 @@	?	11
플로 베르	메레즈코우 스키(作), 金億(譯)	플로베르論 (賞歎의 價値가 잇는 이 論文을 英譯에서 重譯하야써 가티 玩賞하랴고 한다.)	15	1921.09	16쪽	?	12

비고 : ① 카펜터에 관한 글, *와 **는 동일한 기사임.

② @ - 러셀의 경우 김기전은 주요 내용을 〈표 2〉의 '8-3'에서 인용하지만 부분적으로
는 다른 전거에서도 인용하고 있다. 적어도 전거가 두 군데 이상인 것으로 추정된다.

③ @@ - 필자는 〈天使의 翼〉의 결론을 번역했다고 밝혔다.

④ '전거' 란의 숫자는 〈표 2〉의 '번호' 란에 있는 숫자이다.

〈표 2〉〈표 1〉에 소개된 근대사상의 인용처[14]

번호	《근대사상16강》	인용	번호	《사회개조의 8대사상가》	인용
16-1	제1강. 근대사상의 개관		8-1	1. 마르크스	
16-2	제2강. 레오나르도다빈치와 문예부흥		8-2	2. 크로포트킨	
16-3	제3강. 근대주의의 제1인자 룻소	◎	8-3	3. 럿셀	◎
16-4	제4강. 니체의 초인 철학	◎	8-4	4. 톨스토이	
16-5	제5강. 개인주의자 맑스 스틸나, 기타		8-5	5. 모리스	
16-6	제6강. 톨스토이의 인도주의		8-6	6. 카펜터	◎
16-7	제7강. 토스토예프스키의 愛의 종교		8-7	7. 입센	
16-8	제8강. 입센과 제3제국		8-8	8. 케이	◎
16-9	제9강. 다윈의 진화론				
16-10	제10강. 졸라의 자연주의				
16-11	제11강. 플로베르와 허무사상				
16-12	제12강. 제임스의 프래그머티즘	◎			
16-13	제13강. 오이켄의 신이상주의				
16-14	제14강. 베르그송의 직관의 철학				
16-15	제15강. 梵의 行者 타고르				
16-16	제16강. 로망롤랑의 眞勇주의				

출전 : ① 中澤臨川, 生田長江 編, 1921(1915) 《近代思想十六講》, 東京, 新潮社

② 生田長江 · 本間久雄 共著, 1920 《社會改造の八大思想家》, 東京, 東京堂書店

'번호' 란의 '16-1', '8-1' 등은 인용처와 인용 기사를 비교하기 위해 편의상 붙인 것이다. '인용' 란의 '◎' 표시는 《개벽》에 소개된 글의 저본이라는 뜻이다.

출간된 《근대사상16강》(이하 '《16강》'으로 줄임)의 1921년 출판본을 저본으로 삼았으며,[15] 엘렌 케이, 러셀, 카펜터의 소개 기사는 역시 일본에서 1920년 11월에 첫 출간된 《사회개조의 8대사상가》(이하

'《8대사상가》'로 줄임)를 저본으로 했다.[16] 《16강》의 공동편자는 나카자와 린센中澤臨川(1878~1920)과 이쿠타 초코生田長江(1882~1936)이다.[17] 《16강》은 서구 근대사상가 15명의 생애와 사상을 집약해서 대중적으로 소개하는 형식을 취했는데,[18] 여기에는 서양문명을 물질적·헬레니즘적인 것으로 보고 동양문명을 정신적·헤브라이즘적인 것으로 보면서 새로운 세계문명은 동서양 문명의 합류로 이루어질 것으로 본 편자들의 문제의식이 반영되어 있었다.[19] 즉, 이 책에는 동서양 문명의 융합을 지향하고 그 융합의 주체로 일본을 상정하고자 했던 다이쇼기 일본 지식인의 욕망이 깔려 있었던 것이다.

한편 《8대사상가》의 편집에는 《16강》의 편자였던 이쿠타 초코와 함께 혼마 히사오本間久雄(1886~1981)가 참여했다.[20] 《8대사상가》도 《16강》처럼 주요 인물의 생애와 사상을 객관적으로, 그리고 요약의 형태로 소개하고 있으나, 인물들을 일정하게 갈래짓지 않고 단순 소개한다는 점에서는 차이가 있다. 《8대사상가》는 개조론의 대중적인 소개서로는 초기의 것으로서, 일본에서 아직 개조론의 분화가 이루어지지 않았던 시점의 인식을 반영하는 저서로 보인다.[21]

2. 주요 인물별 소개 양상

이 절에서는 인용처가 확인된 6인의 소개 양상을 구체적으로 살펴보는 데 주력하고자 한다.[22] 《개벽》에 소개된 글은 모두 저본이 되는 책의 해당 내용을 발췌해서 번역했다. 여기서는 소개자의 관심사, 그리고 소개 과정에 개입된 선택과 배제의 문제 등을 살펴보기 위해 다음 세 가지에 주의하고자 한다. 첫째, 개별 인물별로 소개자는 저본에서 어떤 장章을 취사선택해서 어떻게 재배열했는가, 둘째, 특정 장에서 어느 정도의 비율로 인용했으며 그 결과 글 전체에서 그 장의 중요도는 어떤 유의미한 변화를 보이는가, 셋째, 소개자가 원문에서 누락시킨 내용과 새로 첨가한 내용은 각각 무엇이며 용어 및 개념상의 변화는 없는가 등이 그것이다.

이 글의 〈표 3〉에서 〈표 8〉까지는 개별 인물에 대한 소개 양상을 파악하기 위해 저본의 인용처와 《개벽》 소개글의 비교 결과를 표로 정리한 것이다. 위의 세 가지 사항 가운데 첫째 사항과 관련한 내용을 살펴보기 위해, 각 인용처의 장별로 일련번호(표의 'A' 란에 있는 숫자)를 붙이고 《개벽》의 소개 기사 중 동일한 내용이 인용된 곳에는 '인용ⓐ' 란처럼 해당 일련번호를 적었다. 저본에 없는 내용을 《개벽》의 소개자가 첨가했을 경우에는 '서두'나 '첨언' 등으로 표기했다. 둘째 사항과 관련한 내용을 표시하기 위해, 먼저 인용처와 《개벽》 글의 '장별 비중'을 파악('B'와 'b')해서 두 곳에서 각 장의 내용이 전체에서 차지하는 비중에 유의미한 변화가 있는지 여부가 드러나게 했다. 이때 각 내용을 '행' 단위로 계산했다. '서두'나 '첨언' 등의 비중이 높거나 취사선택의 정도가 각 장별로 편차가 심할 경우 양자 사이에서 특정 장의 비중에 의미있는 차이가 드러날 것이다. 나아가 장별 인용율('c'), 즉 《개벽》이 주요 인용처의 내용을 어느 정도 비율로 인용하는지를 장 단위로 알아보기 위해, 《개벽》에서 인용된 내용을 장별로 파악한 뒤 그 내용을 인용처의 '행' 수로 환산(♭3′)하여 비교의 편의를 도모했다.[23]

1―니체 · 루소 · 제임스

〈표 1〉과 〈표 2〉에서 볼 수 있듯이 김기전은 《16강》에서 니체, 루소, 제임스에 관한 내용을 각각 《개벽》 제1호 ·2호, 제5호, 제6호에 실었다. 소개된 순서대로 먼저 니체부터 살펴보기로 한다.

〈표 3〉에서 볼 수 있듯이 김기전은 니체의 생애에 관한 글을 《개벽》 제1호에, 사상에 관한 글을 《개벽》 제2호에 각각 나누어 실었다. 생애에 관해서는 《16강》의 제4강 '니체의 초인철학'으로부터 제사題辭 및 니체 생애를 개관하는 부분인 1장, 2장의 내용을 인용했고, 사상에 관해서는 7~9장의 내용을 인용했다. 니체의 생애와 작품을 부연하는 저본의 3~6장과 사상 가운데 10장의 내용은 인용하지 않았다. 그가 3~6장을 제외한 것은 그의 말대로 '지면의 제약'에 따른 것으로 보인다.[24]

김기전은 《개벽》 제2호 글 중 '신생의 고苦―영원윤회설'이란 장의 내용 대부분을 저본의 7장 '니체의 세계관―영원윤회'에서 인용했다. 또한 '초현인―그의 초인주의' 장의 내용은 저본 8장의 전반부 내용을 끌어와서 채웠다. 흥미로운 것은 그 다음인데, 그는 '약즉악弱卽惡, 강즉선强卽善'이란 제목의 장에서는 다소 복잡한 인용방식을 취했다. 이 제목은 저본 10장의 첫 문장, "강즉선强卽善, 약즉악弱卽惡, 이것이 그의 도덕이다"에서 취했고,[25] '약즉악, 강즉선'이란 장

〈표 3〉 김기전의 니체 소개 양상[26]

《16강》 제4강 : 니체의 초인 철학	인용처 (A)	장별 비중(B)	
		B1(행)	B2(%)
題辭	1-0	12	1.4
1. 니체의 생애와 그 성격(1)	1-1	92	11.1
2. 니체의 생애와 그 성격(2)	1-2	65	7.8
3. 니체와 쇼펜하우어	1-3	55	6.6
4. 비극의 탄생	1-4	83	10.0
5. 니체와 바그너	1-5	35	4.2
6. 준비의 시기	1-6	84	10.1
7. 니체의 세계관 - 영원윤회	1-7	79	9.5
8. 超人 - 새로운 價値表	1-8	110	13.2
9. 새로운 도덕	1-9	154	18.5
10. 전쟁의 철학	1-10	63	7.6
(계)		832	100

↓

《개벽》 제1호 : 力萬能主義의 急先鋒 푸리드리히 니체 先生을 紹介함 / 제2호 : 新-人生標의 樹立者 푸리드리취 니체 先生을 紹介함		인용 (a)	장별 비중(B)			인용율(c) b3/ B1*100
			개벽기준		원문환산	
			b1(행)	b2(%)	b3(행)	
제1호	(도입)	1-0	14	3.5	12	100
	선생의 일생과 그 성격	1-1	142	35.3	38	41.3
		1-2			36	55.4
	(첨언1)	-	24	6.0	-	-
제2호	(첨언2)	-	4	1.0	-	-
	新生의 苦 - 永遠輪回說	1-7	83	20.6	41	51.9
	超賢人 - 그의 超人主義	1-8	52	12.9	49	44.5
	弱卽惡, 强卽善	1-8	62	15.4		
		1-9			9	5.8
	(첨언3)	-	21	5.2	-	-
	(계)		402	99.9	평균인용율	49.8

첨언1 - 36:하05~36:하19(《개벽》 36쪽 하단 5행에서 19행까지라는 뜻. 이하 동일한 방식으로 표기)

첨언2 - 73:01~73:04(1단 편집의 경우)

첨언3 - 78:하07~78:하28

〈표 4〉 김기전의 루소 소개 양상

제3강. 근대주의의 제1인자 룻소	인용처(A)	장별 비중(B)	
		B1(행)	B2(%)
題辭	1–0	13	1.6
1. 루소의 일생	1–1	125	15.6
2. 루소의 성격	1–2	60	7.5
3. 자연으로 돌아가라	1–3	43	5.4
4. 인간관 – 도덕관	1–4	86	10.8
5. 〈인간불평등원인론〉과 〈민약론〉	1–5	96	12.0
6. 교육관 – 〈에밀〉(1)	1–6	144	18.0
7. 교육관 – 〈에밀〉(2)	1–7	110	13.8
8. 여성관	1–8	48	6.0
9. 문학자로서의 루소	1–9	74	9.3
	(계)	799	100

⬇

《개벽》 제5호 近代主義의 第一人 루소先生	인용(a)	장별 비중(B)			인용율(c) b3/ B1*100
		개벽기준		원문환산	
		b1(행)	b2(%)	b3(행)	
그의 일생과 성격	1–1	147	24.8	65	52.0
	1–2			23	38.3
	(첨언1)	19	3.2	–	–
그의 표어 – 자연에 歸 하라	1–3	29	4.9	20	46.5
	(첨언2)	9	1.5	–	–
인생불평등원인론과 민약론	1–5	109	18.4	63	65.6
그의 교육관 – 〈에밀〉	1–6	231	39.0	82	56.9
	1–7			53	48.2
	(첨언3)	8	1.3	–	–
여자는 일 從物 – 그의 여성관	1–8	35	5.9	16	33.3
첨언	(첨언4)	6	1.0	–	–
	(계)	593	100	평균인용율	48.7

첨언1 – 66:하14~66:상11 / 첨언2 – 66:하21~67:상08

첨언3 – 75:상16~75:하01 / 첨언4 – 76:상17~76:하03

의 대부분은 저본 8장의 후반부에 있는 '초인의 도덕'에 관한 내용을 이끌어왔으며, 같은 장의 마지막 일부 내용(원문 환산으로 9행)은 저본의 9장 '새로운 도덕' 내용으로 채웠다. '약즉악, 강즉선' 장의 구성이 이처럼 복잡해 보이지만 인용상의 공통점도 보인다. 모두 '도덕'과 관련한 부분이 인용되었다는 사실이다.

이상에서 보았듯이 김기전은 저본의 니체 관련 글로부터 니체의 세계관, 인간론, 도덕론에 각각 해당하는 영원윤회설, 초인주의, 강자의 도덕을 중심으로 소개했고, 철학을 주로 다룬 10장 내용은 제외했음이 확인된다.

다음은 루소에 관해서 살펴보자. 〈표 4〉에서 알 수 있듯이 김기전은 《개벽》 제5호의 소개 글을 《16강》의 제3강에서 인용했다. 니체의 소개에 비하면 비교적 고르고 평이한 방식으로 인용했지만, 저본에서 4장의 '인간관-도덕관'과 9장 '문학자로서의 루소'는 제외했다. 이 시점에서 김기전의 관심이 서구 근대의 '사상'에 있었음을 상기하면 9장이 제외된 것은 이해되지만 4장이 제외된 이유는 무엇일까.

4장 내용은 루소가 유물론에 반대했고 유신론을 주장한 내용을 담고 있기 때문에, 김기전이 사상적 반감 때문에 이 부분을 인용에서 배제했다고 보기는 힘들다. 그러므로 배제 이유를 루소 자체에서 찾기보다는 이미 이루어졌던 니체 소개와의 관련 속에서 살펴보는 것이 타당하다. 김기전이 니체 소개글에서 니체의 인간관·도덕관을 인용했음은 살펴본 바와 같다. 따라서 제한된 지면 등의 사정도 있어서, 인간관·도덕관에 해당하는 내용은 니체의 그것으로 소개하

《16강》 제12강. 제임스의 프래그머티즘	인용처 (A)	장별 비중(B)		
		B1(행)	B2(%)	
題辭	1-0	14	2.8	
1. 輓近철학의 신경향	1-1	97	19.1	
2. 프래그머티즘의 발생	1-2	94	18.5	
3. 윌리엄 제임스의 일생	1-3	47	9.3	
4. 제임스의 인식론	1-4	72	14.2	
5. 프래그머티즘의 요지	1-5	28	5.5	
6. 사고와 행위와 진리	1-6	109	21.5	
7. 프래그머티즘의 인생관	1-7	47	9.3	
		508	100.2	

⬇

《개벽》 제6호 近世哲學界의 革命兒 쩨임쓰 선생	인용 (a)	장별 비중(B)				인용율(c) b3/ B1*100
		개벽기준		원문환산		
		b1(행)	b2(%)	b3(행)		
그의 일생	1-3	59	17.9	31		66.0
실용주의의 발생경로	1-1	124	37.7	79		81.4
실용주의의 요의	1-2	50	15.2	30		31.9
푸라끄마디즘의 인생관	1-7	45	13.7	24		51.1
그의 인식론	1-2	47	14.3	9		9.6
	1-4			13		18.1
(첨언)	−	4	1.2	−		−
		329	100	평균인용율		43.0

첨언 – 54의2:하14~54의2:하17

고 루소로부터는 '인간관-도덕관'을 다룬 4장보다는 다른 층위에 속하는 내용을 소개하는 데 주력했다고 생각된다. 그는 저본에서 5

장 '인간불평등기원론과 민약론' 과 6·7장 '교육관-《에밀》' 을 가장 높은 비율로 인용했다. 즉, 그는 루소의 정치·경제론 및 교육론에 초점을 맞추어 소개했다고 말할 수 있다.

김기전의 윌리엄 제임스 소개 양상은 앞의 〈표 5〉와 같다. 김기전은 《개벽》 제6호의 소개글에서 제임스의 일생, 실용주의 발생 경로, 실용주의의 요의, 프래그머티즘의 인생관, 제임스의 인식론 등 다섯 개 부분으로 나누어 저본의 해당 내용을 인용했다. 저본인 《16강》의 12강 내용이 니체나 루소처럼 '제임스의 일생, 사상' 순서로 되어 있진 않았는데, 김기전은 '일생-사상' 순서로 목차를 설정해서 그에 맞는 내용을 저본에서 인용했다. 그가 '실용주의의 요의' 내용을 저본의 5장 '프래그머티즘의 요지' 가 아니라 2장 '프래그머티즘의 발생' 에서 취한 이유는 2장 '발생' 의 해당 내용이 간명한 소개에 적합하다고 생각했기 때문으로 판단된다. 저본의 6장 '사고와 행위와 진리' 내용은 12강 전체에서 양적으로 가장 높은 비중(21.5퍼센트)을 차지했음에도 불구하고 김기전은 아예 인용에서 제외했다. 편자 말대로 저본 6장은 프래그머티즘을 '심도있게 해부하는 내용' 이어서,[27] 독자에게 '소개' 를 위주로 했던 김기전이 이를 인용하지 않았다고 생각된다.

한편, 김기전이 제임스에 주목한 이유는 제임스의 실용주의 '철학' 에 있었는데, 이는 그의 니체 소개와 밀접하게 관련시켜 이해할 필요가 있다. 그는 제임스를 소개한 이유를 "그의 철학이 독특함을 보이고자 함"이라고 밝혔다.[28] 프래그머티즘은 플라톤 이래의 서양 철학이 가진 주지주의主知主義 철학을 대체한, '사람본위-즉 인본주의의 사상'이자 '주정의주의主情意主義' 철학이라는 것이다.[29] 김기전은 '사람본위-즉 인본주의'와 '주정의주의' 부분에, 저본과 달리 강조점을 찍어 특별한 의미를 부여했다. 그가 현대 철학사조 속에서 프래그머티즘 철학의 동향을 밝히고 있는 저본의 1장 내용을 가장 높은 비율(81.4퍼센트)로 인용한 것도 같은 맥락에서 이해된다. 이와 같이 김기전은 곧이어 제임스의 '철학'을 개괄적으로 소개할 생각을 갖고 있었으므로 니체 '철학'의 소개는 자제한 것 같다. 김기전은 니체 소개에서 '전쟁의 철학'을 제외했었다. 당시 그가 니체 철학의 특징을 몇 가지 들면서 "최근 윌리엄 제임스에 의해 열렬히 제창된 행위주의, 즉 프래그머티즘은 이미 니체에게서 그 맹아를 볼 수 있다"고 한 사실은 이런 판단을 뒷받침한다.[30] 즉, 철학과 관련하여 니체와 제임스의 인용에서도 '소개의 경제'가 작용한 것으로 볼 수 있다.

2―엘렌 케이·러셀·카펜터

〈표 1〉과 〈표 2〉에서 볼 수 있듯이 《8대사상가》에서는 엘렌 케이, 러셀, 카펜터에 관한 내용이 각각 《개벽》 제8호·제9호, 제11호, 제12~제14호에 실렸다.

엘렌 케이 소개글을 《개벽》 제8호, 제9호에 연재한 사람은 노자영이다.[31] 그는 자신의 소개글을 《8대사상가》의 '8. 케이'로부터 끌어왔다. 자신이 삽입한 글로 보이는 '첨언' 8행을 제외한 거의 모든 내용을 저본에서 인용한 것으로 보인다. 또한 내용의 목차나 순서, 95.5퍼센트에 달하는 높은 평균인용율 등은 노자영이 엘렌 케이에 관해서 저본 내용을 거의 전문 '번역'에 가깝게 소개했음을 보여준다.[32] 이 글에서 다루는 6인의 서구 근대사상가 가운데 '번역' 소개에 가장 가

<표 6> 노자영의 엘렌 케이 소개 양상

《8대사상가》 8. 케이	인용처 (A)	장별 비중(B)		
		B1(행)	B2(%)	
1. 小傳 및 인물	1-1	102	20.6	
2. 그의 연애도덕론	1-2	60	12.1	
3. 연애와 결혼	1-3	64	12.9	
4. 자유이혼론	1-4	110	22.2	
5. 그의 모성관	1-5	63	12.7	
6. 이상적 부인관	1-6	97	19.6	
	(계)	496	100.1	

↓

《개벽》 제7호 : 女性運動의 第一人者 – Ellen Key–(엘렌 케이) 제8호 : 女性運動의 第一人者 – Ellen Key–엘렌 케이(續)		인용 (a)	장별 비중(B)			인용율(c) b3/ B1*100
			개벽 기준		원문 환산	
			b1(행)	b2(%)	b3(행)	
	(첨언)		6	1.1	–	–
제7호	1. 그의 생애와 인물	1-1	150	27.6	100	98.0
	2. 그의 연애도덕론	1-2	85	15.6	60	100
	3. 연애와 결혼	1-3	79	14.5	61	95.3
제8호	4. 자유이혼론	1-4	146	26.8	105	95.5
	5. 그의 모성관	1-5	76	14.0	56	88.9
	(첨언)	–	2	0.4	–	–
	(계)		544	100	평균인용율	95.5

첨언 – 46:상01~46:상06

까운 글이다. 단, 이런 평가는 저본의 6장을 제외했을 때 타당하다. 그는 왜 하필이면 '이상적 부인관'의 내용만 모두 제외시켰을까.

노자영 자신은 글 마지막에서, "이 외에 그의 부인관婦人觀과 그의 독신주의를 말하여야 할 것이나 번잡하므로 삭제하나이다"라고 했다.[33] 이 '번잡'함은 지면의 제한으로 생각되므로 그것은 노자영이 엘렌 케이의 부인관을 생략한 일차적 이유라 할 수 있다. 그러나 또 한 가지 이유를 들 수 있다. 엘렌 케이의 부인관은 저본 6장에 본격적으로 서술되어 있으나, 저본 5장 '그의 모성관' 마지막 부분에도 서술되어 있기 때문이다.[34] 여기서도 지면 제약과 관련하여 일종의 '소개의 경제'가 작용했다고 볼 수 있다.

버트란트 러셀에 관한 소개 양상은 〈표 7〉과 같다. 김기전은 러셀에 관한 소개글에서 적어도 두 개 이상의 전거를 활용했다고 생각된다. 그중에서 확인된 두 전거는 《8대사상가》와 당시 일본에서 발행되고 있던 월간지 《개조改造》 1921년 3월호 내용이다. 김기전은 서구 근대사상가 중 러셀의 소개에 가장 적극적으로 개입했다고 보인다. 그 양상은 다음과 같다.

첫째, 《개벽》 제11호의 소개 글은 모두 6개의 장으로 되어 있는데, 첫 4개의 장은 저본, 즉 《8대사상가》 3. 럿셀'의 1~4장 내용을 순서대로 인용하고 있다. 그런데 제목의 경우 저본 2장과 4장 제목을 크게 변형시켜, 각각 '신실재론', '사회주의'라는 키워드를 삽입시켜 놓았다. 둘째, 다른 사상가의 소개방식과 달리 김기전은 두 달 전 《개조》에 실린 러셀의 정세분석 기사, '현하 혼돈상태의 제 원인'을 발췌·인용

<표 7> 김기전의 러셀 소개 양상

제1 전거	《8대사상가》 3. 럿셀	인용처 (A)	장별 비중(B)		
			B1(행)	B2(%)	
	1. 才人 러셀	1-1	53	9.1	
	2. 러셀의 철학- 러셀의 사상발달 경로-	1-2	92	15.8	
	3. 러셀의 사회개조론	1-3	188	32.2	
	4. 러셀 개관	1-4	250	42.9	
		(계)	583	100	

제2 전거	《改造》 1921년 3월호	인용처 (A)	장별 비중(B)		
			B1(행)	B2(%)	
	〈現下 혼돈상태의 諸 원인〉	2-1	349	100	
		(계)	349	100	

《개벽》 제11호	인용 (a)	장별 비중(B)			인용율(c)
		개벽 기준		원문 환산	b3/
		b1(행)	b2(%)	b3(행)	B1*100
(첨언)		22	5.2	–	·–
그는 어떠한 사람인가	1-1	46	10.9	15	28.3
新實在論上에 立한 그의 철학	1-2	65	15.4	43	46.7
그의 사회개조관	1-3	114	27.0	81	43.1
그의 눈에 비친 사회주의	1-4	72	17.0	39	15.6
그의 현하 혼돈상태관	2-1	152	–	90	25.8
움직이지 못할 그의 신념	1-3	104	24.6	50	26.6
* (계)		423	100.1	평균인용율	32.1

- バートランド―ラッセル, 1921.3 〈現下の渾沌状態の諸原因〉, 《改造》 3월호, 2~22쪽

* b1, b2의 합계에 각각 해당하는 423(행), 100.1(%)은 '2-1'에 해당하는 숫자 152(행)를 제외한 것이다.

* 평균인용율 32.1%도 '2-1'에 해당하는 25.8%를 제외하고 계산한 평균이다.

첨언 – 25:상01~25:하07

했다. 이는 당시 러셀에 대해 국내외 지식인이 가졌던 높은 관심을 반영한 것이다.[35] 셋째, 가장 중요한 특징으로, 김기전은 제일 마지막 장인 '움직이지 못할 그의 신념' 내용을 저본의 3장 '러셀의 사회개조론'에서 인용했다. 즉, 그는 저본에서 러셀의 사회개조론을 다루는 3장의 일부를 《개벽》의 3장에서 소개한 뒤, 나머지 부분은 《개벽》 기사의 마지막 장인 6장에 인용하고 있다. 두 곳의 인용부분을 모두 합하면 저본의 행수로 환산하여 131행으로, 이 경우 3장의 인용율은 69.7퍼센트가 되어 장별 인용율 중에서 가장 높다.[36] 이것은 '철학'의 46.7퍼센트보다 무려 23퍼센트가 높은 수치이다. 그만큼 김기전은 러셀로부터는 사회개조론을 적극적으로 소개하고자 했음을 알 수 있다.

카펜터의 소개 양상은 〈표 8〉과 같다. 카펜터의 경우 《8대사상가》의 '6. 카펜터'는 5개 장으로 이루어졌는데 박사직은 《개벽》 제12호 소개글의 장 제목과 순서 등에서 저본을 거의 그대로 따르고 있다. 이 글은 《개벽》 제13호에도 내용의 변화 없이 다시 실렸다.[37]

박사직은 '인간 카펜터'라 되어 있는 저본의 1장을 각각 서두와 1장 '씨의 출처와 약력'에 나누어 실었다. 양자를 합하면 저본 1장의 인용율은 81.5퍼센트로 가장 높다. 이러한 인용율을 염두에 두고 보면 박사직의 카펜터 소개글에서는 다음 두 가지 특징이 두드러진다. 첫째, 저본에서는 카펜터의 사회개조론 관련 서술이 그의 과학관이나 예술관 관련 내용(약 16퍼센트)의 두 배에 해당하는 최대분량(30.8퍼센트)임에도 불구하고, 박사직은 자신의 글에서 사회개조에 관한 글을 과학에 관한 글의 비중(22.2퍼센트)보다 더 낮게 설정(16.2퍼센트)했

〈표 8〉 박사직의 카펜터 소개 양상

《8대사상가》 6. 카펜터	인용처 (A)	장별 비중(B)		
		B1(행)	B2(%)	
1. 인간 카펜터	1–1	113	16.3	
2. 카펜터의 근대과학관	1–2	110	15.9	
3. 카펜터의 예술관	1–3	111	16.0	
4. 카펜터의 현대문명관	1–4	146	21.0	
5. 카펜터의 사회개조론	1–5	124	30.8	
	(계)	694	100	

➡

《개벽》 제12호 : 改造界의 一人인 에드와드 · 카펜타아를 紹介함 제13호 : 人生은 表現이니라, 에드와드 · 카펜타아를 紹介함	인용 (a)	장별 비중(B)		원문 환산	인용율(c)
		개벽 기준			b3/ B1*100
		b1(행)	b2(%)	b3(행)	(%)
(서두)	1–1	37	6.0	22	19.5
1. 씨의 출처와 약력	1–1	114	18.5	70	61.9
2. 씨의 근대과학에 대한 달관은 이것이다.	1–2	137	22.2	89	80.9
3. 씨의 예술에 대한 관찰은 여하하얏는가	1–3	82	13.3	56	50.5
4. 씨의 현대문명에 대한 관찰은 여하하엿는가	1–4	147	23.8	108	74.0
5. 씨의 사회개조에 대한 언론은 어떠한가	1–5	100	16.2	73	34.1
	(계)	617	100	평균인용율	53.5

고, 이와 연동해서 저본의 '사회개조론' 장을 가장 낮은 비율로(34.1 퍼센트) 인용했다. 그가 카펜터의 현대문명 비판, 근대과학관 등은 높게 인용했고, 또 그러한 내용이 카펜터의 사회개조론과 깊이 결부됨에도 불구하고 정작 사회개조론을 낮게 인용한 이유는 역시, 러셀의 사회개조론 소개와 연동되는 '소개의 경제' 때문으로 생각된다.

둘째, 이와 관련하여 카펜터의 소개에서 박사직은 약간의 동요와 불일치를 보이는 가운데 점차 그의 예술론을 강조하는 방향으로 나아갔다. 박사직은 《개벽》 제12호에서 카펜터의 사회개조론을 축소시키면서도 제목에서는 카펜터를 '개조계의 1인'으로 명명했다. 그러나 한 달 뒤에는 제목에서 카펜터를 수식하는 문구를 '인생은 표현이니라'로 바꾸었다. 이 문구는 카펜터의 예술관을 다룬 저본 3장에 나온 것인데, 박사직은 그것을 원문처럼 강조점을 붙인 채로 인용했다.[38] 이런 사실을 보면, 박사직을 포함한 《개벽》 주도층이 카펜터로부터 부각할 점을 사회개조론에서 예술론으로 옮겨가고 있었다고 해석할 수 있다. 곧이어 《개벽》 제14호에서 김기전이 카펜터의 예술관을 집약한 《천사의 날개》를 번역·소개한 사실도 이런 차원에서 이해할 수 있다.

3. '중역적 소개'와 '소개의 경제'

지금까지 근대사상가 6인에 대한 소개 양상을 살펴보았다. 여기서는 이상의 고찰을 토대로 하면서 《개벽》 주도층의 근대사상 소개에서 드러난 특징을 정리하고자 한다.

첫째, 《개벽》 주도층은 서구 근대사상 및 사상가를 '일본'이라는 창구를 통해 접촉·소개했다는 점에서 서구 근대문화를 '중역적重譯 的으로 소개'했다고 할 수 있다. 김기전 등이 저본으로 삼은 《16강》 과 《8대사상가》는 그 책의 편집방향 자체가, 편자들이 개조론을 포 함한 서구 근대사상을 일본 사회에 효율적으로 전달하기 위한 요약 과 정리에 있었다. 따라서 편자 자신들이 소화해서 풀어 쓴 대목도 있지만, 해당 사상가의 작품을 약간의 설명을 가미하면서 직접 인용 하는 식으로 일관한 경우도 적지 않았다.[39] 이 두 가지 경우 모두 넓 은 의미에서 '서구 근대문화의 중역적 소개'라 말할 수 있을 것이 다. 서구 근대사상에 대한 직접적인 접촉이 제약된 식민지 상황에서 《개벽》 주도층은, 일본 지식인의 서구 이해방식을 모방하고 '재활 용'하는 방법을 취했던 것이다.

그런데 이런 '중역적 소개'가 일본의 저본에 대한 기계적 번역과 추종으로 흐르지 않았음은 물론이다. 《개벽》 주도층은 주어진 조건 의 제약 위에서나마 서구 근대사상 소개 과정에서 식민지 조선의 제 반 상황, 소개자 자신들의 처지 등에 비추어 '능동적인 개입'과 '합 리적 선택'을 하고 있었던 것으로 보인다. 그것은 다음에서 살펴볼 '소개의 경제'와 밀접하게 관련되어 있다.

둘째, '소개의 경제'에 대해서 살펴보자. 애초 《개벽》 초기 지면의 서구 근대사상 소개를 다루면서, 개별 인물에 국한해서 이해하는 '요소론적 이해'가 가진 문제점을 강하게 의식한 것이 이 글의 출발점이었다. 당시의 소개자도 6인 사상의 상호관계를 민감하게 고려했음이 분명하다면, 사상의 소개와 이해 또한 상호 제약과 상호 연관의 문제를 고려하지 않으면 안 된다. 또한 '소개의 경제'는 지면 제약이라는 구조적 상황과도 긴밀하게 연관된다. '서양의 해당 저서→일본의 요약 단행본→《개벽》 잡지의 소개 기사' 순서대로 지면의 제약이 심화되었고, 또한 독자들의 이해 수준도 낮았다고 할 수 있다. 이런 상황에서 《개벽》 주도층은 효과적인 소개방법을 고민하지 않을 수 없었다고 보인다.

우선, 인용상에 나타난 상호관계의 문제는 동일한 저본에서 인용하는 인물 상호 간에서 더욱 뚜렷이 발견된다. 예컨대 《16강》에서 김기전은 니체, 루소, 제임스를 순차적으로 소개했는데, 세 인물의 소개가 모두 6개월 안에 이루어졌음을 생각한다면, 이미 니체를 소개한 창간호부터 동일 저본에 수록된 세 사람을 소개하려는 구상이 서 있었다고 보는 것이 합리적이다. 그리하여 서구 근대사상의 중요 부분에 대한 인물별 주안점을 어디에 둘 것인가를 이미 정했을 것으로 보인다. 실제로 이미 이 글 2절에서 살펴보았듯이, 《16강》에서는 니체와 루소에 관한 글에 인간관과 도덕관에 해당하는 내용이 모두 들어 있었지만, 김기전은 《개벽》에서 니체를 소개할 때 인간관, 도덕관을 중심으로 소개한 반면, 루소의 사상 중에서는 인간관·도덕관 부분만 제외하고 정치·경제론과 교육론 중심으로 소개했다. 김기전이 니체 철학을 담은 저본의 내용을 인용에서 배제한 것도, 그가 니체의 철학을, 나중에 소개할 프래그머티즘 철학의 맹아로 이해

한 결과 중복을 피하고자 했기 때문이다.

　이런 양상은 《8대사상가》의 엘렌 케이, 러셀, 카펜터의 소개글에서
도 마찬가지였다. 러셀을 소개하며 사회개조론을 강조한 결과 카펜
터를 소개할 때에는 그 초점을 사회개조론에서 예술관으로 옮겨 갔
던 사실이 그 한 사례이다. 사실 근대사상 소개에서 인물별로 취한 이
와 같은 '역할 분담'은 《개벽》이나 식민지 조선의 경우에 한정되지는
않는다. 예를 들어 일본의 《8대사상가》에 수록된 엘렌 케이 관련 글
에서, "엘렌 케이는 이상 부인운동의 선각 이외에 사회개혁가로서의
일면도 있으나, 여기서는 다른 것과의 배합상 주로 부인운동의 선각
자적인 면모에 대해서만 서술했다(밑줄 – 인용자)"라는 대목에 주목할
필요가 있다. '다른 것과의 배합상'이란 표현은, 소개 인물 간의 공통
점을 나열한다는 뜻이 아니라, 인물별 개성을 특화시켜서 한 데 모아
놓는다는 의미를 담고 있다. 《8대사상가》 자체가 사회개조 사상가를
주제로 편집한 책이라서, 엘렌 케이의 경우 '사회개혁가'의 측면은
제외시키고 그만이 가지는 상대적 독자성, 즉 '부인운동의 선각자적
면모'를 부각시켰던 것이다. 더 흥미로운 것은 이렇게 '선택'된 엘렌
케이의 모습이 식민지 조선에 오면 다시 한 번 더 '선택'의 과정을 겪
는다는 점이다. 즉, 엘렌 케이의 경우 일본의 그 저본에서 사회개혁가
로서의 측면이 배제되고 부인운동의 선각자적 면모가 선택되었다면,
《개벽》에 와서는 그 부인운동의 면모를 본격적으로 담고 있는 저본의
'6. 이상적 부인관'은 탈각하고 저본의 '5. 그의 모성관' 마지막 부분
에 있던 '부인관 관련 서술'만 살아남았던 것이다.

다음으로, 인물 간의 상호관계만이 아니라, 지면 제약과 독자의 수준 등을 고려한 다음의 인용 형태도 '소개의 경제'에 포함시킬 수 있을 것이다. 김기전은 《16강》에 실린 니체 관련 내용 중에서 "짜라투스트라는 항상 그 좌우에 뱀과 독수리를 가지고 있다"라는 의미를 가진 일본어 원문을,[40] "그의 사상의 화신인 어떤 사람(그의 작품에 나타난 한 주인공)이 항상 좌우에 뱀과 독수리를 가졌으니"로 번역했다.[41] 김기전은 원문의 '짜라투스트라'라는 내용을 '어떤 사람' 또는 '그의 작품에 나타난 주인공'으로 표현했는데, 이는 조선 독자층의 지식 정도 등을 고려해서 간소화된 방식으로 소개한 것이다. 나아가 니체에 대한 묘사 중 '신체도 오히려 섬약纖弱한 편이었다'라는 원문 내용을,[42] '신체도 자못 강질強質이었다'로 소개하거나,[43] 또한 '그는 그 수주간數週間을 높은 환희, 깊은 절망의 거센 소용돌이 속에서 지냈다'라는 대목을,[44] "수일간數日間을 말할 수 없는 신생新生의 환희歡喜 속에서 지냈다. 그러나 그 환희의 생명이 얼마나 길었을런지?"라고 옮겼다.[45] 여기서도 볼 수 있듯이 니체의 '강함'을 전달하는 데 불필요한 부분, 즉 '우울', '섬약' 등의 원문 표현은 의미를 축소하거나 오히려 상반된 표현으로 치환해서 소개했는데, 이런 대목도 단순한 오류나 왜곡이라고 보기 어렵다. 소개·인용자는 단순히 저본의 내용을 수동적으로 전달하는 것이 아니라 자신의 의도에 맞게 소개와 배제의 내용을 선택했고, 또한 선택된 내용에 대해서도 변형과 뒤틀기 등을 수행하는 등 적극적으로 개입했던 것이다.

간소하고 실용적인 소개

《개벽》 주도층들은 1920년 6월 창간호부터 1921년 하반기까지 서구 근대사상과 인물을 집중적으로 소개했다. 이 글에서는 인용처를 확인할 수 있었던 6인의 인물, 9편의 글을 중심으로 살펴보았다. 《개벽》 주도층은 니체, 루소, 제임스의 소개에는 《근대사상16강》(= '《16강》')을, 엘렌 케이, 러셀, 카펜터의 소개에는 《사회개조의 8대사상가》(= '《8대사상가》')를 저본으로 활용했다.

　김기전은 《16강》에서 니체, 루소, 제임스에 관한 내용을 발췌·번역해서 각각 《개벽》 제1호·제2호, 제5호, 제6호에 실었다. 그는 니체의 세계관, 인간론, 도덕론에 각각 해당하는 영원윤회설, 초인주의, 강자의 도덕을 중점적으로 소개했다. 니체의 철학이 제임스의 그것과 상통한다는 인식에서, 니체의 '전쟁의 철학' 부분은 소개하지 않았다. 니체의 소개에서 인간론과 도덕론 분야는 이미 소개했으므로, 루소의 소개에서 김기전은 사상 가운데 '인간관-도덕관' 부분을 제외시키고 루소의 정치·경제론과 교육론을 중심으로 소개했다. 제임스에게서는 프래그머티즘이 가진 '인본주의'와 '주정의主情義주의'의 철학적 경향을 중점적으로 소개하고자 했다.

　한편 《8대사상가》에서는 엘렌 케이, 러셀, 카펜터에 관한 내용이 각각 《개벽》 제8호·제9호, 제11호, 제12호~제14호에 실렸다. 엘렌 케이를 소개한 사람은 노자영이다. 여기서 노자영은 평이하고 높은 인용율을 보였지만, 지면 제약 등의 원인으로 저본의 6장 '이상적 부인관' 장을 제외시키고, 대신 그 앞 장인 5장 '모성관' 마지막 부분에 요약된 부인관 관련 서술을 선택했다. 러셀의 소개글에서 김기전은 두 개 이상의 전거를 활용했는데 당시의 일반적 경향과 동일하게 러셀의 사회개조론에 관한 높은 관심과 높은 인용율을 보여주었다. 카펜터를 소개한 박사직은 전반적으로 평이하고 높은 인용율을 보이는 가운데 카펜터의 사회개조론보다는 예술론을 점차 강조하고자 했다. 저본의 장별 분량을 보면 사회개조론을 다룬 장의 비중이 가장 높았음에도 불구하고 박사직은 그 부분을 가장 낮은 비율로 인용했다. 이는 사회개조론 분야의 소개가 이미 러셀의 그것으로 이루어졌기 때문으로 판단된다.

근대사상가 6인의 소개 양상에서 전체적으로 드러난 특징은 다음과 같다. 첫째, 《개벽》 주도층은 서구 근대사상 및 인물을 '일본'이라는 창구를 통해 접촉·소개하고 있다는 점에서 서구 근대문화의 '중역적 소개' 양상을 보였다. 둘째, '소개의 경제'가 작용했다. 니체 다음에 소개된 루소의 경우 인간관·도덕관의 소개가 배제되었고, 러셀 다음에 소개된 카펜터의 경우 사회개조론이 소략하게 소개된 것이 그 한 사례이다. 이뿐만 아니라 세부적인 본문 인용에서도 한국과 일본 사이에 존재했던 지면의 성격이나 독자, 근대사상에 대한 이해 정도 등이 고려되어, 소개 과정에서 간소화되고 실용적인 인용방식이 두드러졌다.

〈부표 1〉《개벽》(1920. 6~1926. 8)에 소개된 서구 근대사상

연번	호수	발행 년월	기사제목	필자
1	1	1920.06	力萬能主義의 急先鋒 푸리드리히 니체 先生을 紹介함	小春
2	2	1920.07	新-人生標의 樹立者 푸리드리취 니체 先生을 紹介함	妙香山人
3	3	1920.08	막쓰와 唯物史觀의 一瞥 (읽은 中에서)	又影生
4	3	1920.08	社會主義의 略義	孤蝶
5	4	1920.09	《칸트》의 永遠平和論을 讀함	새봄
6	5	1920.11	近代主義의第一人 루소先生	妙香山人
7	6	1920.12	近世哲學界의 革命兒 쩨임쓰 선생	妙香山人
8	6	1920.12	文化主義와人格上 平等	白頭山人
9	7	1921.01	近代文藝와 입센	玄哲
10	8	1921.01	科學上으로 본 生老病死(메치니코프)	白頭山人
11	8	1921.02	女性運動의第一人者 -Ellen Key-(엘렌케이)	盧子泳
12	9	1921.03	女性運動의第一人者 -Ellen Key-엘렌케이(續)	盧子泳
13	9	1921.03	〈톨스토이〉의 藝術觀	金惟邦
14	10	1921.04	〈페이엘쌔하(Feuerbach)〉의 〈사람〉論에 就하야	夜雷
15	11	1921.05	人類學界의 泰斗 〈스타〉博士의 朝鮮觀	
16	11	1921.05	思想界의 巨星 뻐-츄랜드·러쎌氏를 紹介함	妙香山人
17	12	1921.06	改造界의 一人인 에드와드·카펜타아를 紹介함	朴思稷
18	13	1921.07	人生은 表現이니라, 에드와드·카펜타아를 紹介함	朴思稷
19	14	1921.08	副僧正 〈로챠-쓰〉博士의 亞細亞人 支配論을 讀하고	白頭山人
20	14	1921.08	먼저 당신 自身의 自我에 眞理가 잇슬지어다	妙香山人
21	15	1921.09	플로베르論	메레즈코우스키(作), 金億(譯)
22	15	1921.09	獨逸의 藝術運動과 表現主義	曉鍾
23	37	1923.07	社會主義와 藝術, 新個人主義의 建設을 唱함	林蘆月
24	40	1923.10	빠르뿌스對 로맨·로란間의 爭論, 클라르테 운동의 世界化(꼿) 1921년 12월 巴里에서.	金基鎭

25	40	1923.10	社會主義 學說 大要	白綽
26	41	1923.11	떠스터예브스키라는 사람과 밋 뎌의 작품과	吳天錫
27	41	1923.11	社會主義와 資本主義의 立地, 社會主義學說 大要(其二)	사까이·도시히꼬 講演
28	42	1923.12	唯物史觀과 唯心史觀, -社會主義學說 大要(其三)	사까이·도시히꼬 講演
29	43	1924.01	唯物史觀의 〈要領記〉, 社會主義學說大要=其四	사까이·도시히꼬 講演
30	45	1924.03	歷史進化의 事實的 說明. 社會主義學說講論(終結)	堺利彦
31	46	1924.04	칼 리북네히트와 로샤 룩셈뿌르그를 追想함, 第7週紀念祭를 마즈면서	白綽 抄譯
32	46	1924.04	世界社會主義運動의 史的 記述	小春 抄
33	48	1924.06	〈惡의 花〉를 심은=뽀드레르論	朴英熙
34	51	1924.09	近世社會思想史	玉川生
35	51	1924.09	民族과 階級, 現代 政治에 在한 民族과 階級과의 關係	大山郁夫, YS譯
36	52	1924.10	싼·씨몬의 社會思想과 푸리에의 新社會案, 그들은 이러케까지 우리에게 사색할 것을 주엇다, 近世社會思想講述(其二)	玉川生
37	54	1924.12	溫情主義의 오벤과 社會主義의 오벤, 《社會思想史》의 其3	玉川生
38	65	1926.01	푸로레타리아 哲學, 안톤·판에콕에 의한 序論	J Die'zen 原著 崔火雲 譯
39	66	1926.02	토마쓰 모-르부터 레닌까지	고레프(著), 쇠뫼(譯)
40	66	1926.02	이날에 追憶되는 두 同志, 칼과 로사를 그리워하면서	鳴聲
41	67	1926.03	칸트哲學과 뿔조아思想 푸로레타리아 哲學(其二)	J Dietzj en 原著 崔火雲 譯
42	68	1926.04	헤-켈 哲學과 엔겔스, (푸로레타리아 哲學 (其3))	J Dietzj en 原著 崔火雲 譯

3
제3의 길
—《개벽》주도층의 버트란트 러셀 수용

이 글이 1920년 전후의 개조론改造論에 주목하는 이유는 두 가지다. 첫째는 현재 우리 사회가 당면한 시대적 과제와 관련된 것으로서, '21세기의 새로운 진보는 무엇인가'를 모색하는 과정의 하나이다.[1] 오늘날 마르크스주의가 가졌던 진보이념으로서의 위상은 현저히 약화되었으나 신자유주의新自由主義 사조 아래 자본주의적 가치는 유래 없이 번성하고 있는데, 이런 시점에서 '새로운 진보'의 가능성을 역사적 경험 속에서 조회照會해 보고 싶은 것이다. 이때 유래 없는 세계전쟁의 충격으로 자본주의 문명의 모순이 전면적으로 폭로된 초기 국면, 그리하여 마르크스주의뿐만 아니라 다양한 처방의 개조론이 풍미했던 시대에 눈을 돌리게 된 것이다.

둘째는 일제 시기 사상사를 파악하는 기존의 주류적 구분법에 대한 문제제기와 관계 깊다. 일제 하 국내의 주요 운동 세력을 정치사상의 측면에서 부르주아 민족주의 우파, 부르주아 민족주의 좌파, 사회주의자 등으로 나누고 '부르주아 민족주의 우파 대 민족협동전선 운동 세력'을 대립시키는 견해, 그리고 부르주아 민족주의 우파의 구성에 《동아일보》 계열과 같은 자본가 집단과 더불어 천도교 및 《개벽》을 포함시켜 양자를 동일시하는 견해가 가진 한계에 주목하고자 한다.[2] 그런데 이 문제는 개조론에 관한 이해와도 밀접한 관계가 있다. 기존의 통설에서는 '개조론'이 자본주의 문명 비판을 핵심 주장으로 담고 있었지만 그것이 '1920년경 식민지 조선에서는 반자본주의反資本主義보다는 반봉건反封建 근대화近代化의 방향에서 주로 전개되었다'고 보았다.[3]

이런 생각은 사상·담론에 대한, 지나치게 단순화된 '속지주의屬地主義'적 접근으로 생각된다. 사실 '세계의 시간과 국내 시간의 불일치와 괴리' 문제는 자본주의 세계 체제의 형성과 전개 과정에서 보편적으로 발견되는 사례라고 생각된다. 따라서 사상·담론과 현지사정 간의 긴장을 어느 한 편으로 쉽사리 해소시켜 설명할 것이 아니라 그 긴장 자체를 연구대상으로 삼아서 역사적 분석대상으로 포착해야 마땅할 것이다.

이러한 문제의식 아래서 이 글은 《개벽》의 사회사상이 《동아일보》 계열의 '자본주의 문명화론'이나 마르크스주의 계열의 '사회주의 혁명론'과 구별되는 입장이었음을 규명하기 위한 단서로, 김기전·

이돈화 등 《개벽》 주도층이 버트란트 러셀의 사회개조론을 수용했던 과정을 고찰하고자 한다.

먼저 두 가지 예비적 논의를 연구사 정리를 겸해 해둘 필요가 있다. 첫째, 본 논문에서는 '《개벽》 주도층'이라는 용어를 엄밀하게 규정해서 사용하고자 한다. 이 용어로 《개벽》 주도층을 《개벽》의 필자 일반과 구별할 뿐만 아니라 《개벽》을 사실상 주도했던 '천도교 청년층'(청년회, 청년당)과도 범주적으로 구별할 것이다. 그 이유는 《개벽》이 가진 '매체'로서의 성격을 고려하기 때문이다. 전자와 관련해서는 《개벽》이 시기별로 필자나 논조의 변화를 보이는 것은 사실이지만, 크게 보면 인적 구성의 측면이나 중심 주장의 측면에서 천도교 청년층의 주도성이 관철되기 때문이다. 후자와 관련해서는, 설령 천도교 청년층이 《개벽》의 편집 등을 주도했더라도 동일 인물의 경우에도, 그가 《개벽》에서 발언할 때에는 천도교적 색채를 약화시키고 '매체'로서 《개벽》이 가진 '중립적' 입지에 서고자 애쓰기 때문이다.

그러므로 《개벽》의 글에서 천도교 청년층의 입장을 곧바로 직역하는 '환원론적' 접근이나[4] 《개벽》 기사 자체를 '상대적으로 통합적인 논조와 지향'으로 보지 않고 《개벽》 기사를 '당시 사회 상황을 말해주는 거울' 차원으로 국한해 활용하는 '반영론적' 접근은 지양해야 할 것이다.[5] 반면, 이러한 기존 관행을 비판하면서 《개벽》이 가진 '매체'로서의 성격에 주목하고 《개벽》 주도층의 능동성과 전·후기 논조의 일관성을 지나치게 강조하는 경향도 있는데,[6] 이런 관점은 1920년대에 전개된 사상 및 운동 정세의 국면별 역동성을 충분히 포착하지 못한다는 점에서 '정태적 매체론'이라 부를 수 있다. 이 글은 《개벽》 주도층이 《개벽》의 논조에 대해 기본적인 주도성을 관철했지만, 그 방식과 정도에서 중요 국면별로 일정한 변동이 있었음에도 주의하는, '동태적 매체론'의 입장을 취하고자 한다.

둘째, 버트란트 러셀의 사회개조론이 식민지 조선에 소개된 사실을 분석한 기존의 연구성과를 받아들이되, 기존 연구와는 다른 맥락에서 그 성과를 발전시키고자 한다. 최근 류시현은 러셀의 사회개조론에 관해서 두 편의 선구적인 연구성과를 발표한 바 있다. 류시현에 따르면 러셀의 사회개조론은 생디칼리즘 혹은 길드사회주의적 지향을 가진 것으로서, 볼셰비즘에 비판적이었으나 자본주의에 대해서도 비판적이었기 때문에 부르주아 민족주의 우파의 논리를 대변하는 것은 아니었다.[7] 그럼에도 불구하고 《사회개조의 원리》, 《볼셰비즘》 등 러셀의 저작은 볼셰비즘을 지지하지 않는 지식층에게 볼셰비즘을 비판하는 논리로 활용되었으며, 1920년대 중반 이후에는 러셀에 대한 관심이 급격히 감소된다. 이런 점에서 러셀 사상의 번역 과정은 러셀 사상의 수용이라고는 보기 어려우며, 마르크스·레닌주의에 대항해 민족주의 계열의 논리를 강화하기 위한 모색의 방안에 불과했다.[8]

류시현의 연구는 식민지 조선에서 러셀의 사회개조론이 가진 사상사적 중요성에 착목한 선구적인 연구로서 그 의미가 크다. 그러나 《개벽》의 러셀 수용 양상은 분석의 중심에서 제외시킴으로써 결과적으로 이 시기 사상사를 바라보는 기존의 인식 지형 그 자체는 문제로 삼지 못한 아쉬움이 있다.

　이상의 연구사적 상황을 염두에 두면서 이 글은 《개벽》의 주도층이 러셀의 사회개조론을 '소개'했을 뿐만 아니라 1920년대 중·후반으로 가면서 마르크스주의의 득세에 대응해 더욱 중요한 방식으로 '전유專有'(appropriation)함으로써 러셀의 사회개조론을 '수용'하게 되는 과정을 실증적으로 규명하고자 한다. 그리고 이런 사실을 바탕으로 《개벽》의 사회사상이 가진 상대적 독자성을 부각시킴으로써 기존의 사상사 인식 지형에 대해 문제를 제기하고자 한다.[9]

1. '버트란트 러셀' 사상의 소개

《개벽》은 천도교 청년회가 발행한 종합월간지이다. 1920년 4월 25일에 결성된 천도교 청년회는 문화운동, 특히 언론사업에 역점을 두어 개벽사를 설립하고 1920년 6월 25일 《개벽》 창간호를 발행했다. 창간 당시 편집인은 이돈화, 발행인은 박달성, 인쇄인은 민영순으로 모두 천도교 청년회 간부들이었다.[10] 그들은 《개벽》의 창간 동기를 〈창간사〉와 권두논설인 〈세계를 알라〉에서 밝혔다. '1차 대전 후 세계개조를 부르짖는 다수 인민人民의 소리에 촉발되어, 이를 신神의 소리로 알고 《개벽》을 통해 그 소리를 크고 철저하게 하겠다'는 것이다.[11] 여기서 그들은 '세계개조'를 '세계라고 부르는 이 활동의 기계를 뜯어 고쳐야겠다는 것'으로 정의했다.[12]

그러면 그 출발점은 무엇인가. '우리가 세계적 번민·비애와 함께 울며 함께 부르짖으며 함께 해방을 얻고자 하면 무엇보다도 먼저 자기의 노력이 필요하다'는 것이 그들의 생각이었다.[13] 그 노력의 내용은 곧 '눈과 귀를 열어 세계를 아는 것'이었다. 왜냐하면 "세계를 앎이 곧 자기의 죄악, 자기의 장래를 앎이요, 자기의 총명을 도움이요, 자기의 일체를 개벽함"이기 때문이다.[14] 이때의 '자기'란 식민지 조선 사회를 암시한 것으로 봐도 좋을 것이다.

여기서 보았듯이 천도교 청년회 간부들이 《개벽》을 창간한 목적은 '세계개조의 동향을 주시하여 우리 사회를 개조하는 것'에 있었음을 알 수 있다. 그런데 이런 목적 이면에는 이돈화가 1919년 말에 이미 말한 바와 같이 '금일 이후의 개조는 반드시 종교적 개조가 되리라'[15]고 하는 현실인식과 실천의지가 있었다. 그들은 제호 《개벽》 속에 '세계개조'의 시대사조와 동학·천도교의 '후천개벽' 전통을 오버랩시켰으며, 제호 속에 '천도교의 입장에 선 종교적 사회개조'(이하 '천도교적 사회개조')라는 지향을 투사시키고 있었다.[16]

《개벽》에서 편집주간을 맡았던 김기전을 비롯한 몇몇 논자들은 창간 초기부터 동서고금의 다양한 사상과 인물, 특히 서구 근대사상과 인물을 소개하는 데 역점을 두었다. 그것은 일차적으로 세계개조의 동향을 파악하는 한 방법이었지만, 그 이후에 발표된 논설까지 염두에 둔다면, 그것은 서구 근대사조의 단순 소개에 그치는 것이 아니라 '천도교적 사회개조'를 위한 이론적 모색의 하나에 속했다. 《개벽》에서 서구 근대사상과 인물을 본격적으로 소개한 글은 대략 40

여 편에 달했다.[17] 창간호부터 1921년 9월경까지 개조론에 해당하는 다양한 갈래가 소개되었다면, 1923년 7월 무렵부터는 주로 마르크스주의가 소개되었다.[18]

김기전 등은 개조론의 소개에 몹시 목말랐던 것 같다. 1920년 11월 일본에서는 《사회개조의 8대사상가》라는 책이 발간되었는데, 이 책에서는 마르크스와 러셀 등 8명의 서구 근대사상가들이 사회개조론자로 소개되었다.[19] 김기전 등은 이 책이 발간되기 전에는 《개벽》 창간호(1920년 6월)부터, 일본에서 1915년 12월에 발간된 《근대사상

〈표 1〉 니체에 관한 《개벽》의 인용 양상

《개벽》 제1호, 제2호 제1호: 力萬能主義의 急先鋒 　　　푸리드리히 니체 先生을 紹介함 제2호: 新－人生標의 樹立者 　　　푸리드리히 니체 先生을 紹介함		《근대사상16강》 제4강: 니체의 초인 철학
		題辭
선생의 일생과 그 성격	←	1. 니체의 생애와 그 성격(1) 2. 니체의 생애와 그 성격(2)
		3. 니체와 쇼펜하우어
		4. 비극의 탄생
		5. 니체와 바그너
		6. 준비의 시기
新生의 苦―永遠輪回說	←	7. 니체의 세계관―영원윤회
超賢人―그의 超人主義	←	8. 超人―새로운 價値表
弱卽惡, 强卽善	←	9. 새로운 도덕
		10. 전쟁의 철학

《개벽》 제5호 近代主義의 第一人 루소先生		《근대사상16강》 제3강. 근대주의의 제1인자 룻소
		題辭
그의 일생과 성격	←	1. 루소의 일생
		2. 루소의 성격
그의 표어—자연에 歸 하라	←	3. 자연으로 돌아가라
		4. 인간관—도덕관
인생불평등원인론과 민약론	←	5. 〈인간불평등원인론〉과 〈민약론〉
그의 교육관—〈에밀〉	←	6. 교육관—〈에밀〉(1)
		7. 교육관—〈에밀〉(2)
여자는 일 從物—그의 여성관	←	8. 여성관
		9. 문학자로서의 루소

16강》의 니체, 루소, 제임스의 사상을 소개했으나, 《사회개조의 8대 사상가》가 발행되자 불과 석 달 뒤인 《개벽》 제8호(1921년 2월)부터 노자영은 이 책에 실린 엘렌 케이에 관한 글을 두 차례에 걸쳐 연재했다. 이후 김기전은 버트란트 러셀을 소개하는 기사를 《개벽》 제11호(1921년 5월)에, 박사직은 카펜터를 소개하는 기사를 《개벽》 제12 · 13호(1921년 6~7월)에 실었다.

《개벽》 초기에 이루어진 이러한 소개 과정은 우선 형식면에서 일본이라는 창구를 통한 서구사상의 '중역적重譯的 소개' 에 해당했다. 한편 소개의 주안점이나 인물 안배 등 내용면에서 볼 때는 '소개의 경제' 논리가 작용했다. 즉 일본의 저본에서 러셀과 카펜터의 글에서 모두 동일하게 '사회개조론' 에 해당하는 절節이 있었는데, 러셀로부터 김기전은 사회개조론 부분을 가장 높은 비중을 두고 소개한 데 반해, 카펜터의 경우 저본에서는 그의 사회개조론을 소개하는 절이 가장 높은 분량을 차지했음에도 불구하고 박사직·김기전은 그의 과학관, 예술관을 강조한 사실이 단적인 예이다.[20]

김기전의 러셀 소개 양상을 보면 그가 '자본주의 문명 비판'이라는 관심사 속에서 러셀에 접근했다는 점에서 다른 개조론자에 대한 관심이나 소개 행위와 동일한 모습을 보였지만, 러셀의 경우 소개 과정에 더욱 적극적으로 개입한 점이 특징적이다. 당시 《개벽》에 소개된 개조론의 경우 통상적으로는 저본의 장·절 제목이나 순서를 크게 바꾸지 않고 소개하는 경우가 많았는데, 러셀의 글을 저본에서 발췌, 인용하면서 김기전은 장·절 제목을 저본의 그것과 달리 붙인

〈표 3〉 제임스에 관한 《개벽》의 인용 양상

《개벽》 제6호 近世哲學界의 革命兒 쩨임쓰 선생		《근대사상16강》 제12강. 제임스의 프래그머티즘
		題辭
그의 일생	←	3. 윌리엄 제임스의 일생
실용주의의 발생경로	←	1. 輓近철학의 신경향
실용주의의 요의	←	2. 프래그머티즘의 발생
푸라끄마디즘의 인생관	←	7. 프래그머티즘의 인생관
그의 인식론	←	2. 프래그머티즘의 발생 4. 제임스의 인식론
		5. 프래그머티즘의 요지
		6. 사고와 행위와 진리

경우가 많았다. 이런 양상은 김기전 자신이 소개한 사상가 가운데에서도 유독 러셀에 대해서 두드러졌다. 니체와 루소에 관한 소개의 경우(⟨표 1⟩, ⟨표 2⟩ 참조)에는 저본의 내용 중 일부를 발췌하여 소개하면서 장·절 제목이나 순서에 별다른 변화를 주지 않았고, 제임스에 관한 소개(⟨표 3⟩ 참조)에서는 조금 복잡한 인용방식을 보이긴 하지만, 여기에는 저본 자체가 통상적인 구성, 즉 '생애와 사상'의 순서를 따르고 있지 않아서 일부 순서를 변경한 점이 크게 작용했다.

반면 러셀에 관한 인용의 경우(⟨표 4⟩ 참조), 《사회개조의 8대사상가》 이 외에도 불과 두 달 전인 1921년 3월에 일본 잡지 《개조》에 실린 러셀의 ⟨현재의 혼돈상태의 제 원인⟩이라는 기사를 저본으로 활용했다. 또한 장 제목도 '신실재론 상에 선 그의 철학', '그의 눈에

⟨표 4⟩ 러셀에 관한 《개벽》의 인용 양상

《개벽》 제11호 思想界의 巨星 뻐-츄랜드·러셀氏를 紹介함		《사회개조의 8대사상가》 3. 럿셀/《改造》 1921년 3월호	
그는 어떠한 사람인가	←	1. 才人 러셀	8대
新實在論上에 立한 그의 철학	←	2. 러셀의 철학— 러셀의 사상발달 경로	사상가
그의 사회개조관	←	3. 러셀의 사회개조론	
그의 눈에 비친 사회주의	←	4. 러셀 개관	
그의 현하 혼돈상태관	←	⟨現下 혼돈상태의 諸 원인⟩	개조
움직이지 못할 그의 신념	←	3. 러셀의 사회개조론	8대 사상가

비친 사회주의', '움직이지 못할 그의 신념' 등과 같이, 저본의 제목과 다르게 붙인 경우가 많았다.[21]

《개벽》 주도층이 러셀의 주장에 관심을 가진 것은 《동아일보》나 《조선일보》 등이 러셀에 대해 관심을 가진 것과 동일한 맥락에 있었다. 중국에 머물면서 활동하던 러셀의 갑작스런 사망설로 인해 사람들이 커다란 충격을 받았던 사실, 그가 자본주의 문명 및 서구 열강에 대한 비판적인 발언과 행동을 했던 점, 그리고 소련 방문 후 볼셰비즘 비판활동을 수행했던 점 등을 중요한 요인으로 꼽을 수 있다. 그러나 《개벽》 주도층이 러셀에 대해 적극적인 관심을 가진 이유는 그러한 러셀의 행적만으로는 충분히 설명되지 않는다. 개조론 소개 시점 전후의 흐름까지 시야에 넣어서 파악하면, 러셀의 사회개조론, 특히 핵심 개념이라 할 '창조충동'론은 다음 두 가지 점에서 《개벽》 주도층이 주목할 만한 요소를 가졌다.

첫째, 러셀의 사회개조론이 《개벽》 주도층에게 '결핍된 요소'를 가지고 있었다는 점이다. '사회개조의 유일한 방법은 교육, 결혼, 종교 등에 구현된 바와 같은 인간의 창조적 충동을 가장 발달시키는 신사회제도를 수립하는 데 있다'는 러셀의 주장은[22] 그의 화려한 사회활동 및 투쟁경력, 세계에 대한 영향력과 함께 매력적인 것으로 비쳤음에 틀림없다. 특히 1918년 무렵부터 천도교단은 인간의 본성을 설명하면서 '종교성' 이외에 '사회성'도 포함시켜 설명함으로써 '천도교적 사회개조'를 모색하는 단초를 만들어 나갔는데, 러셀의 사회개조론은 '인내천주의'라는 종교사상 차원의 논의에 결핍된 사회사상적 요소를 가진 것으로 주목되었다.

둘째, 러셀의 사회개조론에는 이런 '새로운 요소' 이면에 '인내천주의' 와 동질적 요소가 있어서 양자의 연결고리가 마련될 수 있었다. 1910년대 이돈화가 구성한 인내천주의의 논리 구조는 일본의 주류 관념론 철학인 이노우에 테츠지로井上哲次郎의 '현상즉실재론現象卽實在論' 에 직접 영향을 받았다. 현상즉실재론은 '정신과 물질' 을 '현상' 으로 파악하고 양자의 대립을 제3자의 원리, 즉 '실재' 에 의해 통일하고자 하는 입장이다.[23] 이 글의 논의와 관련하여 중요한 점은 이노우에가 '진화론은 운동의 기원을 설명하지 못하며, 동적動的인 현상現象에는 들어맞지만 정적靜的인 실재實在에는 들어맞지 않는다' 고 하면서, 진화론을 목적론目的論 및 의지론意志論으로 보완하고자 한 점이다.[24] 그 결과 이노우에가 가진 '목적론적 진화론' 과 '활동적 실재' 라는 관념은 이돈화에게 영향을 끼쳐, 이돈화는 '인생은 신神이 되려는 목적을 이루기 위해 진화하는 것' 이라고 주장하게 되었다.[25] 러셀의 '창조충동' 론은 '창조' 를 향한 '부단한 노력' 을 핵심 메시지로 했는데, 이때 '부단한 노력' 이 향상 진보를 위한 인간의 의지적인 실천을 말하고, '창조' 는 그러한 실천의 목적에 해당한다는 점에서, 그것은 1910년대 이돈화의 인내천주의가 가진 목적론·의지론적 요소를 공유하고 있었다.

이상에서 《개벽》 주도층의 러셀 소개 양상을 파악한 뒤, 그들이 러셀의 사회개조론에 주목하게 된 사상 내적 근거를 상호 보완적 측면과 공통적 측면 등 두 가지 점에서 살펴보았다. 이러한 요소는 러셀의 사회개조론 자체에 이미 내재된 것이라 할 수 있으나, 러셀의 소개 단계에서 이러한 요소들은 아직 드러나지 않고 잠재적인 상태로 있었다. 소개 형태상의 변별적 차이는 있었으나 러셀의 사회개조론이 개조론 가운데에서 특권적인 위치에 놓인 것은 아니었다. 그러나 이후 《개벽》의 개조 논의가 전개되면서 러셀의 사회개조론이 가진 이러한 측면을 이돈화, 김기전 등 《개벽》 주도층은 주목하게 되었다.

2. 러셀의 전유專有를 통한 '사회개조론' 형성

《개벽》 주도층은 자신들이 기반하고 있는 천도교리가 당대의 '지식 담론 일반'을 포괄할 수 있다는 사실을 대내외적으로 과시함으로써 사회적 영향력을 행사하고자 했다.[26] 이를 위해서는 천도교리를 사회 일반이 받아들일 수 있도록 보편화·세속화하는 작업이 필요했는데, 그 선두에 선 인물이 이돈화였다.

이돈화는 1910년대 후반 1차 세계대전이 끝나고 '세계개조'·'사회개조'의 사조가 유행하기 시작하자, 이전까지는 주로 종교적 관심에서 해석해 오던 천도교의 종지宗旨 '인내천人乃天'에 '사회'적 관심을 투영시켜 '인내천주의人乃天主義'를 제시했다. 이돈화는 '인내천주의'와 관련하여, 자신이 1차 세계대전의 원인으로 파악한 과학을 비판했고, 그 대신 '종교와 평화'를 내세웠다. 나아가 "금일 이후의 개조는 반드시 종교적 개조가 되리라"고 했다.[27] 이런 점에서 그의 '인내천주의' 는 '천도교적 사회개조론' 의 범주에 속한다고 말할 수 있다.

그 후 3 · 1운동으로 일제의 통치가 '문화정치' 로 전환하자 이돈화는 천도교 청년회의 일원으로 《개벽》을 창간하고 6여 년간 《개벽》의 편집인으로서 왕성한 문필활동을 전개했다. 이 기간 동안 이돈화가 가장 커다란 노력을 기울인 것은 《개벽》을 무대로 이루어지던 천도교 청년층의 실천을 이론화하고, 나아가 그 이론을 특정 종교의 테두리를 넘어 일반 대중들에게 다가갈 수 있도록 보편적인 언어로 제시하는 작업이었다.

이러한 작업은 천도교리의 바탕 위에 서면서도 일본, 서구의 근대사상 등과 긴밀한 상호작용을 거쳤다는 점에서, 그 결과물을 '사회적 외피外皮를 걸친 천도교리' 라고만 규정짓기는 어렵다. 1920년 이후 《개벽》에서 이루어진 이돈화의 작업은 '인내천주의' 에서 맹아적으로 제시되었던 사회개조의 연속선상에 있었던 측면도 있으나, 양자 간의 단순한 논리적 연관성보다는 그 논의가 언급되는 매체 공간, 상정된 독자층, 외래사상의 영향 정도 등을 종합적으로 고려할 필요가 있다. 이 경우 1910년대 후반 《천도교회월보》에서 제시된 '인내천주의' 와, 1920년대의 《개벽》에서 제시된 '사람성주의' 를 비롯한 몇 개의 글은 이돈화의 사회개조론 형성에서 서로 구분되는 두 단계로 보는 것이 사실에 더 가까울 것이다. 1920년대 초·중반에 이루어진 이돈화의 이론활동은 1910년대의 '천도교적 사회개조론' 형성 단계에서 1920년 이후 '《개벽》의 사회개조론' 형성 단계로 옮겨갔다고 말할 수 있다.

《개벽》의 사회개조론 형성은 시기적으로 세 개의 계기적 과정을 거쳐 전개되었다. 그것은 사회운동과 논쟁 등의 국면과 긴밀한 관련을 가진 것이었다. 우선 국내에서 문화운동이 활발하게 전개되던 초기에는 이돈화가 일본의 문화주의 철학과 서구의 주요 개조론을 소개하고 그 주요 내용을 '인내천주의'와 결합시켜 '사람성주의'(1921. 11)를 형성했다.[28] 이것은 '《개벽》의 문화운동론'에 해당했다.

다음으로 문화운동이 침체되고 민족주의·사회주의운동 세력 간의 갈등이 표면화되는 가운데 사회 일각에서 '민족성' 논의가 이루어질 무렵 이돈화를 비롯한 《개벽》 주도층은 이광수의 '민족성' 논의나 '민족개조론'을 《개벽》에 순차적으로 소개한 뒤, 이것을 자신들의 입장에서 소화한 '범汎인간적 민족주의'(1923. 1)를 제시했다. 이것은 '《개벽》의 민족주의'에 해당했다.[29]

마지막 국면에서는 사회주의, 특히 마르크스주의가 사회운동의 중요 세력으로 대두하자 《개벽》 지면에는 사회주의 소개 기사가 다수 실리게 되는 변화를 보인다. 이런 변화의 마지막 시점에서 이돈화는 '생명의 의식화와 의식의 인본화人本化'·'자본주의의 인간화'를 주장(1926. 5)했다. 이는 마르크스주의의 '유물사관'에 대응하여 제시된 '《개벽》의 생명사관'이라 할 수 있다.

이러한 이돈화의 세 가지 주장, 즉 《개벽》의 문화운동론·민족주의·생명사관은 모두 '《개벽》의 사회개조론'이라고 포괄적으로 범주화할 수 있다. 이돈화가 1920년대 후반에 자신의 이론적 작업을 정리하면서 '정신개벽·민족개벽·사회개벽'이라 부르고 이를 한 데 묶어서 '3대 개벽'이라고 부른 것은,[30] 이러한 세 국면의 결과물을 가리키는 것이다. 그런데 이 글의 논의와 관련해 중요한 점은 이러한 '《개벽》의 사회개조론' 형성에서 러셀의 사회개조론이 중요한 역할을 담당했다는 사실이다. 이 점을 구체적으로 살펴보기로 한다.

1—《개벽》의 문화운동론 형성

이돈화는 《개벽》 창간호(1920. 6)에서 《개벽》 17호(1921. 11)에 이르는 기간 동안 일본 및 식민지 조선의 식자층에게 큰 영향을 끼친 문화주의 철학을 소개하고 수용하여 '사람성주의'라는 《개벽》의 문화운동론을 형성했다. 그 과정은 일련의 중요한 논설을 발표함으로써 이루어졌다. 즉 이돈화는 《개벽》의 주요 지면에 〈문화주의와 인격상 평등〉(6호), 〈대식주의大食主義를 논하노라〉(7호), 〈사람성의 해방과 사람성의 자연주의〉(10호) 등의 논설을 발표한 뒤 최종적으로 〈시대정신에 합일된 사람성주의〉(17호)를 실어 독자들에게 제시했다.

이돈화는 문화주의 철학에 관한 소개글에서, 문화주의를 '문화를 생활의 중심으로 삼는 사상'이라고 정의했다. 나아가 '문화란 가치와 이상을 가진 것으로, 인간을 자유롭게 발달시켜 향상을 거듭하도록 한다'고 규정했다.[31] 여기서 '문화'는 인간을 향상시키는 목표·도달점으로 상정되고 있다. 1910년대에 이돈화가 '인생은 신이 되기 위해 진화하는 것'이라고 주장한 것과 비교해 보면, '진화'는 여기서 '향상'으로, '신'은 '문화'로 표현되는 것만 차이가 있을 뿐 양자 모두에게서 '목적론적 진화'의 측면이 공통적으로 발견되고 있음을 확인할 수 있다.

그런데 문화주의 철학의 소개글에는 1910년대 이돈화의 글에서 보이던 또 하나의 요소, 즉 '활동적 실재'에 관한 요소는 보이지 않는다. 왜냐하면 이돈화가 소개한 글의 원저자인 일본의 대표적인 문화주의 철학자 쿠와키 겐요쿠는 세계의 본체를 '맹목적 의지'로 본 쇼펜하우어의 입장을 강하게 비판하는 입장을 취했기 때문이다.[32] 그러나 1910년대에 이노우에 테츠지로의 '현상즉실재론'의 영향을 받아 자신의 종교사상을 전개시킨 이돈화로서는 '본능·활동·욕망' 등 '의지론'적 요소도 중요하게 생각하지 않을 수 없었다. 이러한 입장은 그의 현실인식과도 관계 깊었다. 즉, 그에 따르면 조선 사회에서 당시 1차 세계대전 이전과 이후의 시기는 모두 '과도기'이며 이 과도기에는 '역사적 경험이나 이성적 이해 판단'이나 '정확한 계획, 목표'보다는 '충동적·실행적 요소'로부터 시작할 수밖에 없다는 것이다.[33]

이처럼 과도기에 필요한 '충동적·실행적 요소'를 《개벽》의 문화운동론 형성에 반영하기 위해 이돈화는 '대식주의'라는 신조어를 언급하면서 도덕 개조의 방향을 우키타 카즈타미浮田和民의 '현대도덕론'에서 끌어와서 '활동주의적 도덕'을 세워야 한다고 강조했다.[34] 이 글의 논의와 관련하여 중요한 점은 이돈화가 사람성주의 형성의 초기 단계에서는 '충동적·실행적 요소'와 관련하여 우키타의 '현대도덕론'에 주목하다가 버트란트 러셀의 '사회개조론'이 《개벽》에 소개된 1921년 5월 전후 시점부터는 사람성주의 형성에서 러셀의 '창조충동' 론을 인용하기 시작했다는 사실이다.[35]

　이돈화는 러셀의 '창조충동' 론을 〈사람성의 해방과 사람성의 자연주의〉에서 처음 선보였다. 그 시점은 1921년 4월로, 김기전이 러셀의 사회개조론을 소개하기 한 달 전이고, 저본이 되는 《사회개조의 8대사상가》(1920. 11)가 나온 지 불과 5개월이 지난 시점이었다. 이돈화는 '창조충동' 론을 '사람의 활동이 가진 장점은 동물과 달리 정신적·창조적 활동에 있음을 말한 것' 이라 설명했다.[36] 이후 〈시대정신에 합일된 사람성주의〉에서 이돈화는 '사람성무궁' 개념을 설명하면서 '사람성은 항상 불완전에서 완전으로 나아가기 위하여 부단한 창조충동을 일으킨다' 고 정식화했다. 이 명제에는 문화주의와 대식주의, 목적론과 의지론이 통합되어 있다.

　결국 이돈화는 '인내천주의' 의 바탕 위에서 문화주의 철학을 수용하여 '사람성주의' 라는 《개벽》의 문화운동론을 도출할 때 문화주의에 빠져 있던 의지론적 요소인 '충동' 의 측면을 보완하기 위해, 처음에는 우키타의 '현대도덕론' 을 인용했고 나중에는 러셀의 '창조충동' 론을 활용했던 것이다. 그러므로 여기서 살펴본 '사람성주의' 형성은 '《개벽》의 사회개조론' 형성 과정에서 '창조충동' 론을 골자로 하는 러셀의 사회개조론이 '의지론' 적 요소를 담당하기 위해 이돈화의 이론 작업에 도입된 첫 국면을 보여주는 것이라 말할 수 있다.

2—《개벽》의 민족주의 형성

《개벽》 주도층은 1923년 1월호에서 '범인간적 민족주의'를 제창했다. 필자미상의 이 글은 이돈화가 쓴 것으로 생각되는데,[37] 이 글에서는 범인간적 민족주의를 '민족적 사상'으로 가져야 한다고 강조했다. 나아가 이 글은 민족주의를 '이기적 사상의 결정結晶'으로 보고 '인류주의'를 '이타적 사상의 결정結晶'으로 보면서, '인습적 민족주의를 절대 배척하는 동시에 극단의 몰아적沒我的인 인류주의도 배척한다'고 했다.[38] 이 글에서 '인류주의'라는 용어는 한편에서 '톨스토이' 사상을 가리키기도 하고, 다른 한편에서는 '사회주의'를 가리키기도 했는데, 이 용어를 사용하는 문맥을 살펴보면 그 강조점을 민족주의가 가진 배타성을 상대화하기 위해 민족주의를 넘어선 보편주의적 사조 일반을 대응시키는 데 두었다고 판단된다.[39]

이렇듯 이 글은 사회주의를 민족주의에 대립시키고, 나아가 양자를 지양止揚한 제3의 방향을 지향하고 있지만 실제로는 '배타적 민족주의에 대한 비판'을 강조한 것으로 보인다. 이러한 사실은 '범인간적 민족주의의 요점'을 밝힌 다음 글에서 잘 드러난다.

대개 인류의 욕망은 무한하고 물질의 소유는 유한하므로, 무한한 욕망으로 유한한 물질을 취하고자 하면 어쩔 수 없이 남의 이익을 침해하게 될 것이다. 그러므로 이에 범인간적 민족주의는 민족으로 하여금 타 민족의 소유권을 침해하지 못하게 할 뿐만 아니라, 나아가서는 인류의 무한한 욕망을 유한한 물질적 경쟁에 희생케 하지 말고 무한한 창조적 생산으로 향하게 하면 인류는 스스로 각자의 행복 하에 인도적 생활을 경영하게 될 것이니 이것이 범인간 민족주의의 요점이다. 즉 한 민족이 타 민족의 소유를 침해치 말고 그 힘을 무한한 창조충동의 방면으로 이용하여 자기의 타고난 힘으로 자기 생활의 힘을 키우도록 하자는 것이다(밑줄–인용자).[40]

'사람이 가진 물질에는 제한이 있으나 사람의 욕망은 끝이 없다, 따라서 끝없는 욕망을 유한한 물질적 경쟁을 추구하는 데 쏟으면 결국 타 민족을 침해하게 된다, 그러므로 우리 모두가 행복하고 인도적인 생활을 해 나가려면 그러한 욕망을 무한한 창조적 생산에 몰두해야 한다'는 것이 이 인용문의 핵심 주장이다.

여기서 '소유'와 '창조'를 대비시키는 논법이나, '창조충동'이라는 개념은 러셀의 사회개조론에서 온 것임이 분명하다.[41] 즉, 이 글에는 1차 세계대전의 발발을 '그동안의 자본주의적 물질편중 발달 및 그로 인한 제국주의적 침략'으로 파악하는 러셀의 현실인식이 영향을 끼치고 있다고 볼 수 있다.

결국 '범인간적 민족주의'는 민족주의와 인류주의의 조화·지양을 추구했으며, 러셀의 사회개조론은 민족주의가 가진 배타적 성격을 견제하는 논리로 활용되고 있었다.

3—《개벽》의 생명사관 형성

1923년 중반부터 《개벽》 주도층은 한편에서는 마르크스주의와 운동에 관한 기사를 《개벽》 지면에 적극 소개하기 시작했으며,[42] 다른 한편에서는 마르크스주의에 대한 이론적 대응을 준비하기 시작했던 것으로 보인다. 이돈화는 1924년 3월, 자신의 명의로 출간한 《인내천요의》에서 마르크스주의에 대해 다음과 같이 비판했다.

칼맑스의 유물론에 따르면 사람의 심리는 내계內界로부터 우러나온 것이 아니라 외계로부터 수입輸入된 역사인습歷史因襲 그것 뿐이라고 한다. …… 그러나 유물론에 나타난 이런 심리는 단지 하나를 알고 둘을 알지 못하는 결함이 있다. 즉 현상적現象的 사람 그것만 알고 현상의 깊은 이면에 있는 <u>창조적 사람은 알아보지 못한 것이로다</u>(밑줄―인용자).[43]

이 책에서는 마르크스주의 인식론이 가진 '반영론' 적 경향을 비판하고 '창조적 사람' 의 중요성을 강조했다.

이후 마르크스주의에 대한 이돈화의 이론적 대응은 첫째, 사회주의가 가진 '민중주의' 적 입장을 비판하고 러셀의 창조충동을 강조하며, 둘째, 사회주의의 '계급의식' 을 비판하고 '초월의식' 을 강조하는 것으로 나타났다. 그리고 셋째, '충동' 과 '의식' 을 종합하는 '생명' 개념을 기초로 '생명사관' 을 제시해 이를 마르크스주의의 '유물사관' 에 대립시켰다. 각각에 대해 상술하기로 한다.

첫째와 관련하여, 마르크스주의에는 '창조' 에 관한 내용이 취약하다는 점을 부각시키는 경향이 점차 더욱 강조된 바, 1925년 벽두에 이돈화는 《개벽》의 권두논설에서 청년들을 향해 '적자주의赤子主義에 돌아오라' 고 외쳤다.[44] '적자주의' 의 '적자' 란 '아기' 를 뜻한다. 따라서 적자주의란 '어린아이가 우물에 들어가는 것을 보고 구하지 않는 도적이 없고 악마가 없다' 는 맥락에서 나왔다. 그가 규정하는 '적자' 란 '과거가 없고 미래의 광명뿐' 이며, '금전·권력의 소유가 없는 점에서 약한 듯하나 창조의 충동과 생혼生魂의 약동에 충만한 강한 존재' 였다. 이 적자주의에서 러셀의 창조충동론이 중요하게 인용되었다. 이돈화는 마르크스주의에 대해 러셀의 창조충동론을 다음과 같이 대립시켰다.

우리는 럿셀의 말에 〈창조충동과 소유충동〉이 우리의 심리를 지배한다 하는 학설을, 유리하게 해석하지 않으면 안 된다. 이 말과 같이 우리의 심리에는, 외래적 충동에서 생긴 소유심所有心과, 본유적本有的 충동을 가진 창조심이 병립한 것이라 하면, 〈심리는 물질의 환영幻影〉이라 하는 순純물질론자의 표어는 심리의 일면을 정확히 간주한 대신에, 타 일면에 잠재하여 있는 비非물질적 창조심을 망각한 것이다. 소유심이 순전히 외계의 그림자로 된 것이라 하면, 창조심은 적어도 외계를 초월한 자주적 충동이 되지 않을 수 없을 것이다. 이 점에서 현대인의 심리에는 현대사회의 결함으로 생긴 병적 심리를 가진 사혼死魂과, 현대사회의 결함을 초월하여 항상 신사회를 창조하고자 하는 생혼生魂의 대립을 면치 못할 것이며, 따라서 신사회건설의 신인종新人種이라 하면 말할 것도 없이 이 생혼의 소유자를 가리켜 말하는 것이오, 인종의 인종을 각 방면에 파종하자는 말은, 생혼을 각 방면에 파종하야 사기死氣가 충만한 조선에 생혼이 충일한 인종국人種國을 창조하자 함이다(밑줄-인용자).[45]

여기서 이돈화는 마르크스주의의 유물론에 대응하여 러셀의 '창조충동' 론을 대립시키면서도 그중에서 특히 '창조' 에 초점을 맞춰, 비非물질적 창조심과 초월, 생혼을 강조했던 것이다.

둘째, 이돈화는 현대인의 의식상태를 '기계의식·계급의식·초월의식' 의 세 가지로 구분했다.[46] 그는 계급의식을, '기계적 노예성을 타파하는 순간 그를 해방하고자 하여 모든 인습적 대상에 반항하고 일어나는 의식' 이라고 하여,[47] 거기에 일정한 긍정성을 부여했다. 여기서 '기계의식' 은 '의식의 작용이 자유와 창조적 본능을 잃어버리고 특권행사나 물질행사의 노예가 된 것' 을 가리킨다.

그러나 그는 계급의식과 초월의식 사이에 만리장성을 쌓고, 계급의식에 부정 일변도의 태도를 가진 것은 아니었다. 그가 보기에 계급의식은 기계의식을 타파하고 인간의 노예화를 방지하는 점에서 현대 사회의 개조에서 그것을 고조할 필요가 있다는 것이다.[48] 다만 '계급이 변함에 따라 의식이 변하기 때문' 에 한계가 있으므로 이를 보완하기 위해서는 '우주적 생명, 인격적 생명의 충동본능으로 생生하는 의식' 인 초월의식이 필요하다고 했다. 여기서 계급의식에 관한 언급은 사회주의적 계급의식을 가리키는 것으로 보인다. 그는 사회주의적 계급의식이나 사회운동을 정면으로 부정하기보다는 조선의 상황에서 그것이 가진 장점을 일면 흡수하되, 그것만으로는 불충분하다는 입장을 견지한 것으로 보인다.

이상과 같은 '초월' 에 대한 관심은 그의 '환절기' 론 및 '초월의식' 과 연계되었다. 그는 신구新舊사상이 충돌하는 환절기의 상식이 가져야 할 첫째 조건으로 '환경을 초월하는 상식'을 들었다.[49] 그가 초월과 관련해서 환절기를 강조하는 것은, '고정적固定的 시대에는 초월이 힘들'지만, 오늘날 같이 동요動搖하고 반역이 생긴 시대에는 "한 번만 눈을 감고 초월적인 의식을 가진다면 조금도 어려운 일이 될 것이 없"기 때문이다.[50] 즉, 그는 초월의식을 가지는 것이 가능하다는 점을 말하기 위해 당시가 '환절기'임을 강조한 것이다.

셋째, 마르크스주의에 대한 이돈화의 입장이 종합적인 형태로 제시된 것은 〈생명의 의식화와 의식의 인본화〉라는 글에서였다. 이 글은 이돈화의 '생명주의 역사관'에 해당하는 것으로, 이전의 논설에서 자주 거론되었던 '본능·충동'과 '의식' 개념은 '생명' 개념으로 일원화되었고 우주와 인간, 개체와 우주(혹은 자연) 사이의 유기적 연결관계는 '생명의 진화 과정'으로 설명되었다.[51] '생명의 의식화'는 태초의 우주에서 인간에 이르는 생명의 진화 과정을 말한 것으로, 만유萬有의 근저根底에 활력으로서 존재하는 생명은 자율적 창조운동을 통해 '약동·충동'이라는 단순한 차원에서 '본능'으로 진화하고, 다시 그것이 인간의 '의식'에 이르게 되었다고 했다. 한편, '의식의 인본화'는 인간 역사에 관한 거시적 설명으로, 인간의 역사는 '신神 본위→영웅英雄 본위→자본資本 본위'와 같이 '본위本位'의 전환 과정을 겪었으며, 앞으로는 '사람 본위'로 가야 한다는 것이다.

이돈화는 인간을 "먼 옛적부터 인간 자기네 무리를 떠나" 신과 영웅, 자본을 숭배한 '부랑자'에 비유하면서, 이제는 '인간 본위'라는 "인간 자기네 본가"로 돌아와야 함을 주장했다.[52] 또한 이 주장은 곧

바로 '자본 본위에서 사람 본위로', '자본주의의 인간화' 등의 주장으로 이어졌다. 다음 인용은 사람을 본위로 한 그의 입장이 자본주의 비판으로 이어지는 모습을 잘 보여준다.

> 자본본위는 자본이 주체가 되고 인간이 객체가 된 본위本位이다. ……
> 자본본위는 그 성질상 자본집중의 법칙에 따라 어느듯 자본과 인간의 대립을 보게 되었다. …… 자본이 인간을 위해 있게 되지 못하고 자본이 그 자체 집중권集中權을 유지하기 위해 있게 되었다. 그래서 자본적 특권과 인간적 평등 간에는 큰 충돌이 일어나게 되었으니, 이것이 오늘날 세상이며 그리하여 이것이 자본주의의 실패를 예언하는 것이다. …… 인간본위는 말할 것도 없이 자본주의의 인간화를 말함이다. …… 그리하여 장차 올 사회는 확실이 인간본위에 있을 것을 예언할 수 있다. …… 인간본위와 자본본위의 전쟁은 그 막이 이미 열린지 오래다. …… 인간진화의 법칙은 인간의 장래가 어느 쪽의 성패로 될 것인지 확실히 알 수 있다(밑줄-인용자).[53]

이 인용문에서도 볼 수 있듯이 이돈화는 자본주의 사회가 '자본본위'로 움직인다고 보고 이를 비판하면서도, 대안적인 방향을 마르크스주의의 유물사관에 입각한 물적 개조보다는 생명사관에 입각한 사람 본위의 사회 건설에 두고 있었다.

지금까지 살펴본 2절의 논의에서 이돈화는 《개벽》의 사회개조론 형성 과정에서 '창조충동'론을 핵심으로 하는 러셀의 사회개조론을, 대상 담론에 따라 강조점을 달리하여 활용했음을 알 수 있었다. 1910년대 일본의 '현상즉실재론'이 가진 '목적론'과 '의지론'을 겸비한 입장 위에서 러셀의 '창조충동론'에 적극 주목한 뒤, 문화주의의 소개 과정에서는 '충동'의 요소를, 민족주의 및 마르크스주의의 수용 과정에서는 '창조'의 요소를 부각시킴으로써, 러셀의 사회개조론을 당시 유행하던 중심사상을 견제·포섭하는 균형추이자 촉매제로 전유한 것이다.

3. 자본주의 비판의 비非마르크스주의적 지향

이상에서 《개벽》 주도층이 《개벽》의 지면을 통해 러셀의 사회개조론을 소개한 양상을 김기전의 논설을 중심으로 살펴보았고, 이후 러셀, 특히 그의 '창조충동'론을 《개벽》의 사회개조론 형성 과정에서 전유해 나갔던 모습을 이돈화의 논설을 중심으로 살펴보았다. 사상의 소개와 전유 과정을 합하여 '수용' 과정이라 부를 수 있다면, 이런 의미에서 《개벽》 주도층은 러셀의 사회개조론을 '수용'해서 《개벽》의 사회개조론을 형성했던 것이다.

《개벽》 주도층이 러셀의 사회개조론에 주목하고 그의 사회개조론을 마르크스주의 비판 논리로 활용한 점은 《동아일보》·《조선일보》 등 부르주아 우파 일반의 그것과 유사하다 할 것이다. 그러나 《개벽》 주도층이 자신들의 사회개조론을 형성하는 과정에서 러셀의 사회개조론을 사상적 균형추이자 촉매제로 전유함으로써 수용 단계에까지 도달했던 점에서, 단순한 '소개' 차원에 그친 《동아일보》 등과는 크게 달랐다.

이돈화는 러셀의 사회개조론을 수용함으로써 마르크스주의의 사적유물론적 패러다임을 견제할 '일반적인' 논리(종교적 언어가 아니라)를 얻게 되었다. 그러한 논리를 바탕으로 삼아 이돈화는 다른 사상에 대해서와 마찬가지로, 마르크스주의를 단지 배척만 한 것이 아니라, 그것이 가진 '물적 개조'의 요소를 자신들의 사상체계에 포섭시켜 나갔다. 그러한 양상은 이미 《개벽》의 1925~1926년 논설 등에서도 맹아적으로 나타나지만 그 이후에 더욱 적극적으로 이루어져 1931년에 그의 명의로 발간한 《신인철학》에서 분명한 형태로 나타난다. 그러므로 이 절에서는 마르크스주의에 대한 이돈화의 비판적 수용 양상을 《개벽》이 폐간된 1926년 8월 이후의 사상, 특히 《신인철학》을 중심으로 고찰하고자 한다.

이돈화는 1926년 3월 《수운심법강의水雲心法講義》를 발간하여 마르크스주의 사상을 동학의 '후천개벽' 전통에 접맥시키고자 했다.[54] 이러한 일련의 과정을 거쳐 1931년 8월에 발간한 《신인철학新人哲學》 단계에 가면 이돈화가 내세운 수운주의水雲主義와 마르크스주의의 차이, 그리고 양자와 러셀의 사회개조론의 관계가 좀 더 명확한 형태로 제시된다.

《신인철학》에서 이돈화는 자본주의 문명을 비판하되, 그 방향을 마르크스주의가 주장하는 '생산양식의 혁명적 재편'이 아니라 '도덕적 인간의 형성'에서 찾았다.[55] 이는 '자본주의 비판의 비非마르크스주의적 지향'에 속한다고 할 수 있는데,[56] 우리의 논의와 관련해 중요한 점은 이러한 《신인철학》의 방향성에 러셀의 사상이 중요한 한 축을 이루고 있다는 사실이다.

《신인철학》은 '우주관, 인생관, 사회관, 개벽사상, 도덕관'의 다섯 편으로 이루어져 있는데, 제4편 개벽사상에서 이돈화는 사회개벽, 즉 사회개조의 문제와 관련하여 수운주의와 사회주의를 몇 가지 측면에서 비교했다.

첫째, 사회주의가 사회개조의 측면에서 이론적으로 명쾌하고 실천적으로 활발하다는 점을 적극 평가했다. 즉, 그는 '사회의 이상을 논하는 자는 유심론자보다는 유물론자가 가장 열렬히, 조직있게, 이론있게 활동하므로, 사회개조의 이상을 말하려면 부득이 유물론적 사회주의의 이상을 대상으로 논리해서 수운주의의 사회개벽 입장을 밝힐 필요가 있다'고 전제했다.[57] 나아가, 그는 사회주의적 입장에서 가장 현저한 점은 '보다 좋은 세계를 이상理想하는 광범한 계급적 민중운동의 단결'에 있으며, '보다 좋은 세계는 오직 경제 문제의 해결에 있다고 믿는 것'이라 하면서, '현대에서 그만큼 이론과 방법이 명백한 것은 다른 곳에 없으리라'고 높이 평가했다.[58]

둘째, 그는 수운주의와 사회주의의 공통점과 차이점에 대해 언급했다. 우선 양자 간의 공통점을 논하는 맥락에서 그는 보다 좋은 세계를 이상하거나 경제적 풍부함을 주고자 하는 희망의 측면에서는 수운주의는 사회주의에 못지않다고 했다. 다음으로 수운주의와 사회주의의 차이점을 논하면서, 그는 사회주의가 '경제'를 최고 이상으로 삼는 데 반해, 수운주의의 중심은 '인간격'을 최고의 이상으로 삼는 점이 서로 다르다고 했다.

수운주의의 특징과 관련하여 그가 최고의 이상으로 삼는 '인간격'이란, '우주적 실재인 "한울"이 인간에게 비교적 완전하게 표현된 것으로 보는 인식'을 가리켰다. 이러한 '인간격' 개념에는, 1910년대에 그가 천도교의 종지 '인내천'을 서구 개념으로 해석하면서 한편에서는 '인간은 신神의 표현'으로 보는 범신론적 인식과, 다른 한편에서는 '인간은 미성품으로서 신神처럼 완전하게 되기 위해 부단히 노력해야 한다'고 본 진화론적 인식이 함께 들어 있다. 1910년대의 인식과 차이점은, 《신인철학》 단계에 오면 이돈화는 이러한 인간격 개념을 우주와 인간의 관계뿐만 아니라 사회 방면, 특히 사회개조 방면에까지 확장하여 사유하고 있다는 점이다.

이돈화는 《신인철학》에서 1910년대부터 1920년대에 걸쳐 전개해 왔던 이론적 성과물을 집약하여 제시했는데, 그중에서도 《개벽》지 면을 통해 전개시켜 온 사회개조의 이론이 크게 반영되었다. 이 과정에서 러셀의 사회개조론이 커다란 영향을 끼쳤다.

러셀의 사상은 《개벽》 초기부터 주로 사회개조론을 중심으로 소개되었으므로 《신인철학》에서도 우주관, 인생관, 사회관, 개벽사상, 도덕관의 다섯 편 가운데 주로 제3편 이하, 즉 사회관, 개벽사상, 도덕관 편에서 언급되었다. 이에 관한 내용을 정리해 보면 〈표 5〉와 같다.

〈표 5〉의 ①은 러셀의 발언을 인용한 대목인데 러셀이 인생의 '화

연번	인용처	내용 요약
①	pp.171~173	* 제3편 사회관 / 제3장 사회질병설 / 2. 추상적으로 본 사회질병 – 인생생활의 3대 禍惡 · 肉的 화악: 생노병사, 생활상의 곤란 · 性格의 화악: 무지, 의지박약, 감정격렬 · 權力의 화악: 개인 및 단체 지배 → 자유로운 발전을 간섭 ⇒ 러셀이 (……) 性的 害惡으로 우리의 정신상태를 編入하야 말한 것은 특히 주목할 만하다.
②	pp.224~227	* 제4편 개벽사상 / 제2장 개벽방식과 삼대개벽 / 4. 사회개벽 – 인간이 아직도 먹을 것 입을 것에 대하여 소유투쟁을 하는 것은 人間格에 羞恥. 의식주 투쟁이 인간의 최고 목적이 아니고 창조투쟁, 즉 최고 인간격으로부터 우주생활을 실현하는 것이 최후의 이상. – 인류는 (……) 유물적 계급투쟁이 끝나면 그 다음은 기술적 투쟁, 진리의 투쟁으로 나아갈 것. 즉 소유투쟁에서 창조투쟁으로 옮겨갈 것.
③	pp.241~242	* 제4편 개벽사상 / 제3장 三戰論과 개벽 – 道戰의 세계에서는 (……) 사람의 全的 행복을 위하여 생기는 창조투쟁, 진리의 가치를 評定하는 투쟁 (……) 등이 있을 뿐이다.
④	pp.297~298	* 제5편 도덕관 / 제4장 수운주의 윤리적 도덕률 / 3. 敎化와 雜感 – "민중에게 물질적 의미의 쾌적을 줄 뿐으로만은 불충분하다. (……) 만일 사회주의가 현재 부유계급 중에 냉담한 인간적 蠢動을 하는 종류의 생활과 개관을 만인에게 주는 데 그친다고 하면 사회주의는 결국 정신에 대한 정열을 고무하기에 부족하다." (……) 이상은 사회주의 럿셀의 말이다.

악禍惡'을 '육체적, 정신적, 권력적' 측면에서 두루 언급했음에도 불구하고 이돈화는 그 가운데 '러셀이 정신적 측면에 주목했다'는 점을 특히 강조하고 있는 사실을 눈여겨 볼 만하다. 러셀의 견해를 물질과 대비되는 '정신'에 초점을 두었다고 강조하는 이돈화의 입장은, 사회주의에 대해서도 동일하게 적용되었다. 즉 이돈화는 〈표 5〉의 ④에서처럼 러셀의 말에 기대어, '사회주의는 주로 물질적 측면에 치중함으로써 결국 정신에 대한 정열을 고무하기에 부족하다'는 입장을 강조하고 있음을 볼 수 있다.

〈표 5〉의 ①과 ④에서 이돈화는 러셀의 사회개조론을 '정신'을 강조하는 입장으로 파악하고 이를 마르크스주의가 가진 '물질' 편중의 입장을 비판하는 논리로 활용했다면, ②와 ③은 모두 《신인철학》의 '제4편 개벽사상'에 해당하는 것으로 여기서 이돈화는 수운주의의 사회개벽을 정신 방면과 물질 방면을 종합한다는 차원에서 러셀과 마르크스의 입장을 겸비하려는 태도를 보이고 있다. 이런 태도는 그가 ②에서 '소유투쟁에 해당하는 유물적 계급투쟁에서 창조투쟁에 해당하는 기술적 투쟁, 진리의 투쟁으로 나아가야 한다'고 결론짓는 데에서 잘 드러난다. 또한 여기서 사용된 '소유투쟁', '창조투

〈표 6〉《신인철학》에 제시된 '사람성자연의 구성양식' 제1법칙

① 개성본능 +자연 세력 = 사람성능률
② 사람성능률 +사람성능률 총화總化 = 사회기능
③ 사회기능 +사람성능률 = 사람성자연

쟁'과 같은 용어에서도 잘 드러난다. 즉, 이 용어는 앞에서 살펴본 바와 같이 러셀의 사회개조론에서 핵심 개념으로 사용된 '소유충동', '창조충동' 개념을 '투쟁'이라는 용어로 치환한 것으로 보인다. 이런 치환에는 다분히 마르크스주의적 사적유물론이 가진 갈등론적 사회인식이 반영된 것으로 생각된다.

한편, 마르크스주의의 계급투쟁론과 러셀의 창조충동론을 결합하여 도출한 수운주의의 사회개조론은 《신인철학》에서 '사람성자연의 사회관'으로 나타났다. 이돈화는 '사람성자연의 구성양식'의 제1법칙으로 〈표 6〉과 같은 정식을 제시했다.[59]

이 정식을 풀이하면서 이돈화는 사람이 꿀벌[蜂] 등의 동물과 달리 사회를 진화시켜 온 점은 '사람성자연'[③]이 있었기 때문이라고 했다. 여기서 '사람성자연'은 '외적 사회기능[②]이 사람성능률[①]에 반영되어 자기 성性에 융화되는 과정'으로 설명되었다.

여기서 '사람성자연의 구성양식'은 '개인'적 차원의 '사람성능률'이 한 데 모여서 '사회'적 차원의 '사회기능'을 이루고, 역으로 '사회기능'은 다시 '사람성능률' 차원으로 피드백되는, 즉 이돈화의 표현대로라면 '자기 성性에 융화되는' 구조를 띠고 있다. 개인과 사회 사이의 관계가 긴장·갈등관계가 아니라 유기적 관계로, 나아가 유기적 관계에 기반을 둔 순환적 관계로 설명되고 있는 것이 특징이다. 이돈화는 이러한 피드백 관계야말로 인간 사회가 동물과 달리 진화해 온 동인이라고 했다.

이돈화의 '사람성능률', '사회기능'은 각각 마르크스주의가 기초한 사적유물론의 '생산력', '생산양식' 개념에 대응하는 것임을 알 수 있다. 같은 맥락에서 이돈화의 '개성본능'도 마르크스주의의 '노동력' 개념에 상응하고 있다. 이 점에서 이돈화의 '사람성자연' 개념에서 인간과 자연의 관계, 즉 '생산'에 관한 내용이 적극 편입된 것은 사회주의사상의 영향이라고 생각할 수 있다.

한편 사회주의사상과 뚜렷한 차이점도 발견된다. 이돈화가 '자연 세력'이라고 설정한 부분은 마르크스주의의 '생산수단'에 상응하지만, 생산수단이 노동대상과 노동수단의 결합체임을 고려할 경우 이돈화의 '자연 세력' 개념에는 '노동수단'에 해당하는 요소가 결여되어 있다. 또한 마르크스주의가 역사 발전을 생산력과 생산관계의 '모순'과 계급투쟁의 관점에서 바라본다면, 이돈화의 수운주의에서 사회 발전은 사람성능률의 '총화'로 이루어진 사회기능이 다시금 '사람성능률에 반영되어 자기 성性에 융화'되는 과정을 통해 진화해 간다고 보았다.

즉, 이돈화의 입장은 사회 진화에서 외적 자극에 의한 경험 못지 않게 인간의 역사 과정 속에서 '사람성에 축적된 유전적 경험'을 중시하는 것이 특징이다.[60] 이러한 차이는 물질적 개조에 치중하는 사적유물론과 달리 이돈화는 정신적 개조를 중심으로 인간 자신의 개조를 중시했기 때문으로 생각된다.

이상에서 살펴본 바와 같이 《개벽》 주도층은 러셀의 사회개조론을 수용하고, 나아가 이를 지렛대로 마르크스주의까지 포섭함으로써 애초 자신들이 가진 종교적 이상주의, 농본주의적 지향을 '반反자본

주의 · 비非마르크스주의' 적 입장으로 구체화할 수 있었다. 1920년
대 정세 속에서 러셀의 사회개조론에 대해 《개벽》과 《동아일보》 등
이 취한 대응양식의 차이는 러셀의 사회개조론이 가진 핵심 주장인
'자본주의 문명 비판' 에 대한 두 집단의 사상적 진정성 여부를 판가
름하는 지표가 될 수 있다. 이런 점에서 《개벽》의 입장을 부르주아
우파의 실력양성론으로 파악해 《동아일보》의 입장과 동일한 범주로
묶는 통설은 재고가 필요하다.

《개벽》에 대한 통설의 재고

《개벽》 주도층의 '개조론' 소개는 '《개벽》의 사회개조론' 을 위한 이
론적 모색 차원에서 이루어졌다. 러셀의 인물과 사상을 소개한 김기
전은 '자본주의 문명 비판' 이라는 '사회개조론' 으로서의 측면에 주
목하면서 소개 과정에 적극적으로 개입했다. 《개벽》 주도층이 러셀
의 주장에 관심을 가진 데에는, 다른 매체에서처럼 당시의 사회적
유행, 자본주의 비판, 볼셰비즘 비판의 입지 등도 중요한 요인으로
작용했지만, 심층적인 측면에서는 러셀의 '창조충동' 론이 1910년대
'인내천주의' 라는 '천도교적 사회개조론' 이 가진 목적론 · 의지론적
요소를 가지면서도, 그것만으로는 부족한 '사회사상' 적 요소를 갖
추었다는 점 때문이다. 그러나 이러한 제반 요소들은 소개 단계에서
는 잠재적이었다가 이후 개조 논의의 전개 과정에서 구체적으로 드

러나게 된다.

당시 《개벽》 주도층은 천도교리가 당대의 '지식 담론 일반'을 포괄할 수 있는 힘을 가지고 있음을 과시함으로써 사회적 영향력을 행사하고자 했다. 그 선두에 선 인물이 이돈화였다. 그는 《개벽》이 발간된 6년 동안 '인내천주의'라는 종교사상을 사회사상으로 전화轉化시켜 나갔다. 이돈화는 '인내천주의'의 '이원적 일원론' 도식 속에 당시 유행하던 담론, 즉 문화주의, 민족주의, 마르크스주의를 끌어들여 변형시킴으로써 《개벽》의 사회개조론을 형성했다. 그 과정에서 이돈화는 상대하는 담론에 따라 강조점을 달리하면서 러셀의 입장을 사회개조론 형성 상의 균형추로 전유專有해 나갔다. 예컨대 '문화주의'를 포섭할 때에는 '충동'의 측면을 강조했고, '민족주의' 및 '마르크스주의'를 견제·포섭할 때에는 '창조'의 측면을 강조했던 것이다. 그런데 마르크스주의의 견제와 포섭 과정에서 이돈화는 러셀의 창조충동론을 이전보다 더욱 강조했다.

이상의 점에서 《개벽》 주도층이 러셀의 사회개조론을 수용한 양상은 《동아일보》, 《조선일보》 등 부르주아 우파 일반이 러셀에 대해 보인 양태와 대조적이다. 러셀의 창조충동론에 주목하고 그의 사회개조론을 마르크스주의 비판에 활용한 점에서 양자는 대동소이하지만, 《개벽》 주도층의 경우 《개벽》의 사회개조론 형성 과정에서 사상적 균형추로서 러셀의 창조충동론을 전유한 점에서 단순한 '소개' 차원에 그친 《동아일보》 등과는 크게 달랐다. 《개벽》 주도층은 러셀의 사회개조론을 수용하고, 나아가 이를 지렛대로 마르크스주의까지 포섭함으로써 애초 자신들이 가진 종교적 이상주의의 지향을 '자본주의 비판의 비非마르크스주의적 지향'으로 구체화할 수 있었다. 1920년대 정세 속에서 러셀의 사회개조론에 대해 《개벽》과 《동아일보》 등이 취한 대응양식의 차이는 러셀 사회개조론의 핵심 주장인 '자본주의 문명 비판'에 대한 두 집단의 사상적 진정성 여부를 판가름하는 지표가 될 수 있다. 이런 점에서 《개벽》의 입장을 부르주아 민족주의 우파의 실력양성론으로 파악해 《동아일보》의 입장과 동일한 범주로 묶는 통설은 재고할 필요가 있다.

매체 연구의 도달점
─ 최수일의 《《개벽》 연구》 서평

《개벽》을 '통째로' 읽자

《《개벽》 연구》(소명출판, 2008)는 최수일 교수가 2002년에 집필한 박사학위 논문과 그 이후에 발표한 여러 편의 연구성과를 재구성하여 출간한 것이다. 저자의 주된 문제의식은 《개벽》을 각자 필요한 내용만 발췌해서 읽지 말고 종합적으로 파악하자는 것이다. 이런 생각은 그가 《개벽》 등의 '매체'를, 이미 생산된 담론이나 문학을 담는 그릇이 아니라, 담론·문학 등을 생산하기도 하는 능동적인 것으로 보는 데서 나온다.

　저자는 연구의 목표를 《개벽》이 한국 근대지성사에서 차지하는 위상을 규명하는 데 두고 다음의 네 개 부문을 집중적으로 고찰했다. 첫째, 《개벽》과 식민 체제 사이의 관계를 '검열 문제'를 중심으로 살펴보았다. 둘째, 《개벽》의 재생산 구조를 밝히기 위해 '유통망'을 분석하고 핵심독자층을 규명했다. 셋째, 《개벽》의 내용과 이념을 파악하기 위해 편집체계를 분석했다. 넷째, 《개벽》의 문학사적 위상을 정립하기 위해 《개벽》 상반기의 문학적 실체를 확인하고자 했다.

각 부문별로 저자가 내린 결론은 다음과 같다. 첫째, 《개벽》은 '40회 압수와 정간 1회, 벌금 1회'로 상징되듯이, 생생한 검열의 '현장기록'을 갖고 있다. 둘째, 《개벽》은 평균 8~9,000부를 발행하고 전국적 유통망을 가졌으며, 청년·학생층이 주요 독자층이었다. 셋째, 《개벽》의 편집은 논설(계몽성)을 기본으로 하면서, 이를 '잡문과 문학'(대중성·현실성)이 보완하는 방식을 취했다. 또한 1923년 7월 전후부터 나타난 《개벽》 주도층의 적극적인 사회주의 수용은 창간 초부터 그들이 가진 사상과 밀접한 관련이 있다. 넷째, 상반기 《개벽》의 문학은 '양식'과 '리얼리티'의 측면에서 '신경향파 문학'의 전사前史에 해당한다.

평자는 천도교 이론가이자 《개벽》 편집인이었던 '이돈화'의 사상을 주제로 박사학위 논문을 작성했다. 이후 《개벽》에 관해 한두 편의 논문을 발표했다. 이런 연유로 서평을 의뢰받은 것 같다. 그런데 《개벽》을 '부분적'으로만 본 평자로서는 최수일 교수의 노작을 평가할 자격이 있나 두렵다. 더욱이 '문학' 방면에는 문외한이다. 감당할 수 있는 범위 안에서 용기를 내어 평자의 의무를 다하고자 한다.

《개벽》에 대한 학문적 연구의 초석

《《개벽》 연구》가 거둔 성과는 자료 정리의 측면과 연구사적 의미의 측면에서 살펴볼 수 있다. 첫째, 자료 정리의 측면에서 이 책은 《개벽》에 관한 자료를 광범위하고 치밀하게 조사·정리하여, 보다 심화된 《개벽》 연구의 학문적 기초를 마련했다고 평가할 수 있다. 이 책은 본문 내용 이전에 컬러화보와 〈부록〉 내용이 가진 질량감으로 독자를 압도한다. 컬러화보에는 《개벽》 72권 전 권의 표지 사진, 표지 및 본문에 남아 있는 검열 흔적 등을 실어 현장감을 준다. 본문 중간 및 말미의 〈부록〉에서는 《개벽》에 관한 각종 목록, 통계표, 색인 등 10개의 자료를 실었다. 〈《개벽》 소장처 및 판본 현황〉, 〈《개벽》 영인본의 판본 현황〉, 〈《개벽》 압수·삭제기사 목록〉, 〈《개벽》 검열 관련 기사 목록〉, 〈영인본에서 볼 수 없는 21개의 기사(작품) 원문〉, 〈《개벽》 소재 유통 관련 자료 일람〉, 〈《개벽》 유통 관련 인물 편람〉, 〈《개벽》 총목차(제1호~제72호, 2,074개 기사)〉, 〈《개벽》 쪽기사, 사·공고, 주요 광고 목록〉, 〈《개벽》 필명 색인〉이 그것이다. 어느 것 하나 쉽게 작성할 수 있는 자료가 아니다. 상상을 초월하는 끈기와 집요함, 체력, 시간, 사명감 등이 없으면 불가능한 작업이다. 깊은 경의를 표한다. 화보와 〈부록〉이 있어, 이 책은 출간되자마자 이미 '사료史料'의 반열에 올랐다고 해도 지나친 말은 아닐 것이다.

둘째, '《개벽》을 종합적이고 일관된 틀로 살펴보자'라는 저자의 목표가 일정하게 달성되었다고 생각된다. 저자는 《개벽》 연구에서 '실증'을 우선적으로 강조하지만 《개벽》 하반기 논조의 사회주의화 경향을 상반기와의 연속선상에서 일관되고 종합적인 틀로 설명하고자 하는 의지가 엿보인다.

저자는 《개벽》에서 1923년 7월을 전후해 사회주의 논설이 급증하는 사실에 주목했다. 《개벽》 초기의 '개조주의'가 내적 분화를 보이는 가운데, 《개벽》 주도층은 자신들이 본래 가진 '천도교 인민주의'의 바탕 위에서 그것과 이념적 친연성이 있는 사회주의를 수용, 이를 전면화시켰다고 보았다. 이 점에서 저자는 《개벽》 논조 변화에 대해서 '일관되고 능동적 대응'을 강조하는 입장에 서 있다.[1]

더욱이 저자의 이 책은 저자가 명시적으로 강조하고 있지는 않지만 《개벽》 논조의 사회주의화 경향을 《개벽》의 편집이나 사상뿐만 아니라 여타 방면의 실증 연구를 통해 '종합적'으로 보여주는 의의가 있다. 저자에 따르면 1920년대 중반 일제의 검열 '전략'은, 비타협적 부르주아 문학과 프로문학의 결합을 막기 위해 연대의 핵심고리가 되는 비타협적 부르주아 문학작품, 예컨대 김기진의 〈Trick〉이나 이상화의 〈빼앗긴 들에도 봄은 오는가〉를 철저히 삭제하는 데 있었다. 유통망 연구에서도 저자는 《개벽》의 '하반기'에 신설된 지·분사 중 절반 이상이 치안유지법을 시행한 1925년 무렵에 집중되었음을 논증함으로써 '논조의 사회주의화 경향'과 갖는 연관성을 환기했다. 《개벽》의 상반기 문학을 집중적으로 검토한 저자는 《개벽》의 문학이 리얼리티를 중시하고, 현상문예의 제도적 진전과 사상·논조의 사회주의적 경향 등과 깊이 관련되었다는 점에서 '신경향파 문학'의 전사前史임을 논증했다.

이상과 같이 이 책은 우선 《개벽》의 실상을 폭넓고도 치밀하게 보여주고 있고, 나아가 《개벽》에 대한 종합적인 접근을 통해 《개벽》의 성격

을 이해하는 데 풍부한 시사점을 제공한다는 점에서 커다란 연구사적
의의가 있다고 생각된다.

구슬이 서말이라도 꿰어야 보배

평자는 《《개벽》 연구》에서 저자가 보인 성실함, 《개벽》에 대한 애정, 내
재적 이해의 필요성 주장 등에 대해서 경탄하고 공감한다. 그런데 이 책
의 자료 정리 및 제시와 관련하여 아쉬운 점도 있다. 시기구분이나 수록
된 글의 분류 등을 좀 더 일관되게 하고, 각각의 기준을 서술 앞 대목에
서 명료하게 제시하여 독자들이 이해하기 쉽게 했으면 한다.

  《개벽》의 시기구분에는 조금씩 편차가 있다. 검열 문제에 주목한 제2
장에서는 각각 정치·시사 기사의 게재가 허가된 시점과 치안유지법에
관한 논의 시점을 근거로 전기(제1호~제27호), 중기(제28~제54호), 후기
(제55~제72호)로 구분했으나, 유통 문제를 다루는 제3장에서는 전기(제
1~제30호), 중기(제31~제54호), 후기(제55~제72호)로 구분했다. 전기와
중기의 구분 시점을 왜 이렇게 다르게 설정했는지 언급이 없어 혼란스
럽다. 또한 《개벽》의 편집체계를 다루는 제4장에서는 이상의 3시기 구
분법 대신 '상반기(전기, 제1~제30호)', '하반기(중·후기, 제31~제72호)'
의 2시기 구분법이 주로 사용되지만 왜 여기서는 3시기 구분법 대신 2
시기 구분법을 적용하는가를 설명하지 않아 다소 의아한 생각이 들었
다. 또한 '문학' 방면을 다루는 제5장에서는 시기구분에 따른 설명이
아니라 글의 장르나 양식 중심으로 서술된 것도 그 이전과는 달라서 다

소 어색한 느낌을 준다.

《개벽》에 수록된 글의 분류 항목에 대해서도 비슷한 지적을 할 수 있다. 저자는 제2장에서 모든 글을 '문학', '논설', '잡문'으로 크게 분류했다. 그 후 삭제 기사의 현황을 집계한 통계표에서는 '논설'을 '정치, 사상, 계급, 기타'로 분류하고, '잡문'은 '시사, 보고, 기타'로 분류했으나, 같은 쪽에 위치한 각주에서는 '논설'의 경우 '정치(정치·시사)', '계급(노동·농촌)', '기타(종교·교육·경제 등)'로 구분했고, '잡문'은 '문학·논설 이외의 여타 장르의 모든 글'로 규정했다.[2] 이처럼 동일한 사안을 서술하면서 '시사' 항목을 '잡문'에 포함시키기도 하고, '정치'에 포함시키기도 하여 일관되지 않다. 나아가 제4장에서 《개벽》 상반기의 기사 배치 현황을 다루는 통계표에서는 글의 분류항목을 '종교, 문학, 논설, 잡문, 시사, 과학, 기타'로 해놓았다. 제2장의 서술에서는 '문학', '논설', '잡문'이 대분류 항목이었고 그러한 대분류 항목에 '시사', '종교' 등이 포함되어 있었으나 여기서는 모두 병렬되어 있다.[3] 또한 〈부록〉에 실린 《개벽》 총목차의 '기사 분류'에는 '인물, 철학, 선언, 의학, 언어' 등도 들어가 있어서 혼란은 가중된다.

시기구분이나 분류방식의 불일치는 독자들에게 그러한 구분·분류가 임의적으로 이루어졌다는 인상을 주기 쉽다. 이러한 기준이 불명확하면 저자가 내세우는 장점, 즉 '사실과 통계에 근거를 둔 《개벽》 다시 읽기' 노력의 신뢰성이 흔들릴 수도 있다. 따라서 좀 더 일관되고 정제된 설명이 갖춰져야 할 것이다.

《개벽》만 봐서는 《개벽》이 안 보인다

《《개벽》 연구》를 읽으면서 평자는, 저자가 《개벽》이 학제 간 연구 주제임을 강조하면서 《개벽》을 종합적으로 다루고자 기울인 노력에 비해, 《개벽》에 관한 선행 연구의 섭렵이나 《개벽》의 성격을 파악하기 위한 포괄적인 모색의 측면에서는 다소 미흡한 점이 있다고 느낀다.

첫째, 《개벽》에 관한 선행 연구의 흡수나 비판에 인색하며, 최근 연구 성과를 다소 불균등하게 반영했다는 점을 지적하고 싶다.

2002년에 나온 박사학위 논문을 2008년에 출간할 경우 그 사이에 나온 연구성과를 충분히 반영시키기 어려운 실정은 이해할 수 없는 바는 아니다. 그러나 최근의 연구성과가 고르지 못하게 인용된다면 한 번쯤 짚어볼 필요가 있다. 이 책에서는 역사학계의 최근 연구가 많이 반영되지 않았고, 국문학계 중에서도 일부 논의에 제한된 경향이 있다.

예컨대 제3장 유통망 연구에서 저자는 서북지방에 천도교 세력이 강하게 분포하는 사실에 놀라움을 보이며 그 이유를 4쪽에 걸쳐 서술했으나, 동학농민혁명 이후 서북지방에 천도교가 전파되고 일제 시기에 이곳이 천도교 신파의 근거지가 된 것은 근대사 연구자에게는 상식에 가깝다. 선행 연구를 간단히 인용했으면 더 좋았을 듯 싶다.

또한 제2장 검열 정책 연구에서 저자는 '검열 체제가 《신천지》·《신생활》 필화사건을 기획했다고 추정'하는 한기형 교수의 연구를 수용하면서, 이를 전제로 《개벽》이 검열에서 다소 비껴난 것도 '기획'으로 볼수 있다고 했다.[4] 그런데 한기형 교수의 연구보다 조금 앞선 시기에 역사학계의 장 신 선생이 '《신천지》 필화사건'을 총독부가 기획한 것으로

'논증'한 논문을 발표했다.[5] 그리고 한기형 교수도 논문에 이에 관해 언급한 바가 있다.[6] 따라서 저자가 자신의 논지에 따라 '기획'을 강조하려 했다면, 기왕이면 '추정'보다는 '논증'을 한 선행 연구를 인용했으면 더 좋았을 것이라 생각한다.

이러한 사례는 특히 《개벽》의 편집체계 및 중심사상 등을 다루는 제4장에서 더 자주 발견된다. 또한 선행 연구의 입장을 논박할 경우에 논박 대상이 되는 논문과 논자를 명시하지 않은 경우가 있는데, 이런 인용은 학문적 논쟁에 걸림돌이 될 수 있으므로 가급적 자제했으면 한다.

둘째, 《개벽》만 봐서는 《개벽》의 전모를 파악하기 어렵지 않을까 하는 생각을 해 보았다. 앞에서 평자는 이 책이 '《개벽》의 상·하반기 논조'를 일관되고 종합적으로 파악하는 점을 높이 평가했으나, 이런 시도가 충분하고 적실하게 이루어졌다고는 단언하기 어렵다. 무엇보다 평자는 저자가 주목한 이돈화, 김기전, 박달성 등의 《개벽》 주도층들이 《개벽》 하반기에 사회주의로 경도되었다는 주장에는 동의할 수 없다. 저자가 논거로 든 이돈화 등의 논설은 당시의 분위기 속에서 사회주의의 입장을 소개하고 일정하게 영향을 받은 정도로 봐야지, 사회주의를 '공인'하거나 적극적으로 '수용'하고 《개벽》의 논조를 사회주의적으로 전환시킨 증거로 보기엔 크게 미흡하다.

평자는 최근에 발표한 몇 편의 연구에서, 1925년 전후부터 이미 이돈화 등은 사회주의, 특히 맑스주의에 대한 명시적인 비판을 하고 있으며, 《개벽》의 편집체계를 볼 때에도 사회주의적 논설이 주요 지면을 장악했다고만 보기는 힘들다고 주장한 바 있다. 이처럼 《개벽》 주도층과 사회주의사상의 관계를 '비판적 수용·차이화' 라는 긴장관계 속에서 파악해야만, 1930년대 초 천도교 신파와 좌익 언론 간에 벌어진 '사상 논쟁', 즉 천도교의 종교성 및 운동의 영도권 주장을 둘러싸고 벌어진 대립과 충돌을 무리없이 설명할 수 있다고 생각된다.

이와 유사한 맥락에서 평자는, 이돈화의 〈인내천의 연구〉 연재(제1회~제9회) 등 종교관계 글들이, 창간 초기에 천도교 교구나 신도들 사이에 《개벽》을 유통시키기 위해 취해진, '《개벽》 편집진의 고뇌에 찬 선택이자 일종의 타협책' 으로 보는 저자의 해석에 동의할 수 없다. 평자는 1910년대 《천도교회월보》에서 전개된 이돈화의 사상 형성 과정을 살펴본 바 있다. 또한 1910년대 말 이돈화가 《반도시론》에 발표한 글과 《개벽》 제4호에 실은 〈인내천의 연구(속)〉 중 서로 겹치는 내용을 분석해 본 바가 있다. 그 결과, 《개벽》의 편집에서 천도교 청년층은 자신들이 가진 신념인 '인내천주의' 를 적극적으로 선전하려는 경향이 강했음을 알 수 있었다. 또한 《개벽》에서는 한편에서, 이돈화가 집필한 〈인내천의 연구〉의 연재와 병행해서 김기전 등이 주도하여 각종 '개조론' 을 소개하고 있었으며, 다른 한편에서는 《개벽》의 주요 지면에서 이돈화가 '문화주의' · '대식주의大食主義' 등을 키워드로 한 논설을 발표하고 있었다. 평자가 보기에 이런 작업은 편집진의 기획 속에서 유통의 문제와 별개의 차원에서 진행되었다고 보인다. 특히 〈인내천의 연구〉 연재가 종료된 다음호인 《개벽》 제10호에는 이돈화의 논설 '사람성의 해방과 사람성의 자연주의' 가 나오고 이것이 제17호에서 '시대정신에 합일된 사람성주의' 로 정리되었다.

좀 장황해졌으나, 평자로서는 《개벽》 주도층에게서 〈인내천의 연구〉 등의 논설은 《개벽》의 판매 상황에 따라 '넣거나 빼는' 차원의 글은 아니었다고 생각한다. 《개벽》 초기 '사람성주의' 의 도출에 이르는 이돈화의 논설을 보면, 자신들의 종교적 신념인 '인내천주의' 를 좀 더 보편화하는 문제가 중심이었고 이 과정에서 '인내천주의' 는 '사람성주의' 로 지양止揚된 것으로 보인다. 저자가 유통의 상황과 《개벽》의 논조를 결합시켜 보고자 한 시도는 높이 평가할 만하나, 그런 시도가 양자를 별다른 매개 없이 연결시키는 것이 되어서는 곤란하다. 유통의 현실과 《개벽》의 논조는 서로 관련되지만 상대적으로 독립된 요소임을 고려하면서, 좀 더 충분한 논거 위에서 나름의 해석을 시도했으면 좋겠다.

'실증' 을 넘어 '《개벽》의 권위자' 가 되시길

이상에서 다소 장황하게, 그리고 용감하게 최수일 교수의 노작 《개벽 연구》에 대해 논평해 보았다. 평자는 책 전체에서 기존의 연구 관행에 대한 저자의 치열한 대결의식, 문제제기를 느낄 수 있었다. 그 실체는, '연구자들이 《개벽》을 자기 편한대로 읽는' 관행에 대한 문제제기와 비판이다. 그래서 저자는 책 첫머리에서부터 '《개벽》을 통째로 읽자', '사실이 스스로 말하게 하겠다' 라고 선언했다.

논평을 맺으면서 평자는, 여전히 저자의 노력과 방대한 결과물에 압도되면서도, '자료는 결코 스스로 말하지는 않는구나' 라는 점을 다시금 확인한다. 저자가 세부적인 차원에서는 검열 정책, 유통 연구, 지성사,

문학사 등의 분야에서 흥미로운 분석과 주장을 선보이면서도, 이 책의 결론에서는 이상의 네 분야가 유기적 연관성을 갖기보다는 병렬적으로 제시되며, 최종적으로는 '이상의 네 분야에서 《개벽》이 매우 중요한 사료적 가치를 가진다' 는 차원으로 축소되고 있다.

이러한 귀결은 우연이 아닌 듯하다. 평자는 지금까지 시기구분의 비일관성, 수록된 글에 대한 분류 기준의 모호함, 선행 연구성과의 치우친 수용, 《개벽》 자체에 제한된 분석 등을 비판적으로 지적했다. 이런 지적은 한 가지 점에서 서로 만난다고 할 수 있다. 즉, 《개벽》에 대한 종합적인 이해의 필요성을 주장하거나 사료적 가치를 환기하는 차원을 넘어, 문제의식의 초점을, '《개벽》을 매개로 어떤 새로운 시대인식을 할 수 있을까' 로 확장해야 한다는 점이다. 이런 문제의식 위에 설 때, 저자는 보다 많은 논의들을 껴안을 수 있을 것이다. 평자는 이처럼 '《개벽》의 현재적 가치' 를 살리는 시도야 말로 《개벽》을 다시 살리는 길이요, 저자가 진정으로 《개벽》의 권위자가 되는 길이라 본다. 평자는 최수일 교수의 저서를 보면서 그가 이러한 '권위자' 를 자임하면 좋겠다고 생각했다. 노작을 평하면서 논지를 곡해하거나 결례한 바가 있다면 머리 숙여 사과드린다.

제3부

개념에 비친 식민지 사회

'대중'을 통해 본 식민지의 전체상
집합적 주체들의 향방
'종교' 개념을 둘러싼 충돌

1
'대중'을 통해 본 식민지의 전체상
―주요잡지의 '대중' 용례 분석

1919년에 발생한 3·1운동에서 식민 통치 하에 있던 조선 사람들은 민족의 독립을 향한 열망과 정치·사회적 개혁 요구를 일시에 표출했다. 3·1운동에서 내건 독립 요구는 비록 실현되지 못했으나, 이 운동은 식민 통치방식의 변화를 끌어내어 '문화정치'가 시작되었고, '대한민국임시정부'라는 민족해방운동의 조직적 중심을 산출했다. 그러나 3·1운동이 끼친 더 의미심장한 영향은, 이 운동을 계기로 민족의식이 각성된 조선 사람들이 자신의 억눌린 욕구를 표현하면서 식민지 조선 사회에서 '정치적 주체'로 등장하기 시작했다는 점이다. 이때의 '정치적 주체'란 참정권을 비롯한 공민권 행사라는 좁은 의미와 관련된 것이 아니라, 조선인 다수가 사회적 현안에 대해 자신들의 의견을 제시하게 되고, 사회운동 및 민족운동을 주도하는 지식인들도 자신들의 활동을 전개하는 데 있어서 조선인 다수의 동향을 중요하게 고려하게 되었다는 사실과 관련한 넓은 의미로 사용했다.

일제 식민권력뿐만 아니라 조선인 지식인층도 이들의 집단적 힘에 주목하면서 그 힘을 자신들의 사상적 지향 혹은 운동적 목적을 이루는 실천과 결부시키고자 했다. 1920년대에 많이 사용되었던 '민중', '대중' 등은 지식인들이 조선 사람들을 호명呼名하기 위해 사용한 용어들로, 이러한 용어 사용법에는 지식인 등 호명 주체들이 가진 운동전략과 담론적 차별화, 현실인식 등이 복합적으로 개입되어 있었다. 뿐만 아니라 이러한 용어에는 식민지 조선 사회에서 진행된 근대적 변화, 특히 도시화의 진전 등으로 인한 사회적 변화나, 조선 사람들을 지배하고 효율적으로 통치하려는 식민권력자의 시선도 반영되기 시작했다.

이런 점에서 '민중', '대중' 등 집단적인 행위자에 관한 용어를 분석하는 작업은, '지배-저항'의 대립 양상뿐만 아니라 식민지에서의 근대적 변화상까지 포함하는 넓은 시야를 확보하는 의의를 가진다. 이러한 작업에는 조선인 집단을 호명하는 주요 용어뿐만 아니라 그와 인접관계에 놓인 용어 등을 면밀하게 비교·검토하고, 해당 용어들의 전후 맥락과 발화자의 의도, 현실 입지 등을 포괄적으로 고려하는 분석과 과학적 방법론 개발이 필요하다. 이 글에서는 조선인 사회가 활성화된 1920~30년대의 '대중' 용어에 초점을 맞추고, 이 용어를 개념사적 접근법을 통해 고찰함으로써 향후 이 방면의 본격적인 연구를 활성화하는 단초를 제공하고자 한다.

'대중'에 관한 연구는 '민중', '국민', '인민', '시민' 등 인접 개념들과의 관계망을 함께 고려해야만 온전한 의미를 가지겠지만, 이 글에서는 일단 '대중' 개념의 분석에 집중하여 이 개념의 용례들을 분류, 가공, 검토하고자 했다. 이러한 범위 제한은 필자의 역량 부족 때문이기도 하지만, 이 논문의 초점을 '종합적 관찰지점을 확보'하기 위한 접근방법의 수립에 두고 그 이외의 변수는 최소한으로 줄이고자 했기 때문이다. 왜 그중에서도 하필 '대중' 개념에 주목했는가 하면, 1920년대부터 '대중' 개념은 한편에서는 사회주의의 영향, 다른 한편에서는 도시화와 관련한 동향을 반영하면서 등장한다는 점에서,[1] 앞에서 언급한 인접 개념들에 비해 당시의 시대상을 복합적이고도 역동적으로 보여주는 데 적합하다고 생각해서이다.

주요 검토대상은 식민지 조선에서 발행된 주요 잡지, 특히 《개벽》, 《별건곤》, 《삼천리》에 수록된 '대중' 개념의 용례이다. 이 세 잡지를 선택한 이유는 당시 상대적으로 긴 기간 동안 지속적으로 발간되었고, 오늘날 잡지의 본문 내용이 전산화가 되어 있어서 전체적인 검색 작업이 가능하기 때문이다. 물론 이 세 잡지는 발행 주체나 성향 등의 측면에서 좌파 지식인의 생각까지 충분히 포괄한다고 보기는 어렵다. 그러나 이 잡지들은 발행 주체의 정치적, 사상적 성향만을 특권적으로 부각하는 것이 아니라 당시 조선 사회 일반의 동향을 상당부분 반영하는 종합월간지로서의 면모를 가지고 있다. 본문에서 서술하겠지만 실제 분석결과에서도 이 잡지들은 '대중' 개념에 관한 좌파 지식인의 용법을 다수 반영하고 있음을 확인할 수 있다. 그러므로 제한적인 대상이나마 이 세 개의 잡지만으로도 식민지 지식인 일반이 가진 '대중' 인식의 개요를 파악하는 데에는 크게 무리가 없을 것으로 본다.

식민지기 '대중' 및 '대중' 개념에 관한 본격적인 연구는 거의 없지만, 관련 연구로부터 '대중'에 대한 견해의 갈래를 살펴볼 수는 있다. '대중'에 대한 견해는 도시 대중문화의 형성과 관련한 문화적 주체로 파악하는 입장과,* 식민권력의 지배대상이나 민족·사회주의운동의 동원대상으로 파악하는 입장으로 양분된다.** 이러한 기존의 견해는 당시의 '대중' 주체가 가진 다면적 측면, 즉 운동적 주체와 통치대상, 그리고 대중문화 소비자로서의 면모를 각각 부각시킨 의의가 있다. 그럼에도 불구하고 각각의 견해는 연구자의 현재적 관심을 강하게 투영한 나머지 식민지 시기의 역사성 속에서 어떤 측면이 중요하게 부각되었고 어떤 측면이 부차적인 것에 머물렀는지에 관한 입체적·종합적 고찰을 전개하진 못했다. 최근 필자는 '대중' 및 '민중', '국민', '인민' 등 '집합적 주체'를 '개념사' 방법론

---

* 이경돈은 1920년대 후반의 상황과 관련하여 '대중'을 '특정한 정치적 의도에 의해 의도적으로 창출된 문화 주체'로 보거나, '제국의 엘리트들이 라디오를 통해, 민족과 민중에 맞설 수 있는 주체로 수립한 집단적 주체의 상상력' 등으로 보았다(이경돈, 《문학 이후》, 소명출판, 2009, 307~313쪽).
** 여기에는 윤해동과 천정환이 포함된다. 윤해동은 대중의 등장과 식민권력 및 민족·사회주의운동이 수행한 '대중의 영토화' 과정에 초점을 두었다(윤해동, 〈식민지 근대와 대중사회의 등장〉 임지현·이성시 엮음, 비판과 연대를 위한 동아시아 역사포럼 기획, 《국사의 신화를 넘어서》, 휴머니스트, 2004). 천정환은 대중을 "그저 '군중'이거나 '익명의 타자'가 아니라 지향성을 지닌 존재"로 보고, "대중의 존재성은 다른 주체성으로 융합되고 전화"하며, "계급과 민족(국민)이라는 근대의 가장 중요한 집합적 주체성이 근거하는 자리가 대중이다"라고 보았다(천정환, 〈근대적 대중지성의 형성과 사회주의(1)〉, 《상허학보: 근대지식으로서의 사회주의》, 깊은샘, 2008, 180~181쪽).

으로 고찰한 연구에서, 개별적인 사건사 차원에 긴박된 '대중' 이해를 탈피해 '대중' 개념이 가진 복합적 측면, 즉 사회주의운동과 도시화의 진전 상황을 반영한다는 점에 주목했다.[2] 그러나 《동아일보》 기사제목에 관한 양적 분석이 중심이 되었고 '대중' 개념만 본격적으로 다룬 것은 아니어서 자료검토의 대상을 확장하고 '대중'에 초점을 둔 좀 더 심화된 분석을 진행해야 하는 과제를 남겼다.

이상과 같은 문제의식과 논의 지형 속에서 본 논문은 《개벽》, 《별건곤》, 《삼천리》 등 식민지 조선에서 발행된 주요 잡지의 '대중' 용례를 주요 분석대상으로 삼아, '대중'에 관한 지식인의 인식과 표상을 파악하고자 한다. 1절에서는 유럽 개념사 연구방법론의 한국적 적용 문제와 관련하여, 분석대상 및 접근방법 논의, 시기구분 등을 전개한다. 2절에서는 주요 시기별 사회변동 상황을 '대중' 개념과 긴밀하게 연동시켜 살펴본다.

1. '대중' 개념의 현황과 접근방법

1— '대중' 개념의 용례 현황

이 글이 분석대상으로 삼은 자료는 《개벽》(1920~1926), 《별건곤》(1926~1934), 《삼천리》(1929~1942)이다. 식민지기에 발행된 여러 종의 신문과 잡지, 단행본 자료 중에서 이렇게 세 종의 잡지를 선정한 이유는 다음과 같다. 첫째는 자료적 대표성과 관련한 것으로, 단행본보다는 신문과 잡지가 식민지기의 시기별 변동 상황을 상대적으로 일관되게 그리고 지속적으로 반영한다. 이런 면에서 보자면 《동아일보》가 위의 잡지보다 더 적당하지만 《동아일보》 기사제목의 '대중' 용례는 최근 분석한 바 있으므로 여기서는 잡지, 그중에서도 상대적으로 오래 발행되고 대중적 영향력도 컸던 세 잡지를 선택했다. 둘째, 자료적 접근성과 관련한 것으로, 세 잡지는 국사편찬위원회가 운영하는 홈페이지의 '흔국사데이터베이스'에서 기사 내용을 검색할 수 있다. 개념사적 접근법에서는 개념의 빈도 수, 인접단어와의 관계 및 문장 내 위치 등을 신속하게 파악하는 일이 중요하기 때문에, 연구의 효율성이라는 측면에서 방대한 기사 내용에 대한 검색작업이 가능한 상황은 매우 유리한 조건이다.

반면에 주의할 점도 있다. 《동아일보》와 달리 위의 세 잡지는 발행주체나 잡지의 성격 면에서 일정한 차이가 있다. 그러므로 각 잡지에서 산출된 '대중' 개념의 통계결과 등이 갖는 의미를 서로 동일하게 취급할 수 있을지 여부가 문제가 된다. 이 글에서는 잡지 자료가 갖는 이러한 문제점에도 유의하기로 하며, 그 구체적 내용과 보완 방향에 대해서는 조금 뒤에 다시 언급하기로 한다.

'흔국사데이터베이스'에서 세 종류의 잡지를 대상으로 "대중 or 大衆"을 검색어로 입력하면 528건의 기사를 얻는다.[3] 각 기사의 내용 중 '대중'이나 '대중'이 들어간 어절 및 단어를 용례로 추출하면 총 199종이 나오며, 각 용례는 2회 이상 쓰이는 경우가 많으므로 전체 용례의 빈도 수를 합산하면 모두 1,555회가 된다. 이 기사 및 빈도 수는 국외소식을 주로 다룬 기사와 1930년대에 복간된 《개벽》 기사를 제외한 수치이다.

각 용례의 면면은 조금 뒤에 살펴보기로 하며 먼저 빈도 수 전체 동향을 살펴보면 〈도표 1〉과 같다. 〈도표 1〉은 '대중' 용례의 빈도 수를 연도별로 집계했고, 각 연도별 수치를 잡지별로 구분한 것이다. 전체 동향을 보면 1931년의 빈도 수가 가장 높다. 1929년에서 1934년까지의 전체 빈도 수(꺾은 선 그래프)는 《별건곤》과 《삼천리》의 빈도 수가 합산된 결과이다. 그런데 수치가 큰 쪽의 값만 취해도 1931년의 빈도 수 결과는 변함없이 전체 기간 중 최대이다. 각 연도별 빈도 수 동향을 구체적으로 분석하기 위해서는 '대중' 개념의 구체적인 용례와 용례별 빈도 수 동향을 파악해야 한다.

'대중'의 용례 199종의 빈도 수를 각각 연도별로 합산해서 그 추이를 파악한 것이 〈부표 1〉의 '용례 동향표'이다. 〈부표 1〉의 용례는

〈도표 1〉 주요 잡지 속 '대중' 개념 용례의 빈도 수 동향(전체, 잡지별)

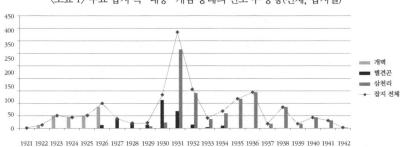

형태별, 주제별로 분류되어 있다. 이러한 구분은 분석의 효율성을 기하기 위해 사료 활용에서 유형별로 차등을 두기 위해서 필요하다.

첫째, 용례는 형태에 따라 크게 '단독형', '수식어 전치형', '복합명사형'으로 나눌 수 있다. '단독형'은 '대중' 및 '대중적', '대중화'의 세 용례로서, 여기서 '대중' 개념은 문장 내 다른 단어와의 의미연관이 가장 약하며 유동적이라서 그 자체로 의미 파악이 어렵다. 이 유형은 3종에 불과하지만 빈도 수는 895개로 전체 1,555개 빈도 수의 57.6퍼센트이다. '수식어修飾語 전치형前置型'은 'ㅇㅇ대중'처럼 '대중' 개념이 자신을 꾸며주는 단어 뒤에 오는 유형이다. 124종에 빈도 수 414개로 전체의 26.6퍼센트이다. 이 유형의 경우, '1,400만 대중'이나 '식민지 대중'처럼 규모나 지역을 나타내는 용례는 그 자체로서는 의미연관을 파악하기 어렵다. 이 경우는 63종에 빈도 수는 111개이다. 그러나 '계급대중', '노농대중', '관객대중' 등은 그 자체로 용례의 대체적인 의미연관이나 성격 파악이 가능하다. 이런 경우는 61종에 빈도 수 303개이다. '복합명사형'은 '대중ㅇㅇ'처럼 '대중' 개념이 뒤에 인접한 다른 명사와 결합하여 복합명사로 사용되는 유형이다. 이 경우는 '대중운동', '대중소설' 등에서 알 수 있듯이 용례 그 자체만으로 대체적인 의미연관을 파악할 수 있다. 72종에 빈도 수는 246개로 전체의 15.8퍼센트이다.

이처럼 '대중' 개념의 용례를 형태면에서 볼 때 '단독형-수식어전치형-복합명사형'으로 갈수록 빈도 수 비중이 낮아지는 반면, 용례의 의미연관은 쉽게 파악할 수 있다. 199종의 용례가 가진 의미를 파악해서 대체적인 전체상을 그리기 위해서는 의미연관 파악이 용이한 '복합명사형' 전체와 '수식어 전치형'의 일부를 주요 검토대상으로 삼는 것이 효과적이다. 양자를 합하면 133종에 빈도 수 549개로 전체 빈도 수의 35.3퍼센트이다. 이 양자를 '가시적可視的 의미군意味群'이라 부르겠다. 이에 대비되는 범주, 즉 '수식어 전치형' 중 '규모·지역'과 결합된 용례 및 '단독형' 용례는 '비가시적非可視的 의미군意味群'이라 부른다. '가시적 의미군'의 비중은 전체의 3분의 1 남짓하지만, 이것은 전체의 의미동향을 가시적으로 파악할 수 있는 대표성을 가진 표본으로 간주해도 좋을 것이다.

둘째, '가시적 의미군'을 중심으로 해서 여기에 속하는 용례를 주제별로 나누면 크게 '사회운동' 계열과 '대중문화' 계열로 구분할 수 있다.❖

기본적으로 이러한 구분은 다양한 용례를 범주화하기 위한 '조작적' 분류이지만, 머리말에서 언급한 바 있는 선행 연구동향이나 실제 용례에 대한 경험적 분석결과를 반영한 것이다. 구체적인 개별 용례에서 두 계열에 포함되기 어려운 의미가 있으면 필요한 범위 내에서 별도로 언급하고자 한다.

2— '대중' 용례의 두 흐름: 표면과 심층

이 절에서는 앞에서 살펴본 '대중' 개념의 용례 현황 및 구분을 이 글의 목적에 맞게 어떻게 활용할 것인가에 초점을 맞춰 서술한다. 첫째, 〈부표 1〉에 망라된 용례의 동태적 양상 중에 '가시적 의미군'에 속하는 용례, 특히 그중에서도 빈도 수가 10회 이상인 용례의 동향에 주목할 필요가 있다. 여기에 속하는 용례를 모은 것이 〈도표 2〉이다.

〈도표 2〉는 높은 빈도 수를 가진 용례를 '사회운동' 계열과 '대중문화' 계열로 각각 구분했다. '사회운동' 계열에서는 '무산대중'(82회), '노농대중'(39회), '대중운동'(34회) 순으로 빈도 수가 높고, '대중문화' 계열은 '대중소설'(37회), '대중문학'(12회), '대중공론'(12회) 순이다. 〈도표 2〉에서 '사회운동' 계열에 속하는 6개의 용례는 이 계열 전체 개수 59개의 10퍼센트 수준이지만, 빈도 수에서는 계열 전체의 64퍼센트를 넘는다. '대중문화' 계열에 속하는 3개의 용례는, 개수에서는 전체 47개의 6.4퍼센트에 불과하지만 빈도 수에서

❖

본문에서 언급한 형태별, 주제별 분류

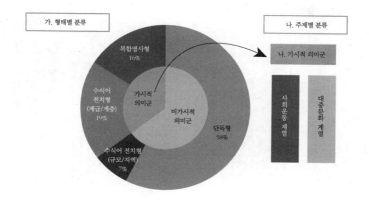

〈도표 2〉 가시적 의미군 중 10회 이상 빈도 수를 가진 용례의 빈도 수 동향

'사회운동' 계열

용례	1923	1924	1925	1926	1927	1928	1929	1930	1931	1932	1933	1934	1935	1936	1937	1938	1939	1940	1941	합계	비중
무산대중	23	13	9	18		1		11	6			1								82	27.5
노농대중				2					33	3							1			39	13.1
대중운동	1	3	3	6				2	15	4										34	11.4
농민대중								3	3	4			1	2	1		2			16	5.4
근로대중							1	2	1	5	1									10	3.4
대중조직								6	4											10	3.4
합계	24	23	13	29	0	2	1	30	101	35	5	5	5	5	2	13	3	1	0	298	100.0

'대중문화' 계열

용례	1923	1924	1925	1926	1927	1928	1929	1930	1931	1932	1933	1934	1935	1936	1937	1938	1939	1940	1941	합계	비중
대중소설											1	12	1	22		1			2	37	24.8
대중문화									1				1	5				5		12	8.1
대중공론								6	1	3			1		1					12	8.1
합계	0	0	0	2	3	0	3	12	10	10	11	19	8	44	2	3	0	16	6	149	100.0

비고 : ① 1921년·1922년 및 1942년은 빈도 수가 0이므로 표시하지 않았다.

② 계열별로 빈도 수가 높은 순서대로 정렬했다.

③ 합계는 10회 미만도 모두 포함한 수치이다. 용례별 비중은 계열별 전체에서의 비중이다.

④ 짙은 색을 띤 칸은 '사회운동' 계열, 진한 테두리를 한 칸은 '대중문화' 계열, 연한 색을 띤 칸은 두 계열의 혼재를 표시했다.

는 계열 전체의 약 40퍼센트에 달한다. 그러므로 이 표에서 제시된 9개의 용례가 '가시적 의미군' 전체의 빈도 수 변동, 나아가 '대중' 개념 용례의 전체 빈도 수 변동을 주도하는 용례라고 말할 수 있다. '사회운동' 계열에서는 1931년의 빈도 수 합계가 101회로 가장 높다. '대중문화' 계열의 경우 1936년의 빈도 수 합계가 44회로 가장 높다. 이런 결과는 〈도표 1〉의 전체 빈도 수 동향과도 호응을 이룬다. 나아가 전체 빈도 수 변동에서 1931년은 '사회운동' 계열이, 1936년은 '대중문화' 계열이 빈도 수 상승을 주도하고 있음을 알 수 있다.

한편 이러한 사실을 좀 더 밀고 나가서 중요 시기에 빈도 수 상승을 주도하는 핵심 용례를 찾아낼 수 있다. 이 핵심 용례에 주의를 집중한다면 더욱 효과적인 분석이 가능할 것이다. 1931년에는 '노농대중'이 33회, 1936년에는 '대중소설'이 22회라서 일단 주목대상이 된다. 그런데 잡지 기사의 경우 1개의 기사에 특정 용례가 쏠려서 사용된다면 그 빈도 수의 일반성·대표성을 쉽게 인정하기 어려울 수 있다. 앞 뒤 연관이 없이 동떨어진 기사가 실리거나 아주 예외적인 투고문에서 나온 높은 빈도 수 결과도 있을 수 있기 때문이다. 그러므로 핵심 용례가 되기 위해서는 '연도별 빈도 수' 이외에도 '연도별 기사 수'도 많고, '기사 1건당 빈도 수'도 높아서 그 용례가 당해 연도의 여러 글에서 골고루 나와야 한다. 이런 조건에 맞는 용례를 찾기 위해 〈도표 2〉에 나온 용례의 기사당 빈도 수를 살펴보고, 이를 기반으로 기사 1건당 특정 용례의 빈도 수를 산출하면 〈도표

〈도표 3〉 '〈도표 2〉'의 용례를 가진 기사 수(상) 및 기사 1건당 빈도 수의 연도별 평균(하)

대중용례	1923	1924	1925	1926	1927	1928	1929	1930	1931	1932	1933	1934	1935	1936	1937	1938	1939	1940	1941
무산대중	6	5	5	9		1		6	6			1							
노동대중				1					10	1			1				1		
대중운동	1	2	3	2				1	9	3					1				
농민대중							1	3	2	4							1		
근로대중							1	2	1	3	1								
대중조직								1	4										
대중소설												2		3		1			2
대중문학											1		1	1				2	
대중공론								3	1	2			1		1				

대중용례	1923	1924	1925	1926	1927	1928	1929	1930	1931	1932	1933	1934	1935	1936	1937	1938	1939	1940	1941
무산대중	3.83	2.60	1.80	2.00	-	1.00	-	1.83	1.00	-	-	1.00	-	-	-	-	-	-	-
노동대중	-	-	-	2.00	-	-	-	-	3.30	1.00	-	-	1.00	-	-	-	1.00	-	-
대중운동	1.00	1.50	1.00	3.00	-	-	-	2.00	1.67	1.33	-	-	-	-	1.00	-	-	-	-
농민대중	-	-	-	-	-	-	1.00	1.00	1.50	1.00	-	-	-	-	-	-	2.00	-	-
근로대중	-	-	-	-	-	-	1.00	1.00	1.00	1.67	1.00	-	-	-	-	-	-	-	-
대중조직	-	-	-	-	-	-	-	6.00	1.00	-	-	-	-	-	-	-	-	-	-
대중소설	-	-	-	-	-	-	-	-	-	-	-	6.00	-	7.33	-	1.00	-	-	1.00
대중문학	-	-	-	-	-	-	-	-	-	-	1.00	-	1.00	5.00	-	-	-	2.50	-
대중공론	-	-	-	-	-	-	-	2.00	1.00	1.50	-	-	1.00	-	1.00	-	-	-	-

비고 : 1921·1922년 및 1942년 빈도 수가 0이므로 표시하지 않았다.

3〉과 같다.

〈도표 3〉의 '상'에서 각 용례를 포함하는 기사의 숫자 중 3건 이상의 칸에는 진하게 표시했다. 예를 들어 '무산대중' 용례의 경우, 〈도표 3〉과 〈도표 2〉의 수치를 결부시켜 보면 1923년에는 이 용례가 6개의 기사에서 모두 합해 23회 나왔으므로, 기사 1건당 평균 빈도 수는 3.83회가 된다는 뜻이다. 이렇게 보면 '무산대중' 용례는 1923년에 빈도 수 상승을 주도하는 핵심 용례가 된다고 판단할 수 있다. 이에 비해 특정 연도의 기사 수는 많지만 기사 1건당 빈도 수가 낮거나, 그 반대로 기사 1건당 빈도 수는 매우 높지만 그해의 기사 수가 아주 적으면 핵심 용례가 되기 어렵다. 전자의 경우 '무산대중' 용례에서 1926년이나 1931년의 경우 각각 기사 수가 9회와 6회로 많은 편이지만, 건당 빈도 수는 각각 2.0, 1.0으로 낮다. 후자의 경우에는 1930년의 '대중조직' 용례가 해당하는데, 건당 빈도 수는 6.0으로 매우 높지만, 이 빈도 수는 1건의 기사에서 모두 나온 것이라 일반적 경향을 대표한다고 판단하기 어렵다.

연도별 기사 수 3회 이상, 건당 빈도 수 3.0 이상을 기준점으로 해서 이 조건을 충족하는 용례와 시점을 찾기 위해, 〈도표 3〉의 '상'과 '하' 표에서 색칠한 구역이 겹치는 칸에 주목하면, 1923년의 '무산대중', 1931년의 '노농대중', 1936년의 '대중소설'을 얻게 된다. 해당 연도별 이 용례가 가진 의미나 상호 관련성 등은 이 글의 2절에서 살펴보기로 하고 일단 여기서는 이 세 용례가 1923년, 1931년, 1936년의 빈도 수 증가를 주도하는 핵심 용례가 된다는 점을 확인하기로 하자.

두 번째로 검토할 사항은 이상과 같은 핵심 용례와 정반대 양상을 보이는 용례들의 동향과 그것이 이 글의 분석에서 갖는 의미이다. 〈도표 2〉에서 1931년에 빈도 수 합계가 101회로 폭증을 보이는 이유는 나중에 좀 더 살펴보겠지만, 주로 민족주의 계열과 사회주의 계열의 협동전선인 신간회新幹會를 해소하는 문제에 관한 논의 때문이다. 식민지 조선에서 1920년대 초부터 '대중' 개념 용례에서 사회운동적 성격이 짙게 반영되고 있고, 이것은 1920년대의 시대 상황이나 식민지적 조건에 의해 더 두드러질 수도 있어서 오히려 보편적인 현상이라 생각할 수도 있다. 그러나 이런 점을 감안하더라도 1931년 무렵 신간회 해소라는 '사건적 차원'에 의해 '대중' 개념의 용례 빈도 수 동향이 지나치게 좌우되는 것은 아닐까라는 생각도 해볼 수 있다. 신간회 해소 논의는 사회주의자들이 주도했다. 따라서 그 논의에는 사회주의적 계급담론이 커다란 영향을 끼쳤다. 조금 전에 살펴본 '노농대중' 등의 용례에는 사회주의적 담론의 영향이 크게 반영되어 있다. 신간회 해소 논의 등과 같은 '사건적 차원'을 제거하면 어떠한 빈도 수 동향을 보일까 궁금하다. 이런 탐구는 '대중' 개념의 용례를 핵심 용례가 주도하는 '표면'적 차원의 변동과 함께, 그렇지 않은 용례가 보이는 '심층'적 차원의 변동을 균형감 있게 고찰하는 의의를 가진다. 이런 양상을 살필 수 있는 용례로 〈부표 1〉 가운데 '비가시적 의미군'의 일부, 즉 '수식어 전치형' 중 '규모·지역'과 결합된 용례가 적당하다.[4]

특히 이 가운데에서도 특정 범위에 국한되지 않는 용례, 즉 '일반 대중'이나 '인민대중', '사회대중' 등 '전칭全稱 용례'에 주목할 필요가 있다. 이 '전칭 용례'의 범위에는, 지역이나 규모를 나타내는 수식어와 결합되긴 하지만 그 지역이나 규모가 사실상 조선 민족을 가리키는 용례, 예컨대 '조선대중', '식민지 대중', '2천만 대중' 등도 포함시킨다. 심층의 흐름을 살펴보는 자료로 '전칭 용례'에 주목하는 이유는 그것이 당시 표면적 용례 변화를 주도한 계급담론의 범위 바깥에 있다고 보기 때문이다. 〈도표 4〉는 이런 범주에 속하는 16개의 용례를 모아서 빈도 수 동향과 기사 1건당 빈도 수의 연도별 평균을 살펴본 것이다.

〈도표 4〉를 보면, 실제로 연도별 변동에서 이 '전칭 용례'는 '핵심 용례'와는 달리 연도별 쏠림이 상대적으로 적고 전체 시기에 분포해 있다. 또한 쏠림이 있더라도 기사당 빈도 수의 연도별 평균은 하향 평준화되어 있거나, 기사 건수가 낮다. 이런 양상은 '핵심 용례'의 경우와는 좋은 대조를 이룬다. 〈도표 4〉의 '빈도 수 동향 (상)'을 〈도표 2〉의 빈도 수 동향과 비교해 보면 두드러진 차이점이 있다. '대중문화' 계열의 기사는, 빈도 수가 적지만 비교적 이른 시기인 1927년에 분포해 있고, 더 중요하게는 1938년 이후 전시통제 정책이 반영된 용례가 관찰된다는 점이다. 두 표에서 드러나는 차이에 유의해서 판단할 때, '핵심 용례'를 비롯하여 빈도 수가 높은 용례가 해당 잡지 주체들이나 식민지 지식인의 의식적 실천을 상대적으로 잘 반영한다면, '전칭 용례'는 당시의 시대 상황을 수동적으로 반영한다고 생각된다. 이 절

〈도표 4〉 '전칭 용례'의 빈도 수 동향(상) 및 기사 1건당 빈도 수의 연도별 평균(하)

대중용례	1921	1922	1923	1924	1925	1926	1927	1928	1929	1930	1931	1932	1933	1934	1935	1936	1937	1938	1939	1940	1941	1942	합계
일반대중							1			1	1	1	3	2	8	8	1	6	1	3	4		40
조선대중						4		2		2	1	1			1	1		1					13
식민지대중										1	10												11
조선의 대중					1	3	1			3	1					1							10
사회대중										1					1	4							6
1,400만 대중					2																		2
1,700억만 대중		2																					2
2천만 대중							1													1			2
인민대중											1									1			2
1천 4백만 대중					1																		1
2,500만 대중							1																1
민족대중											1												1
반도2,300만 대중																		1					1
이천만 배달대중							1																1
조선사람 대중																1							1
조선인 대중															1								1
연도별 합계	0	2	0	0	4	7	5	2	0	8	15	2	3	2	11	15	1	8	1	5	4	0	95

대중용례	1921	1922	1923	1924	1925	1926	1927	1928	1929	1930	1931	1932	1933	1934	1935	1936	1937	1938	1939	1940	1941	1942
일반대중	–	–	–	–	–	–	–	–	–	1.00	1.00	1.00	1.00	1.00	1.14	1.60	1.00	1.20	1.00	1.00	1.33	–
조선대중	–	–	–	–	–	1.33	–	1.00	–	1.00	1.00	1.00	–	–	1.00	1.00	–	1.00	–	–	–	–
식민지 대중	–	–	–	–	–	–	–	–	–	1.00	10.00	–	–	–	–	–	–	–	–	–	–	–
조선의 대중	–	–	–	–	1.00	1.50	1.00	–	–	1.50	1.00	–	–	–	–	1.00	–	–	–	–	–	–
사회대중	–	–	–	–	–	–	–	–	–	1.00	–	–	–	–	1.00	1.00	–	–	–	–	–	–
1,400만 대중	–	–	–	–	2.00	–	–	–	–	–	–	–	–	–	–	–	–	–	–	–	–	–
1,700여만 대중	–	2.00	–	–	–	–	–	–	–	–	–	–	–	–	–	–	–	–	–	–	–	–
2천만 대중	–	–	–	–	–	–	1.00	–	–	–	–	–	–	–	–	–	–	–	–	–	–	–
인민대중	–	–	–	–	–	–	–	–	–	–	1.00	–	–	–	–	–	–	–	–	1.00	–	–
1천 4백만 대중	–	–	–	–	1.00	–	–	–	–	–	–	–	–	–	–	–	–	–	–	1.00	–	–
2,500만 대중	–	–	–	–	–	–	1.00	–	–	–	–	–	–	–	–	–	–	–	–	–	–	–
민족대중	–	–	–	–	–	–	–	–	–	–	1.00	–	–	–	–	–	–	–	–	–	–	–
반도2,300만 대중	–	–	–	–	–	–	–	–	–	–	–	–	–	–	–	–	–	1.00	–	–	–	–
이천만 배달대중	–	–	–	–	–	–	1.00	–	–	–	–	–	–	–	–	1.00	–	–	–	–	–	–
조선사람 대중	–	–	–	–	–	–	–	–	–	–	–	–	–	–	–	1.00	–	–	–	–	–	
조선인 대중	–	–	–	–	–	–	–	–	–	–	–	–	–	1.00	–	–	–	–				

비고 : ① 빈도 수 동향(상)의 '연도별 합계'는 이 표에 있는 용례의 빈도 수만을 집계한 것임.

② 1938년부터 진하게 표시된 칸은 전시 정책과 관계 깊은 용례. 그 이외의 칸 이어지는 표시는 〈도표 2〉의 ④와 동일함.

에서 살펴본 내용을 종합해서 나타내면 〈도표 5〉와 같다.

〈도표 5〉의 '상'은 〈도표 2〉에 나온 9개 용례를 두 계열로 나누어 표시한 것이다. '사회운동' 계열의 용례는 1920년대 전·중반과 1931년에 높은 증가를 보이고, '대중문화' 계열의 용례는 1934년과 1936년에 상대적으로 높은 증가를 보이고 있다. '하'의 그래프는 '상'의 두 계열을 합하여 '표면'이라는 이름으로 표시한 것이다. 또한 〈도표 4〉에 제시된 16개 '전칭 용례'의 빈도 수 합계를 '심층'으로 표시했다. '표면'의 변동은 연도별로 증감폭이 큰 반면 '심층'의

〈도표 5〉 '대중' 용례의 표면과 심층 : 표면의 두 계열 비교(상)와 표면/심층의 비교(하)

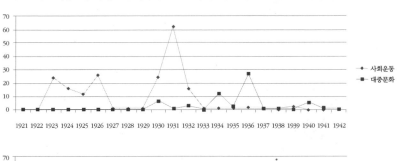

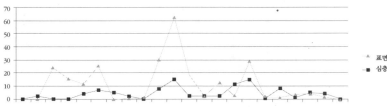

변동은 '표면'의 동향과 연동하면서도 증감폭이 훨씬 완만한 사실을 알 수 있다. '심층'의 변동 중에서 1938년이 소폭 상승한 점은 이미 살펴본 바와 같이 전시통제 정책과 일정한 관련성을 가지고 있는 점에서 유의할 필요가 있다.

3―시기구분과 절단면

이 절에서는 첫째, 1절과 2절의 분석결과를 종합해서 1920·30년대 '대중' 개념의 용례 변동을 반영한 시기구분을 시도하고, 둘째, 각 시기별로 가장 중요한 연도를 선택해서 그 연도의 의미를 보여주는 단면을 고찰할 수 있는 방안에 대해 논의하고자 한다.

먼저 시기구분 문제를 논의하자. 주지하듯이 역사인식에서 시기구분의 필요성은 특정 시간대의 유동적이고 연속적인 흐름을 일정한 기준에 따라 분절함으로써 각 시기별 특징과 전후 시기와의 연속/단절관계를 더욱 잘 드러내기 위함이다. 지금까지 살펴본 내용과 연결시키면, 이러한 시기구분에는 〈도표 1〉에 드러난 '대중' 개념 용례의 전체 동향을 염두에 두면서도, 〈도표 5〉에 드러난 용례의 표면과 심층의 관계를 적절하게 고려한 것이 되어야 할 것이다. 그런데 전체 동향과 관련해서는 1절에서 미루어 둔 문제, 즉 잡지 간 성격의 차이를 보완하는 문제부터 검토해야 한다. 이와 관련하여 〈도표 1〉에서 짚어 봐야 할 부분은 두 군데이다. 하나는, 1930년과 1931년의 잡지별 빈도 수 동향이 보이는 상반된 경향을 어떻게 이해해야 할 것인가이고, 다른 하나는, 1926년부터 1929년까지의 빈도 수 감소 추세를 어떻게 봐야 하는가이다.

전자부터 살펴보자. 1930년에는 《별건곤》의 빈도 수가 최고조에 달하면서 전체 빈도 수 상승을 주도한다. 1931년에는 《삼천리》의 빈도 수가 폭증하면서 전체 빈도 수 상승을 주도하는 데 반해, 《별건곤》의 빈도 수는 오히려 감소한다. 1931년의 빈도 수 상승이 대부분 신간회 해소 논의에 따른 것이라면 두 잡지의 빈도 수 역전현상은 신간회 해소 논의가 《삼천리》에만 많이 반영되었고 《별건곤》에는 그렇지 않았다는 사실을 의미하는 것일 수도 있다. 그렇다면 1931년의 빈도 수는 잡지 중에서도 특정 잡지의 국소적 상황을 과장해서 드러내는 부적절한 통계자료가 될 것이다. 당시 《삼천리》의 발행인인 김동환이 "1930~1931년까지 신간회의 중앙집행위원으로 재임"하고 있었다는 사실은 이러한 혐의를 더욱 가중시킨다.

그러나 실상은 이러한 우려와는 정반대이다. 결론부터 말하자면 1931년의 《삼천리》 빈도 수는 당시 신간회 해소 논의에 지대한 관심을 가졌던 조선 지식인의 일반적 동향을 잘 반영한 것이다. 오히려 이 시기 《별건곤》의 빈도 수를 비판적으로 이해해야 한다. 《별건곤》의 경우, 신간회 해소 논의 중 '대중' 개념의 용례는 1930년에 많이 나오지만 1931년 3월 무렵는 용례가 급격히 감소한다. 그 결과가 〈도표 1〉에 있는 1931년의 별건곤 그래프에 반영되었다. 그런데 동년 3월은 《별건곤》을 발행하던 개벽사가 《혜성》 잡지를 별도로 창간한 달이다. 《혜성》 창간호 기사에는 신간회 해소 관련 기사가 많이 수록되었고, 이런 경향은 이후에도 지속되었다. 그러므로 1931년 《별건곤》 빈도 수의 감소는 《혜성》 창간과 함께 《별건곤》이 좀 더 대중적인 '5전 잡지'로 변모해 가던 상황을 반영한 것이며, 1931년에 신간회 해소 논의를 반영해서 높은 빈도 수를 보였던 《삼천리》의 자료는 당시 식자층 일반의 관심을 잘 반영한다고 간주해도 무방하다.

첫 번째 의문이 《별건곤》과 《삼천리》의 매체적 차이와 관련한 문제였다면, 두 번째 의문은 《별건곤》과 《개벽》의 매체적 차이와 관련한 문제이다. 《개벽》은 계몽적 종합월간지로 창간되었으나, 《별건곤》은 애초 '대중적 취미 독물讀物'로 발간되었다. 그러므로 《개벽》이 강제 폐간된 해인 1926년 이후 '대중' 개념의 관련 용례 빈도가 전반적으로 하락한 것은 《개벽》 폐간이라는 특정 매체의 사정에 따른 것인지, 아니면 당시의 시대적 쓰임을 반영한 것인지 알기 어렵다. 이 문제를 검토하는 데에는 《동아일보》 기사제목의 '대중' 용례

〈도표 6〉 주요 잡지와 《동아일보》에 나타난 '대중' 용례의 동향 비교

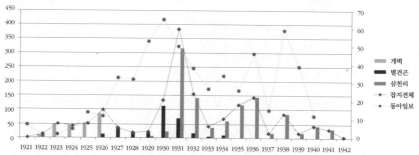

에 관한 분석결과물이 유용하다.

〈도표 6〉은 〈도표 1〉의 결과를 《동아일보》의 '대중' 개념 관련 용례 빈도 수 변동과 더욱 잘 비교하기 위해 그래프의 보조축(오른쪽 눈금)을 《동아일보》 빈도 수 기준에 맞추었다.[5]

잡지에 비하여 성격 변동이나 발간 주체의 교체 등이 상대적으로 적었던 《동아일보》에서는 1920년대 후반의 '대중' 개념 용례 빈도 수가 별다른 굴곡없이 증가 추세를 보이고 있다. 이 구간 이외의 시기를 보면 《동아일보》와 잡지의 변동 추세는 진폭에서 다소 차이가 있음에도 불구하고 대동소이한 경향을 보인다. 그러므로 1920년대 후반, 잡지 자료의 빈도 수 동향이 보이는 급격한 감소 추세는 매체의 성격 변화를 반영한 것이며, 실제 상황은 '대중' 개념의 용례가 점차 증가하고 있었다고 봐야 할 것이다.

〈도표 1〉의 전체 동향이 가진 이상의 특성을 염두에 두고 시기구분을 해 보자. 각 용례별로 〈도표 2〉와 〈도표 4〉에 표시된 계열 특성, 즉 '사회운동' 계열과 '대중문화' 계열의 시기별 분포를 보면, '사회운동' 계열은 1923년에 다수 출현해서 1931년에 정점을 이룬 뒤 1933년 무렵까지 나타나고, '대중문화' 계열은 1926년 무렵부터 나타나기 시작해서 1936년에 정점을 이룬 뒤 감소 추세를 보인다. 이처럼 빈도 수의 두 계열별 변동이 각각 연속성을 가지고 있으므로 1920·30년대 시기는 두 계열을 기준으로 크게 세 시기로 구분할 수 있다. 제1기는 1920년부터 1925년까지로 '대중' 개념이 처음 등장하는 시기로 볼 수 있다. '사회운동' 계열의 용례가 대부분이다.

제2기는 1926년부터 1933년까지로, '사회운동' 계열의 용례가 점증해서 정점에 달한 뒤 거의 종료되는 시기이면서, 동시에 그 이면에서 '대중문화' 계열의 용례가 등장해서 점증해 가는 시기이다. 두 계열의 용례가 혼재, 병존하는 시기에 해당한다. 제3기는 1934년부터 1942년까지이다. 이 기간에는 주로 '대중문화' 계열의 용례가 더욱 증가해서 정점에 달한다. 단 1938년 이후 전시통제 정책과 관련한 용례도 나타나지만, 별도의 시기구분을 할 정도는 아니기 때문에 제3기에 포함시켜 함께 다룬다.

마지막으로 이러한 시기별 변동을 동태적으로 고찰하면서도 각 시기별로 대표적인 의미 구조를 파악하기 위해 특정 연도에 대한 공시적 관찰을 병행하고자 한다. 2절에서 우리는 '대중' 용례의 표면적 흐름을 주도한 핵심 용례로, 1923년의 '무산대중', 1931년의 '노농대중', 1936년의 '대중소설'을 추출한 바 있다. 또한 심층적 흐름 가운데 1938년의 전시통제와 관련한 약간의 상승에 주목한 바 있다. 따라서 공시적 관찰대상으로 제1기 중 1923년, 제2기 중 1931년, 제3기 중 1936년과 1938년을 선택하고자 한다.

이 네 개 연도의 의미 구조를 어떻게 공시적으로 관찰하면 좋을까. 이 글에서는 독일의 대표적인 개념사 연구자의 하나인 롤프 라이하르트가 발전시킨 '의미장' 이론의 방법론을 적용해서 네 개 연도의 용례가 가진 절단면을 들여다 보고자 한다.[6]

여기서 '의미장' 이론의 방법론적 의미나 작성 과정 등을 본격적으로 언급할 여유는 없다. 다만, 이 글의 논의에서 주요 연도별 '의미장' 분석결과가 갖는 분석적 의미를 간단하게 언급하겠다. 지금까지 살펴본 '대중' 개념의 용례에 관한 자료는 주로 양적 빈도 수에 기반을 둔 것이다. 특정 용례가 특정 시기에 어떤 빈도 수로 사용되었다는 사실은 당시의 일반적 추세를 파악하는 데 유용한 자료이다. 그런데 그러한 빈도 수 추세만으로는 '대중' 개념이나 이와 관련한 특정 용례가 얼마나 발화자나 필자에게 수용되었는가를 측정하기에는 불충분하다. '대중' 개념의 '의미장'은 이런 수용의 측면을 살펴보는 데 효과적이라 생각된다. '의미장' 작성 시에는 단순히 반복되는 용례를 모두 빈도 수에 반영하는 것이 아니다. '대중' 개념에 집중해서 문장 중 이 개념을 대체할 수 있는 용어('계열의 장'), 그 개념을 설명하는 술어('통합의 장'), 반대되는 의미를 가진 용어('반의어'),

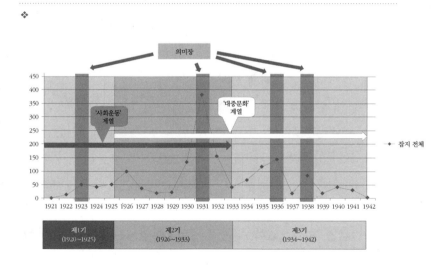

이 개념이 발화되는 문맥 혹은 원인('원인') 등을 종합적으로 살펴보는 질적 고찰이다. 의미장 분석은 맨 처음에 이 글에서 살펴본 바, '대중' 개념 용례의 세 유형 중 용이한 파악이 힘들어 경험적 분석 대상에서 제외한 범주인 '단독형'을, 비록 특정 연도에 국한한 것이긴 하지만, 구체적으로 고찰하는 작업이기도 하다.

이렇게 해서 작성한 네 개 연도의 의미장이 〈부표 2〉~〈부표 5〉이다. 이 의미장은 2장에서 각 시기별 동향을 서술할 때, '대중' 관련 용례의 표면과 심층 등 전체적인 동향이 반영된 단면을 보여주는 대표적인 자료로 활용 가능하다. 이 절에서 논의한 내용을 종합하여 나타내면 아래와 같다.❖

2. '대중' 개념의 시기별 변동

1─사회주의 수용과 '대중'의 발견(1920~1925)

이 시기의 전체 빈도 수 상승을 주도한 핵심 용례는 1923년의 '무산대중'이다. 〈도표 2〉에서 확인할 수 있듯이 '무산대중' 용례는 등장 첫 해부터 23회나 사용되었다. 1924년과 1925년에는 각각 13회, 9회로 감소하는 경향을 보였지만 여전히 상대적으로 높은 빈도 수이다. 이 시기의 다른 용례는 '무산대중'의 빈도 수에 비하면 미미한 수준에 그친다. 전 시기를 통틀어 보면 가장 높은 비중을 보이는 '대중'의 단독 용례조차도 1923년에는 '무산대중'보다 빈도 수가 낮았다.

그러므로 이 시기의 용례 파악은 '무산대중'에 초점을 맞추는 것이 합당하다. '무산대중'을 중심으로 이 시기를 파악할 때 첫째, '무산대중'과 '민중'의 관계, 둘째, '무산대중'과 '대중'의 관계가 중요하다.

먼저 '무산대중'과 '민중'의 관계부터 살펴보자. '무산대중'이라는 용어에 반영된 인식을 보면, 이 용어에서 '무산無産'은 '무산계급'에서 유래한 것으로서, 당시 '무산계급'은 '재산이 없는 계급'으로 이해되고 있었다.[7] 또한 이 자료의 '계급전階級戰' 항목에서는 "유산계급, 무산계급 기타 계급이 다른 자가 서로 대치하여 분쟁하는 것"으로 서술되어 있다. 또한 1925년 무렵의 자료에서 '무산자'는 "빈민, 노동자, 소작인 등을 총대표한 말"로 설명되었다.[8]

이런 인식은 사회주의사상의 영향을 받은 것이다. 한국에서 사회주의사상은 이미 1910년대 연해주나 중국, 그리고 일본을 통해 수용되고 있었으며, 1920년대 초반은 맑스주의가 "'운동'과 '사상'의 두 측면에서 조선 사회주의의 현실적 주류로 등장"한 시기였다.[9] 1922년의 '김윤식 사회장 찬반 논의'를 둘러싼 논쟁과 1923년 '물산장려운동'에 관한 논쟁을 거치면서 이전의 다양한 사회주의적 사조는 맑스주의로 '전일화'되어 갔고, 맑스주의는 식민지 조선의 지식인들에게 커다란 영향력을 끼치게 되었다.[10]

기존의 사회주의운동사·사상사 방면의 연구에 따르면 사회주의사상은 1922년 초의 '김윤식 사회장 찬반 논의'와 1923년의 '물산장려운동'을 거치면서 식민지 조선의 식자층에게 커다란 영향을 끼쳤다. 또한 《개벽》에 관한 최근의 연구성과에 따르면, 이러한 시대

상황이 《개벽》에도 영향을 끼쳐 1923년 무렵부터 《개벽》에 사회주의적 논설이 본격적으로 실리기 시작하며, 기본 논조에도 사회주의적 계급담론의 영향이 강하게 투영되기 시작했다.[11]

그러므로 1923년 《개벽》에서 '무산대중' 의 급증은 사회주의 사상의 국내 수용과 밀접하게 관련되어 있었다고 볼 수 있다. 실제로 1923년에 '무산대중' 의 빈도 수 증가를 추동한 세 기사의 필자 중 한 명인 주종건은 1922년 11월, 일본 도쿄에서 사회주의를 연구하고 1923년 7월 귀국해서 8월에 '민중사' 결성에 참여한 인물이다.[12] 또 한 명의 필자인 이철은 신원을 확인할 수 없으며, 또 한 명은 필자미상이다. 그러나 세 기사의 작성자가 사회주의자이건 아니건, 세 기사 모두에서 '무산대중' 은 사유재산 제도의 문제점이나[13] 사회개조의 필요성,[14] 자본주의 경제의 문제점[15] 등을 비판하는 맥락에서 사용되고 있다. '사회운동' 적 의미를 강하게 반영한 용례이다. '무산대중' 은 어떤 글에서는 '빈한자貧寒者' 나 '불평하는 자', '무지한 인민', '노예적 무기력함退屈性을 가진 자' 등 부정적 이미지로 묘사되면서도,[16] 또 다른 글에서는 '개조의 신기운을 일으키는 대다수의 힘을 가진 자' , '정의인도의 힘을 가진 자' 등 긍정적 이미지로 언급되기도 했다.[17] 주목할 점은 사회주의자의 글에서 보이는 '무산대중' 과 '민중' 의 관계이다. 이 시기 양자의 관계는 다음 두 자료에 잘 나타나 있다.

(A) 조선의 무산대중은, 거의 다 모태母胎 내에 있을 때부터 영양부족의 상태에 있습니다. …… (중략-인용자) …… 현하現下에 있어서는, 내

외 자본계급의 고도의 착취搾取, 그것이야말로 **조선의 민중**으로 하여
금 《왜 좁쌀죽》을 먹지 않으면 안될, 빈곤에 빠지게 한 원인이 아닐가
요?(밑줄강조-인용자).[18]

(B) 민중 : 소수 귀족계급이나 자본계급을 떠나서 절대다수의 **무산대중**
을 지칭하는 말이니 이 역시 무산자 간에 많이 사용되는 말이다(밑줄
강조-인용자).[19]

주종건이 쓴 기사인 '(A)' 자료에서 '조선의 무산대중'은 '조선의
민중'과 동일한 용법으로 사용되고 있다. 1925년에 당시 유행어를
수록한 'B'에서 '민중'은 '절대다수의 무산대중'이라고 명확하게
언급되었다. 당시 '무산대중'은 사실상 '민중'과 동일한 의미로 이
해되었던 것이다. '민중'은 3·1운동 당시부터 조선 민족 전체를 가
리키는 용어로 널리 확산되기 시작했다.[20]

1920년대 전반에 '무산대중'이 '민중'과 사실상 동일한 의미를
가졌다면 왜 사회주의자들은 '무산대중'이라는 별도의 용어를 사용
했을까. 이 시기의 《개벽》에 실린 '대중' 용례 관련 기사에서 사회주
의자로 알려진 필자는 주종건 이외에, 김기진, 정백, 김경재, 이성태
등이 있다. 이들의 글에서 '무산대중'과 '민중'의 관계를 살펴보기
위해 〈도표 7〉을 작성했다.

대체로 '무산대중'이나 '대중' 등 '대중' 관련 용례를 사용하는 글
에서는 '민중'이 적게 사용되고 있음을 알 수 있다. 《개벽》 58호에
실린 주종건의 글에서는 '민중'이 4회 사용되어 '무산대중'의 3회보

〈도표 7〉 1920년대 전반 《개벽》에 실린 사회주의자의 글에 나타난 '대중' 과 '민중'

호수	날짜	필자	기사제목	'대중' 관련 용례	무산대중	대중	민중
제39호	1923-09-01	朱鍾建	국제무산청년 運動과 朝鮮	무산대중 ; 혁명적 대중의 행동 ; 대중의 혁명적 교양 ; 대중운동 ; 대중적 무산청년운동(2) ; 대중	1	5	0
제41호	1923-11-01 -	朱鍾建	現代經濟組織의 모순, 엇던 多少間 교양잇는 失業한 熟練職工과의 대화—	우리의 대중 ; 농촌의 대중 ; 무산대중(4) ; 대중	4	3	1
제44호	1924-02-01	八峯山人 (김기진)	今日의 文學 · 明日의 文學	대중(2) ; 무산대중(6)	6	2	1
제45호	1924-03-01	木覓山人 (정백)	時評	대중운동의 진행	0	0	3
제54호	1924-12-01	靜觀生 (이성태)	朝鮮學生의 社會思想的 聯合運動과 日本學生의 社會科學的 聯合運動	대중적(2) ; 대중(2) ; 학생대중(2)	0	4	0
제57호	1925-03-01	金璟載	社會運動者가 본 社會運動	무산대중	2	0	6
제58호	1925-04-01	朱鍾建	現代의 敎育과 民衆, (=敎育小言=)	대중의 교육 ; 무산대중(3) ; 대중(6)	3	7	4

참고 : '대중' 의 빈도 수에는 '대중', '대중적' 등 단독형만 계산했다.
　　　용례 뒤의 괄호에 들어있는 숫자는 그 용례의 빈도 수이다.

다 빈도 수가 높지만, '대중' 용례까지 합해서 본다면 빈도 수는 '민중'의 두 배 이상 많이 사용되었다. 정백과 김경재의 글은 다른 사람의 글과 반대경향을 보였는데, 여기서는 '무산대중'이 적게 사용되는 반면 '민중'이 상대적으로 다수 사용되었다. 결국 이상의 일곱 개 글에서 '무산대중'을 중심으로 한 '대중' 개념 관련 용례는 '민중' 개념의 사용과 반비례 관계에 있었다고 볼 수 있다.

　이런 경향을 1923년에 발표된 다른 글과 비교해 보자. 이 해에 '무산대중' 개념을 많이 사용한 세 기사의 내용을 읽어 보면, 주종건 이외의 두 글을 쓴 필자는 사회주의자로 보기 어렵다. 이철이나 필자 미상의 글은 '무산대중'이라는 용어로 사유재산 등을 비판하면서도, 기본 논조는 "신사회에 응應할만한 신종교新宗敎 신도덕新道德"이 필요하다고 하여,[21] 종교를 부인하는 유물사관의 입장과 명확하게 거리를 두고 있다.* 그런데 필자미상의 글에서는 '무산대중'이 7회 사용되지만 '민중'이 한 번도 나오지 않는데 반해, 이철의 글에서는 '무산대중'이 9회 사용되는 가운데 '민중'도 11회나 함께 사용되었다. 적은 사례라서 일반화하기는 어렵지만 비非사회주의자들의 글에서는 '무산대중'과 '민중'의 사용 간에는 반비례 관계에 있다고

---

* 사회주의사상의 수용 초기에 계급담론에 관심을 기울이면서도 '신종교'의 중요성을 강조하는 이러한 입장은 오히려 천도교에 기반을 둔 《개벽》 주도층의 견해에 가깝다. "유물사관에 입각한 사회주의자들이 신神을 부인하며 종교를 배척하는 것은 자기의 주의主義인 유물唯物로 보아서 유심적인 종교를 부인할 것은 당연한 일이라 하겠으나, 우리의 생각으로 말하면 …… 아무리 러시아라 할지라도 만약 진리의 신종교가 있다고 한다면, 그들이 진리 그것까지 배척할 리가 없을 터이다"(李喆, 〈無宗敎라야 有宗敎〉, 35쪽).

말하기 힘들다.

이상의 분석에서 '무산대중'과 '민중'의 관계는 다음과 같이 정리할 수 있다. '무산대중' 용례의 사용은 사회주의자들이 주도했고 《개벽》 주도층 등 여타 식자층에게도 영향을 끼쳤다. 당시 사회주의자들이 사용한 '무산대중'은 '민중'과 거의 같은 의미를 가졌는데, 그들의 글에서 '무산대중'의 빈도 수와 '민중'의 빈도 수는 반비례 관계에 있었다. 이런 사실을 볼 때, 사회주의자들은 기존의 '민중'을 '무산대중'으로 대체하고자 했다고 보인다. 그들은 사회주의적 계급담론을 투영시킨 '무산대중'을 사용함으로써, 3·1운동 당시부터 '민중'을 고취하던 민족주의자의 용법으로부터 자신들을 구별하고자 한 것이다.[22]

두 번째로는 '무산대중'과 '대중'의 관계를 살펴보자. 《개벽》에서 '대중' 개념은 1921년 경성 거주 정기원이라는 인물의 현상논문에서 선보였다. 그는 이 개념을 '희망은 대중을 고무시킨다'라는 문맥에서 사용했다.[23]

1922년에는 《개벽》의 초대 학예부 주임인 현희운(현철)이 '햄릿' 번역문을 실었는데, 여기서는 '연극 감상을 잘 못하고 떠드는 대중'이라고 표현되었다.* 그러나 1923년부터 '무산대중'이 등장하면서 상황은 급변한다. 1920년대 전반 '무산대중'과 '대중'의 빈도 수 동

---

* "나는 …… 배우들이 …… 겉으로 떠드는 것 밖에는 잘 감상도 못하는 대중의 마음을 끌기 위해 공연히 야단법석을 치고 떠들고 돌아다니는 것을 볼 때마다 차마 볼 수가 없다"(쉑스피아 (原作), 玄哲 (譯述), 〈하믈레트〉, 《개벽》 21, 1922년 3월, 65쪽).

향을 비교하면 〈도표 8〉과 같다. 이 도표의 좌측 통계표는 1925년까지 '대중' 개념과 관련한 용례를 포함하고 있는 61개 기사를 대상으로 용례를 파악해서 그중 '무산대중' 과 '대중'(여기서는 '단독형' 용례만 집계)의 빈도를 반 년 간격으로 합산한 결과이다.

〈도표 8〉의 오른쪽 그래프를 보면 1923년 상반기 '무산대중' 이 급증해서 1924년 상반기까지 '대중' 에 비해 빈도 수가 우위에 있다가 1924년 하반기부터 '대중' 의 단독형 용례가 더 증가한다. '대중' 단독형 용례는 이후 시기에 더욱 증가하게 된다. 1923년 '무산대중' 의 급격한 사용이 사회주의사상의 영향을 받은 것이고, 제2기 이후 '대중' 단독형의 증가율이 더 높아졌음을 고려하면, 제1기 후반으로 갈

〈도표 8〉 1920년대 전반 '무산대중' 과 '대중' 의 빈도 수 동향 비교

시기	무산대중	대중
1921상	0	1
1921하	0	0
1922상	0	2
1922하	1	6
1923상	8	1
1923하	16	14
1924상	12	12
1924하	3	7
1925상	7	24
1925하	0	6

수록 '대중'의 빈도 수가 '무산대중'보다 높아지게 된 것은 '대중' 개념의 사용 용례가 사회적으로 확산되어 가는 상황을 보여주는 것이다. 물론 이 그래프에서 볼 수 있듯이 1923년 이전에도 일정 부분의 '대중' 용례가 보이긴 하지만, 여기서는 밀도 있는 사용이나 사회운동적 의미가 약했다.

따라서 식민지 조선에서 '대중' 개념의 초기 수용은 사회주의의 영향에 따라 '사회운동'적 의미로 주로 사용되었고, 이와 관련하여 처음에는 '대중'보다는 '무산대중'의 형태로 사용되다가 점차 '대중' 개념이 독자적으로 혹은 다른 용어와 폭넓게 결합해 갔다고 말할 수 있다. 1923년의 의미장은, '대중' 개념이 '무산대중'의 용례를 중심으로 수용되고 아직 '대중'의 단독 용례가 활발하게 사용되지 못했던 초기 수용 상황을 잘 보여준다. 〈부표 2〉에서 '대중' 개념은 전체적으로 밀도있게 사용되지 못한 채, '조선인' 전체와 등치되어 사용되거나 '피지배계급' 등으로 사용되었다. 그리고 '대중'에 대한 속성도 경제적으로나 의식 면에서 취약한 존재로 보는 등 부정 일변도이다. 이는 앞서 살펴본 바 '무산대중' 용례가 부정적 이미지 못지않게 긍정적으로도 사용되고 있었던 사정과는 큰 차이가 있다.

2— '대중'을 전유하기 위한 의미투쟁(1926~1933)

제2기는 1920년대 후반기 및 1930년대 전반기에 해당하는 시기이다. 이 시기에는 관찰의 초점을 첫째, 신간회 해소 찬반 논의가 가열된 1931년 무렵에 둘 필요가 있다. 앞에서 살펴본 바와 같이 1927년부터 1929년까지는 이 글이 상정한 잡지 자료의 매체적 특성이 반영되어 충분한 검토대상 시기가 되기 어렵기 때문이다.*

1931년에는 전체적인 용례의 빈도 수가 최고조에 달했다. 특히 '무산대중' 용례에서 '노농대중' 용례로의 중심 이동 현상에 유의하고자 한다. 둘째, 제1기에 비해 '대중' 용례가 더욱 증가하고 다양한 '대중' 개념 관련 용례들이 등장하는 사실에 주목하고자 한다.

첫 번째부터 살펴보자. 1절에서 언급했듯이 이와 관련하여 빈도 수 증가를 추동하는 핵심 용례는 '노농대중'이다. 〈도표 2〉를 보면 '노농대중'은 그 이전에는 그다지 사용되지 않다가 1931년에 10개의 기사에서 무려 33회나 사용된다. '무산대중'은 이 시기에 들어와서도 여전히 18회(1926년), 11회(1930년) 등 많이 사용되었으나 정작 1931년에는 6회로 감소한다. '대중운동'의 용례도 1930년에는 2회 사용되다가 1931년에는 15회로 급증했고 이듬해에는 4회로 격감한다. 이러한 통계 추세를 볼 때 1931년에 신간회 해소 논의가 주요 용례의 변화, 특히 제1기부터 높은 빈도 수를 보이던 '무산대중'의 감소, 이에 대비되는 '노농대중'의 급증 현상 등과 어떤 관계가 있는지 파악하는 일이 중요하다.

신간회 해소 문제에 관해서는 많은 연구성과가 축적되어 있는데, 대표적으로는 이균영, 이애숙의 연구가 있다.[24] 여기서는 이 글의 주

---

* 다만 제1기부터 시작된 '대중' 관련 용례의 사회운동적 계열이 제2기까지 지속적으로 연결되어 1931년에 최고조에 달한다는 사실을 염두에 둘 필요가 있다.

제에 밀접하게 관련되는 범위 내에서 간략하게 살펴보자. 신간회는 국내 사회주의자들과 민족주의자들이 식민지 민족해방운동의 역량을 강화하기 위해 1927년 초에 발족했다. 1928년 말 신간회 지회 총수는 143개, 회원 수는 2만 명에 달했다. 1920년대 말 광주학생사건을 비롯한 여러 민족운동, 대중운동을 지원했던 신간회는 1931년 5월 해체되었다. 그 원인으로는 민족주의자들의 일제 타협화 경향을 꼽을 수 있지만, 더 근본적으로는 "민족 내 계급 사이의 통일보다는 노동자·농민계급의 통일을 강조"하는 세계 공산주의 진영의 방침에서 큰 영향을 받았다. 1928년의 코민테른 제6차 대회에 바탕을 둔 '12월 테제' 및 1930년 국제적색노조(프로핀테른)의 '9월 테제' 등에서 부르주아 민족주의자와 신간회에 대한 비판이 국내외에 영향을 끼치는 가운데, 1930년 12월 부산, 평양 등 각지 지회에서는 신간회 '해소'를 선언하기 시작했고 1931년 5월 서울에서 열린 제2회 전국대회에서 압도적인 다수로 '해소'가 결의되었다. 신간회 해체 이후 사회주의자들은 혁명적 농민조합 및 노동조합 조직운동 등에 매진했으며, 전국적 범위의 민족통일적 조직은 결성되지 못했다.[25]

이상의 사실 중 이 글의 논의와 관련하여 주목할 점은 신간회 해소가 1930년 12월부터 지회에서 시작되어 1931년 5월 공식적으로 해소가 결의되었다는 점, 그리고 이러한 해소 논의가 '노동자·농민계급의 통일을 강조'하는 방향에서 이루어졌다는 점이다.

기간 문제와 관련한 사항부터 언급하면, 실제로 제2기 기간 동안 '대중' 관련 용례의 빈도 수가 10회 이상인 기사는 모두 20개인데,

그중에서 1926, 7년의 3개의 기사를 제외한 17개 기사가 모두 1930년 11월부터 1932년 5월에 집중되어 있다. 또한 17개 기사 중에서 신간회 해소 문제와 무관한 기사는 1개 정도이다. 이 기간 중 1개 기사당 가장 높은 빈도 수는 39회이고 그 다음이 29회인데 각각은 1931년 2월, 1930년 11월로 이 시점은 위에서 살펴본 신간회 해소가 논의 단계를 넘어 실제로 진행되던 기간에 위치해 있다. 《삼천리》의 기사가 신간회 해소 논의가 진행되는 당시의 시대 분위기를 비교적 잘 반영하고 있는 셈이다.

해소 논의가 '민족 내 계급 사이의 통일보다 노동자·농민계급의 통일을 강조'하는 입장에 근거해 있다는 사실은 이 절에서 본격적으로 해명해야 할 문제, 즉 '무산대중' 용례의 감소 및 '노농대중' 용례의 급증 현상의 상관관계를 검토하는 일과 밀접하게 관련된다. 기존 연구에 따르면 당시 신간회 해소를 찬성하는 측과 반대하는 측은 몇 가지 점에서 서로 입장이 상충했음에도 불구하고 "신간회가 한시적限時的 협동전선체이며 현 단계에서 신간회의 대중을 노동, 농민운동으로 분리함으로써 다른 형태의 협동전선체를 지향해야 한다는 점에서 일치"했다.[26]

신간회 내의 구성원을 노동운동과 농민운동으로 분리하는 것이 신간회 해소 논의의 가장 중요한 배경이었고 여기에 대해서는 해소 찬반론자 모두 의견이 일치했기 때문에 1931년 무렵 '노농대중' 용례가 높은 빈도 수를 보였다고 생각된다. 1931년의 용례에서 '노농대중'(33회) 이외에도 '노동대중'(5회), '노동자 농민 대중'(1회), '농민대중'(3회), '미조직 노농대중'(1회), '조선노농대중'(1회) 등 노동자와 농민 집단을 가리키는 용례가 이전보다 증가한 것도 같은 맥락이다. 그런데 당시 해소 논의에서 찬반 논자 간에 큰 쟁점이 되었던 문제는 '소시민小市民'의 향방이었다. 당시 지방지회 일각에서는 해소 논의 과정에서 '계급 분화론'과 '신간회 해체론'이 쟁점이 되어 다른 지회의 논의에도 영향을 끼친 바 있다. '계급 분화론'은 노동자와 농민을 신간회에서 빼내어 각각 계급별 단체, 즉 노동조합과 농민조합에 편입시키고, 신간회에는 소시민과 소부르주아층만 남겨두며, 소시민과 소부르주아 가운데 몰락한 분자는 계급별 조합에 편입시킨다는 입장을 취했다. 이에 반해 신간회 해체론은, 현재 조선에서는 민족운동이 불필요하고, 민족운동자나 소시민, 소부르주아는 극소수이므로 협동대상에서 제외해도 무방하므로 하루빨리 신간회를 해체해야 한다는 입장을 취했다.[27]

이러한 사실을 이 글의 관심사와 결부시키자면 이러한 입장 차이는 '무산대중' 용례의 범위 및 '무산대중'에서 '노농대중'으로의 중심이동 등과 관계 깊다. 1920년대 전반에 사용된 '무산대중' 용례는 내부 구성을 언급한 경우가 거의 없다. 간혹 '무산대중'이 '노동자, 농민, 병사'와 동일한 맥락에서 사용되기도 했고,* '노농, 청년, 여

---

* "이 혁명의 수행자는 누구인가? 그는 공산당이었다. 무산대중의 이익을 충실하게 대표할만한 공산당이었다. 그래서 노동자, 농민, 병사는 함께 부르주아의 케렌스키 내각을 타도하기 위해 공산당과 악수했다. 진실로 그들은 총명한 혁명적 판단으로 일체의 권리를 소비에트에게로 하는 표어 밑에서 단결했다"(밑줄강조-인용자) ((필자미상), 〈모든 問題 모든 方面을 取扱하는 組織〉-러시아의 共産黨은 엇더한 일을 하는지->, 《개벽》 46, 1924년 4월, 65~66쪽).

자, 백정' 등을 포함하기도 했으나,** 전자는 러시아 상황에 대한 언급이었고 후자는 대중운동의 부문운동을 언급하는 맥락에서 거론되었다. 그러나 드문 사례이긴 해도 이처럼 '무산대중'의 범위에 노동자, 농민 이외에 다른 계층이 포함되었던 사실은 중요하다. 1931년 신간회 해소 찬반 논의에 이르면 신간회 내부에 조직되어 있던 '노동자·농민'의 계급적 재배치 문제가 중심에 놓이게 되면서 이전의 '범박한' '무산대중' 용례 대신 '노농대중' 용례가 해소 찬반 논의에서 핵심 용례로 사용되기 시작한 것이다.

눈여겨 볼 점은 신간회 해소 반대론자는 찬성론자에 비해 신간회 내에 조직되어 있는 '소시민'에 대해 주목한다는 사실이다. 1931년 1월 《삼천리》 기사에서 신간회 해소를 반대하는 홍양명은 신간회 조직의 구성분자 중 대다수가 '노동자, 농민, 무산소시민無産小市民'임을 환기시켰고, 같은 입장의 박문희도 "무산계급 입장으로 보아 조선에 있어서 영원한 협동전선은 (전략상) <u>노동자, 농민[貧農] 무산 시민의, 합동당이 아니면 안 된다</u>"(밑줄강조─인용자)라고 했다.[28]

이에 비해 신간회 해소를 주창하는 이원지회는 "계급의식이 철저치 못한 <u>**무산대중은**</u> …… 신간회를 신앙하게"되고 "따라서 그 지도적 지위에 있는 소부르주아지─를 존경하게" 되어, "이러한 운동은

** 一. 사회운동이 본질적으로 무산대중 자체의 운동인 이상 우리는 어디까지나 현실에 입각한 대중의 실제적 요구에 응하여 최후의 이상을 향하여 나아가고자 함. 一. 우리는 <u>대중운동의 부문이 되는 노농, 청년, 여자, 형평운동衡平運動의 지적 교양과 계급적훈련과 아울러 모든 현상타파운동을 지지하는 동시에 경제 문제에 치중하고 과학사상을 보급케하며 도시와 농촌의 협동을 도모함</u>"(밑줄강조─인용자) (TY生, 〈社會運動團體의 現況, ─團體·綱領·事業·人物─〉, 《개벽》 66, 1926년 3월, 48쪽).

노농대중을 우익화"(밑줄강조—인용자)한다고 했다.[29]

여기서는 신간회 조직구성원을 '무산대중'으로 거론하면서도 관심사는 '노농대중'에 두고 있음이 드러난다. 1931년 6월 신간회 해소론의 입장을 취하는 박종은도 신간회 해소를 반대하는 '좌익민족주의' 계열의 '조선일보 논설'을 비판하고 있다. 그의 주장은 "과거의 협동전선체를 단연히 뜯어서 늘상 노동자계급의 지도밑에 노동자, 농민을 결합시키고 그 영향 밑에 도시소시민을 동원시켜 결집시키며 조직하자는 것"이었다.[30]

박종은도 '도시소시민'에 주목하고 있기는 하지만 여기서 '도시소시민'은 '노동자계급－노동자·농민－도시소시민'이라는 위계적 관계 속에 설정되면서 노동자·농민과는 구별되고 그들보다 경시되는 느낌을 받는다.

지금까지 살펴본 바와 같이, 제2기의 정점인 1931년 무렵 '대중' 관련 용례의 빈도 수 증가를 주도한 핵심 용례로 '노농대중'이 부상한 사실은, 노동자·농민을 계급적 조직으로 전유하고자 했던 당시 사회주의자들의 주류적 인식을 반영한 것이었다. 또한 신간회 해소에 대한 사회주의 세력 내부의 '찬—반' 양측은 신간회 내의 '소시민'에 대하여 각각 '소극적－적극적' 태도를 보였는데, 이는 곧 제1기 때부터 노동자, 농민 이외에 좀 더 포괄적인 범위를 포괄하는 것으로 사용되던 '무산대중' 용례가 의미의 균열을 보이고 축소되어 갔음을 뜻했다. 또한 그것은 자신들이 추구하는 사회운동의 협동대상에 '소시민' 등을 포함시킬 것인가 여부를 둘러싸고 전개한 의미투쟁이기도 했다.

　둘째, 이 시기에 '대중' 용례가 더욱 증가한 것의 의미를 〈부표 3〉에 제시된 1923년의 의미장과 1931년의 의미장을 서로 비교하면서 살펴보자. 제1기의 후반부터 '무산대중' 용례의 빈도 수를 넘어 증가하던 '대중' 용례(단독형)는 제2기에 들어와서 더욱 증가하여 1931년에는 222회나 된다. 이 해의 전체 빈도 수 595회의 37.3퍼센트에 달하는 높은 비중이다. 이것은 제1기와는 달리 식민지 조선 사회에서 '대중' 개념이 더욱 확산되어 갔음을 나타낸다. 이런 양상은 제2기 전 기간에 걸쳐 관찰할 수 있다. 다른 유형의 용례, 즉 '복합명사형'이나 '수식어 전치형'에서도 마찬가지이다. '사회운동' 계열에서는 '대중운동'이나 '대중조직', '식민지 대중'을 비롯한 다양한 용례가 나타났고, '근로대중', '부인대중', '어민대중', '청년대중' 등 계층을 가리키는 용례도 출현했다. 뿐만 아니라 '대중문화' 계열에 속하는 용례들, '대중극장', '대중소설가', '대중예술', '독자대중', '소비대중' 등도 빈도 수는 적으나마 등장했다.

　이러한 용례들이 대체로 많이 집결된 1931년의 단면을 들여다 보면, 1923년과 커다란 차이가 있음을 알 수 있다. '대중' 개념의 의미장에서 우선 각 '장'들의 밀도가 훨씬 높아졌다. 1923년의 경우 빈도 수에서 2회가 가장 높은 수치였다면 1931년에는 10회까지 나타난다. '대중' 개념과 의미상 등치되는 단어를 모은 '계열의 장'에서는 '민중'의 빈도 수가 10회로 최고이다. 이것은 곧 이 시기에 와서 '무산대중'이 아니라 '대중' 개념이 독자적으로 '민중'을 대체하는 용어로 사용되었음을 뜻한다. 그밖에도 '노농대중', '노동자계급', '군중' 등이 각각 3회를 기록한다. 그러나 여전히 용례의 심층(=빈도수 1회)에서는 '대중' 개념이 '동포', '민족대중', '이나라 백성들' 등 민족 구성원 전체와 동일한 의미로 사용되는 경우도 있었다.

'대중'의 속성을 묘사하는 술어로는 '광범위'하다는 표현이 4회로 빈도 수가 가장 높다. 그 외에는 특정 표현이 두드러지지 않는다. 그러나 빈도 수 1회를 이루는 표현들을 보면, 1923년과는 달리 '각계각층의 통일을 열원熱願한다거나, '목표를 향해 돌진하는 욕구가 강하다', '조직 훈련의 면에서 정치적 경제적으로 진취적'이라는 등 적극적이고 긍정적인 이미지도 부정적 이미지 못지않게 많다. 당시 '대중'의 반의어로는 '지도자'가 8회로 가장 많이 사용되었다. 그 다음이 '전위'·'자본가'(각각 4회), '간부'(3회) 순이다. '대중' 논의의 '원인'으로는 '신간회'가 10회로 가장 높았다. 결국 1931년의 의미장에서도 신간회 해소 논의에서 파생하는 여러 경향이 지배적으로 투영되는 가운데 제1기부터 지속되던 경향들, 예컨대 '대중'에 대한 부정적 인식, 그리고 민족 구성원 전체를 지칭하는 용어 등이 저류에 흐르고 있었다고 볼 수 있다. 또 하나 중요한 점은 제2기부터 등장하기 시작했던 '대중문화' 계열의 용례는 아직 이 의미장에 반영되지 않는다는 사실이다. 아직 이 계열에 속하는 관련 용례들의 양적 빈도 수도 많지 않았고, 이전부터 지속되던 용례가 아니라서 일정한 강도를 가진 질적 의미를 담게 마련인 당시의 의미장에는 반영되지 못했던 것으로 생각된다.

3— '대중문화'의 부침浮沈(1934~1942)

제3기는 1934년 이후의 시기이다. 이 시기에는 제1기, 제2기까지 전체 용례 빈도 수를 주도했던 '사회운동' 계열의 용례는 거의 자취를 감추고 제2기 초반부터 생겼으나 '사회운동' 계열 용례의 높은 빈도 수에 가려 잘 드러나지 않았던 '대중문화' 계열의 용례가 눈에 띄기 시작했다. 용례의 '표면'에서는 '대중소설' 용례가 1934년부터 다수 사용되다가(12회), 1936년에는 22회로 정점에 도달한다. '대중문학'도 1936년과 1940년에 각각 5회씩 등장했다. '심층'에서는 '일반대중' 용례가 상대적으로 앞 시기에 비해 많이 사용되었으며, 앞에서도 살펴보았듯이 여기에는 1937년 이후 전시통제 정책의 시대 상황이 일정 정도 반영되어 있다. 그러나 전체적으로 보면 이 시기의 용례에서는 제2기와 같은 밀도나 강도는 약해지고 '대중' 관련 용례를 사용하는 기사 수 자체도 적다. 이상의 상황을 염두에 두고 이 절에서는 첫째, 1936년 무렵까지의 '대중문화' 계열 용례의 흐름에 우선 주목하고, 둘째, 1937년 이후 이러한 용례에 전시통제 정책이 반영되는 양상에 대해 살펴보기로 한다.

먼저 1936년 무렵까지의 상황에 대해 살펴보자. 〈도표 2〉로 돌아가면 제2기에 높은 빈도 수를 보였던 '사회운동' 계열의 '노농대중', '대중운동', '무산대중' 등은 거의 자취를 감추었다. '농민대중'만이 1939년까지 1년에 한 두 차례 보일 뿐이다. 이와 대조적으로 '대중문화' 계열의 용례는 '대중공론' 용례가 제2기인 1930년부터 등장했고 이 시기에 와서는 '대중소설'과 '대중문학'의 빈도 수가 높아졌다. 그런데 '대중공론'이 1930년에 많이 등장한 것은 주로 '대중공론'이라는 잡지이름을 인용하는 맥락이며, 그것은 '대중공론'이 1930년 3월에 창간된 사정과 관계 깊다. 또한 '대중공론'의 논조는 좌우익이 함께 참여하는 경향을 취했기 때문에 '신간회의 정신이 어느 정도 이 잡지에서 실현된 경우'라 할 수 있는데, 이런 경향 때문에 일제의 표적이 되어 동년 9월 조기에 폐간되었다.

이런 사정으로 제3기인 이 시기에 들어와서 빈도 수가 상대적으로 두드러진 것이 '대중소설'과 '대중문학' 등 '대중문화' 계열의 용례들이다. 이 계열의 용례들이 두드러지게 된 데에는 두 가지 원인을 들 수 있다. 첫째, 현실 방면에서 1920년대 중반부터 본격화한 도시 대중문화의 성장이 '대중' 개념의 관련 용례들에 반영되기 시작한 것이다. 사단법인 경성방송국이 1927년 방송을 개시한 뒤, 1933년 일본어 제1방송과 조선어 제2방송의 '이중 방송' 시스템을 갖추면서 라디오 대중화의 길을 열었다. 보통학교도 1923년부터 서당 학생 수를 초과하면서 본 궤도에 올라 보통학교 취학률은 1924년 14.7퍼센트에서 이후 급증하여 1938년에는 33.2퍼센트에 달했다. 이 시기 도시화도 빠르게 진행되었다. 특히 경성에서는 1929년 현재 하루에 전차 승객 11만여 명, 버스 승객 1만여 명이 이용하게 되어 대중교통 안에서 반상과 남녀노소의 구별이 사라지고 교통 시간표는 시민들의 생활에 널리 침투해 갔다. 근대 소비문화도 확산되었다. 1920년대에 들면서 일본인 상권에는 백화점이 등장하여 소비문화의 확산을 촉발했고 카페나 다방 등의 업소가 그 뒤를 이었다. 1930년을 전후해 이러한 자본주의 소비문화는 조선인 상권이 형성된 종로로 영역을 넓혀갔다. 이러한 양상이 도시를 중심으로 진행되는 가운데, 도시의 대중문화가 신문·잡지·영화·음반·라디오 등 매체의 발달과 맞물리면서 본격화되었다.[31]

둘째, 담론의 차원에서는, 신간회 해소 논의 등 사회운동 방면의 쟁점이 식자층 및 언론 매체의 지면을 좌우하던 상황이 사라지면서 대중문화에 대한 좀 더 자유로운 논의가 가능해졌다. 《개벽》 1925년, 계급문학에 대한 잡지사의 설문에 이광수, 염상섭 이외에 프로문학을 주장하던 김기진, 박영희가 답변하면서 시작된 프로문학과 비프로문학 간의 논쟁은 1927년 신간회 결성 이후에도 계속 전개되었으나 신간회 해소를 전후한 시기부터 중단되었다.[32]

1934년에 '대중소설' 용례를 11회나 사용했던 홍효민의 글을 보면 이런 상황이 언론 매체에도 반영되고 있음을 알 수 있다. 윤백남 尹白南의 대중소설을 읽는 독자가 늘어가는 상황을 대중소설의 사회적 기반과 관련해서 언급하는 맥락에서 그는 "딱딱한 예술소설, 경향소설傾向小說에서 염증이 난 독자가 이를 환영했다"는 점을 원인의 하나로 들고 있다.[33]

이러한 '대중'의 기호에 《삼천리》의 발간 주체들도 적극 부응한 것으로 보인다. 1936년 2월, '대중소설' 용례가 20회나 사용된 '소설강좌' 기사의 필자는 조금 전에 언급된 윤백남인데, 글의 서두에는 그는 "삼천리사 파인巴人 형兄의 소청所請은 대중문학 강좌라는 네모가 번듯한 제목이었으나 원래 두뇌가 산만한 필자로는 …… (중략–인용자) …… 제목과 같은 윤곽이 흐릿하고 둥글넙적한 내용으로 책임을 면코자 한다"고 밝히고 있다.[34]

이 기사의 당초 기획에 《삼천리》 발행자 파인 김동환의 의도가 반영된 사실이 드러나는 대목이다. 이 기사에서 윤백남은 대중소설을 한편에서는 '순문예소설'과 구별하고자 애쓰고, 다른 한편에서는 '통속소설'과도 구별하고자 했다. 이러한 주제는 동년 11월호에 실린 〈장편작가회의〉라는 좌담기록에서도 중요한 논제로 이어진다.[35] 이 글에서도 '대중문학' 용례는 5회 나온다.

'대중문학', '대중소설' 등에 관한 당시 독자들의 관심 및 이에 부응한 《삼천리》 측의 동향은 일본의 그것과 연동되어 있었다고 생각된다. 1990년대에 영인된 일본의 근대 용어사전 집성류를 개괄하면, '대중문학'에 관한 항목 설명은 1930년 무렵 "문화적 교양이 낮은, 광범위한 대중을 상대로 발표되는 문학"으로 정의하면서도, "대중문학이라는 용어는 오히려 프롤레타리아 문학을 의미하는 것이어야 한다"고 하여 계급적 관점을 강하게 투영했다.[36]

이런 규정이 이후의 용어사전에도 영향을 끼치는 가운데, 다른 사전에서는 동일 항목에 대해, "대중을 향한 문학. 통속문학. 역사적 소재를 흥미 위주로 취급한 읽을거리, 즉 문예적 가치로 풍부한 강담식 소설"로 설명하거나, "중류계급을 겨냥한 소설. 순 예술적 작품과 통속문학의 중간을 취한 것. 그 작자를 대중작가"로 설명하는 등 위의 계급적 관점과는 상이한 갈래도 혼재했다.[37]

그러나 1932년 하반기부터 1933년에 이르는 기간의 사전 항목설명을 보면, 대체로 프로문학에 관한 설명은 탈락하고 '문화적 교양이 낮은 다수의 사람을 대상으로 한 문학'이라는 의미로 설명되거나,[38] 그 외에 '대중문학'을 "순수문학에 대비되는 말"로 규정하면서도 '뛰어난 대중문학은 예술적으로 순수성을 가지며, 뛰어난 문학은 항상 대중성을 가진다'고 서술하여 대중문학의 성격 규정에서 순수성과 대중성의 상호 관련성을 크게 염두에 두고 있다.

지금까지 살펴본 제3기의 현실적, 담론적 상황 그리고 《삼천리》 등 잡지 매체의 '대중문화'에 대한 관심 등은 '대중' 개념의 의미장 형성에 어떻게 작용하고 있었을까. 이 시기 전체 빈도 수가 가장 높은 1936년의 의미장을 살펴보자. 〈부표 4〉에서 우선 눈에 띄는 것은 1931년의 그것에 비해 전체적으로 빈도 수 자체가 크게 낮아졌다는 점이다. 그런데 이는 '대중' 관련 용례를 포함하는 기사 총수의 절대수가 3분의 1정도로 감소한 점을 생각하면 특별히 더 많이 낮아졌다고는 보기는 힘들다.*

'대중' 개념과 계열관계에 있는 용어로는 '조선사람'이라는 전칭 용어가 3회로 가장 많은 것이, '민중'이 10회로 가장 많았던 제2기의 상황과 대비된다. '레코드 팬'이 2회로 그 다음인데 이는 이미 살펴 본 당시 '대중문화'의 발달과 그것이 '대중' 용례에 반영되던 상황을 한 번 더 확인해준다. 이처럼 '대중문화' 계열의 용례가 증가

---

* 〈부표 1〉에서 알 수 있듯이 연도별 전체 용례 수가 1931년에는 373회였던 것이 1936년에는 142회가 되어, 1936년의 빈도 수는 1931년의 38.1퍼센트 수준으로 줄었다. 두 해의 의미장에 표시된 주요 용어들의 빈도 수나 밀도도 3분의 1수준 혹은 조금 더 낮은 수준으로 줄었다고 할 수 있다.

한 상황은 이 의미장에도 반영되었다. '대중'에 대한 속성에서 '통속적'이 3회로 가장 빈도 수가 높고, 이에 관한 낮은 빈도 수에서도 앞 시기와 같은 '운동적 주체'로서의 속성보다는 평이함이나 개방성(≒ '대융적大融的') 등 문학이나 예술과 연관되는 수식어가 주류를 이룬다. 이는 '대중'의 반의어에도 드러난다. '대중'의 반대 의미로는 '계급적'이나 '선각자' 등 이전부터 많이 사용되던 용어도 보이지만, 이보다는 다수가 아닌 '소수', 그리고 '통속'이 아닌 '순수' 등이 더 자주 사용되었고, '대융적大融的'에 반대되는 '소친적小親的', 기타 웅변가, 예술가, 문예부 간부, 고급독자 등도 낮은 빈도 수이나마 종류 면에서 큰 비중을 점한다.

다음으로 1938년 이후의 동향에 대해서 살펴보자. 이미 1절에서 살펴보았듯이 1938년 이후에는 특정 용례가 빈도 수 증가를 주도하는 경향은 잘 보이지 않는다. 오히려 '일반대중' 등 전칭 용례에서 전시 정책의 상황을 반영한 용례 사용이 보이는 정도이다. 이것은 1937년 중일전쟁 이후 《삼천리》가 친일적 논조로 기울어지면서 일제의 전쟁 수행에 협력하는 기사를 싣거나 자체 검열기제의 작동으로 인해, 이전과 달리 시대 상황에 능동적으로 대응하면서 특정 용례를 제시하는 상황은 더 이상 가능하지 않았기 때문으로 생각된다.

1937년부터 1942년까지 '대중' 관련 용례를 포함한 총 85개의 기사 중에서 '대중'이 들어간 용례가 높은 순서대로 2개를 들면 최고가 20회, 그 다음이 15회이다. 그 다음은 7회가 1개, 그 다음은 모두 5회 이하이다. 빈도 수 1위와 2위의 글에 주목해 보면, 두 글은 좋은 대조를 이룬다. 1위는 1938년 12월에 발표된 글인데 필자는 일본 내무성 보안과장이다. 총 20회의 빈도 중 '대중'이 10회, '사회대중당'이 7회이다. 그러나 내용을 읽어 보면 이 '대중' 용례나 '사회대중당'은 일본 공산주의운동 세력의 경과를 비판적으로 정리하는 문맥에서 사용되었다. 오히려 그는 글 중간 중간에 "국민제군國民諸君의 가운데는 …… (중략-인용자) …… 소위 인민전선운동이 종래의 운동에 비하여 합법 온건화했기 때문에 …… (중략-인용자) …… 이에 동정적·지원적 태도에 나아가는 일이 있는 것은 실로 유감스러운 일이다"라고 했다.[39]

또한 "총후銃後의 일반 국민은 …… 코민테른의 책모를 간파하여 …… 이런 불온사상을 전적으로 격퇴·제거하기 위하여 당국에 협력하여 주기를 바라는 바이다"라고 했다.[40] 이런 표현이 몇 군데 더 있는 바, '대중' 대신 그가 호명하고 있는 대상은 '국민'이었다. 이런 점에서 그의 글은 외관상 '대중' 용례를 빈번하게 사용하는 듯해도 오히려 전시통제로 접어든 뒤 정책적 의도에 의해 '대중'이 가진 의미가 힘을 잃고 분해되어 가는 것을 나타내는 징후로 읽힌다.

빈도 수 2위는 사회주의자 김명식이 1938년 5월에 발표한 글이다. 총 15회 중에서 '대중'이 11회 사용되었다. 그는 여기서 '낭인浪人'이라는 일군의 집단에 대해 사회학적 비판을 시도했다. 그에 따르면 '낭인'은 높은 교육을 받았지만 일정한 직업이 없고 마작이나 경마장, 퇴폐적 문학에 탐닉하는 집단이다. '대중'은 여기서 '낭인'을 비판하는 중요한 기준으로 상정된다. 즉, 그는 낭인에 대해, "저의 교양에 의한 생활이 한갓 특권적 지위를 동경하고 추구할 뿐"이라서 그들이 가진 "일반인과 다른 교양적 특수성은 사회를 위한 계몽적 의의도, 대중을 위한 지도적 역할도 가지지 못한다"고 비판했다.[41]

이런 전제 위에서 그는 "교양 계급으로서 일찍 대중과 절연絕緣되고 또 일정한 직업이 없이 떠도는 낭인浪人 생활을 영위한다 하면 그들은 필연적으로 파렴치한 투기배가 아니면 데카다니스트가 되는 수밖에 없을 것"이라고 신랄하게 비판했다.[42]

낭인 비판의 전제가 된 그의 지식관은, "정치적 교양이란 가장 상식적 교양"이라는 말에 함축되어 있다. 즉, "만일 정치적 교양과 대립하는 문화적 교양이 있다 하면 그것은 필연적으로 취미적이 아니면 도락적道樂的이 될 수 밖에 없"다는 것이다.[43]

이러한 그의 인식에서 정치의 영역과 문화·일상의 영역은 분리가 허용되지 않는다. 그는 후자로 도피하는 경향, 특히 "연문학軟文學에 탐닉하야 사치·음란함과 방종으로써 인생관을 삼아 극기도 규율도 공덕公德도 조직도 질서도 돌아보지 아니함"을 특히 강도 높게 비판했다.[44]

이상과 같은 김명식의 '낭인' 비판은 결국 그동안 전개되어 온 식민지 조선의 도시 대중문화에 대한 환멸과 비판적 정서를 깔고 있었다. 그가 언급하는 '대중'에서도 이전과 같은 운동적 주체로서의 '대중'에 대한 기대나, '대중문화'의 소비 주체로서의 측면에 대한 관심 혹은 계도의 노력은 보이지 않는다. '낭인'을 바람직한 지식인 혹은 지도자 상에 대한 반면교사로 설정하고 그것을 비판하는 데 초점이 있었다. 신간회 해소 이후 사회운동적 기반의 상실, 도시 대중문화의 폐해에 대한 환멸은 이미 이전부터 지식인으로서의 김명식에게 식민지 근대성이 초래한 딜레마적 상황, 즉 '운동과 일상의 분리와 그 메울 수 없는 간극'의 이미지로 표상되었던 것으로 짐작된다. 1937년 중일전쟁이 발발하고 이후 일본 국내에서 '혁신적' 세력이 집권한 상황 속에서 김명식은 일본 제국적 질서 속에서 조선적 입지 마련의 가능성을 확인하는 '협화론적 내선일체론'의 입장을 취한다.[45]

중일전쟁 이후 '대중' 용례를 많이 사용한 두 글, 즉 내무성 보안과장의 글과 김명식의 글은 전자는 실제로 '국민'에 중심을 두었고 후자는 '대중'과 지식인의 연결을 상정하는 차이는 있었지만, 두 글 모두에서 '대중'은 이전 시기에 주류를 형성했던 두 흐름인 '사회운동' 계열과 '대중문화' 계열의 용례와는 괴리를 보였다. 1938년 '대중' 개념의 의미장에서도 이러한 요소를 살펴볼 수 있다. 〈부표 5〉에서 '대중'과 계열관계에 있는 용어로 오히려 '민중'이 5회나 부각되어 있는 점은, 조금 전에 살펴본 맥락에서 본다면 '대중'의 의미적 확장이 아니라 '대중'이 의미적으로 축소되고 '민중'으로 대체되고 있었던 상황을 반영하는 것이라 해석할 수 있다. '대중'에 대한 묘사에서 '총후미담 만발'이나 '급속한 국민적 자아' 등이 등장한 것, 그리고 부정적 묘사가 더 많아진 것도 이러한 동향을 뒷받침한다. '대중'의 반의어로는 '지도자'가 3회로 가장 많다. 낮은 빈도 수로는 관경, 관원이 새로 추가된 것이 전시 체제 상황의 반영이다. 앞서 살펴본 김명식의 '낭인'도 대중의 반의어로 나타난다.

'대중'에 대한 종합적 관찰

이 글에서는 1920~30년대 식민지 조선 사회의 특징적 양상을 살펴보기 위해 집단적 행위자, 특히 '대중'을 개념사적 방법을 통해 고찰해 보았다. 분석의 주안점은 어휘통계학적 방법을 위주로 하면서, 양적·질적 검토, 통시적·공시적 관찰 등을 포괄한 종합적이고도 효율적인 분석방법을 제시하는 데 두었다. 지금까지 살펴본 내용을 요약하고 몇 마디 덧붙이고자 한다.

《개벽》, 《별건곤》, 《삼천리》에서 '대중' 개념 관련 용례 199종을 추출한 뒤, 이를 토대로 첫째, 용례 빈도 수 변화의 증감폭이 큰 용례를 성격에 따라 '사회운동' 계열과 '대중문화' 계열로 구분했으며, 두 계열의 존재 양태를 기준으로 '사회운동 계열 중심기', '두 계열의 병존기', '대중문화 계열 중심기'의 세 시기로 구분했다. 둘째, 이러한 표면적 변동 양상과 달리, 빈도 수의 증감폭이 작은 '전칭全稱 용례' 등을 '대중' 용례의 심층적 흐름을 보여주는 것으로 간주하여, 표면적·심층적 변화 양상을 모두 시야에 넣고자 했다. 셋째, 첫째·둘째의 접근이 가진 통시적 관찰의 빈 곳을 메우기 위해, 중요한 4개 연도에 대한 '의미장意味場'을 각각 작성하여 공시적 관찰을 덧붙였다.

제1기(1920~1925)에는 사회주의자들이, 3·1운동 이후 널리 사용된 '민중' 개념과 구별하여 '대중' 개념의 사용을 주도했다. 그런데 처음에 이들은 '대중' 개념을 단독으로 사용하기보다는 '무산대중'에 국한된 용례를 주로 사용했으며, 사회주의의 영향을 반영한 '운동' 주체로서의 의미 사용이 정착되지 못하는 등 개념 수용의 초기적 상황을 보였다. 제2기(1926~1933)에는 '대중' 개념이 '무산대중' 위주의 용례에서 벗어나 다양하게 사용되었으며, 특히 사회운동적 주체와 관련한 긍정적 의미가 많았다. 이 기간엔 신간회 해소 논의와 관련하여 핵심 용례가 '무산대중'에서 '노농대중'으로 이동했으며, 그 과정에서 '대중'의 포괄 범위가 '무산' 일반으로부터 '노동자·농민'이라는, 좀 더 계급적 함의가 강화된 것으로 변모한 것이 특징이다. 또한 이미 이 기간에는 '대중문화' 계열의 용례가 출현했으나 1931년 의미장에 반영될 만큼 정착되지는 않은 특징을 보였다. 제3기(1934~1942)의 경우 중일전쟁 이전과 이후가 서로 다른 특징을 보였다. 중일전쟁 이전에는 도시 대중문화의 성장과 신간회 해소 등의 상황을 반영해 '대중문화' 계열의 용례가 활성화되고 의미장에도 반영되었다. 그러나 중일전쟁 이후 전시 체제기로 가면 '대중' 용례는 형해화되면서, 한편에서는 '국민' 개념이 부각되고, 다른 한편에서는 '민중' 개념이 다시 대두하는 양상을 보였다.

지금까지의 분석과 정리를 통해 일제 시기 '대중' 개념의 사용은 사회주의자들이 주도했고 주로 '사회운동'적 의미로 많이 사용되었던 사실을 알 수 있었다. 일제 식민지기 도시 대중문화의 확산에 기반을 둔 '대중문화'적 용례도 일정한 흐름을 이루며 지속했으나 '사회운동'적 용례에 비해선 그리 활발하지 못했다.

'대중' 개념을 매개로 시도해 본 개념사적 접근방법은 그 방법론적 특성과 결부되어, 식민지 조선 현실의 '대중' 현상이나 '대중의 창출'에 대해서 직접적인 탐구를 하기는 어렵다. 반면에 '대중'에 대한 지식인의 인식과 표상을 섬세하고 전체적으로 분석·조망할 수 있는 이점이 있다. '대중' 용례의 통시적 변동과 공시적 분포 양상에는 기존의 신간회 연구 등 민족해방운동사적 관점에서 주목하던 현상도 포함되는 반면, '식민지 근대'의 관점에 입각한 최근 연구가 주목하는 도시 대중문화의 동향도 반영되어 있다. 이러한 자료를 통해 양자의 상관관계, 즉 후자에서 주목하는 '대중문화' 관련 용례보다는 전자에 해당하는 '사회운동'적 용례가 더 활발하게 사용되고 있었다는 점도 종합적 견지에서 조망할 수 있었다.

이 연구의 성과를 바탕으로 향후에는 두 가지 방향으로 연구를 진행해 나가고자 한다. 첫째는 다소 공시적 접근으로서, '대중' 이외에 '민중', '인민' 등 인접 개념과의 상호관계를 파악하여 이러한 개념 이면에 작용하는 개념 사용 주체들의 전략, 갈등관계 등을 파악하고자 하며, 둘째는 통시적 견지에서 식민지기 '대중' 개념이 가진 '사회운동'적 용례와 '대중문화' 용례의 상호관계가 해방 후 현대 한국사회로 오면서 어떻게 지속되거나 변화하는지를 살펴보고자 한다.

〈부표 1〉 일제 하 주요 잡지에 수록된 '대중' 개념 관련 전체 용례 동향표

번호	대중용례	주체도 형태	1921·1922	1923	1924	1925	1926	1927	1928	1929	1930	1931	1932	1933	1934	1935	1936	1937	1938	1939	1940	1941·1942	합계 빈도
1	대중	단독	8	17	15	28	47	19	13	13	69	166	75	15	33	69	55	7	45	11	10	13	729
2	대중적	단독	2	2	4	2	3	3	1	3	10	51	25	2	7	10	17	3	4	1	3	3	153
3	대중화	단독					2		1		1	5	1		1	1			1				13
4	國體大衆黨	복합 / 사회운동															1*						1
5	대중정당												3										3
6	사회대중당													2					7**				9
7	사회대중당수																				1		1
8	애국대중당																1*						1
9	대중당										1	2	1			1							5
10	대중연설																1						1
11	대중훈련										1												1
12	대중단체											1							2				3
13	대중조직										6	4											10
14	대중조직 형태												1										1
15	민족대중단체											1											1
16	비조직대중층											1											1
17	대중문제											1											1
18	대중생활								1										1				2

번호	대중용례	주제	형태	1921	1922	1923	1924	1925	1926	1927	1928	1929	1930	1931	1932	1933	1934	1935	1936	1937	1938	1939	1940	1941	1942	합계빈도
19	대중실업	사회운동	복합																							1
20	대중층													2					1		2					5
21	대중동원														3											3
22	대중운동					1	3	3	6				2	15	4											34
23	대중운동자													1												1
24	대중이탈						1																			1
25	대중지도																	1								1
26	대중해방						1																			1
27	대중행동													6	1											7
28	대중회합													1												1
29	대중획득														2		1									3
30	대중??													2												2
31	????														1											1
32	대중방침													1												1
33	대중보위						2	1						1												4
34	??대중													1												1
35	계급대중													1												1
36	근로대중											1	1	2	1	5	1									10

번호	대중용례	형태 주체 객체	1921	1922	1923	1924	1925	1926	1927	1928	1929	1930	1931	1932	1933	1934	1935	1936	1937	1938	1939	1940	1941	1942	합계빈도
37	노동대중								2				33	3							1				39
38	노동청년대중												1												1
39	노동대중											1	5	4											7
40	노동자												1	1											2
41	농민대중													1											1
42	노여대중												1												1
43	농민대중	사회운동 수식										3	3	4			1	2	1		2				16
44	무산대중				23	13	9		18	1		11	6			1									82
45	무산시민대중			1																					1
46	무산의 대중												1												1
47	미조직												1												1
48	노동대중													2											2
49	무인대중					1																			1
50	세계무산대중															1									1
51	세계프로대중												1												1
52	소시민대중														1										1
	어민대중																								1

번호	대중용례	주체	행태	1921	1922	1923	1924	1925	1926	1927	1928	1929	1930	1931	1932	1933	1934	1935	1936	1937	1938	1939	1940	1941	1942	합계빈도
53	일반농민대중	사회운동	수식													1										1
54	전근로대중														1											1
55	조선노농대중												1													1
56	조선무산대중								1																	1
57	조선여성대중												2												2
58	청년대중											1	3			2	1		1	1					9
59	프롤레타리아대중													1											1
60	피압박대중								1				1												2
61	파적취대중												1												1
62	학생대중						2																			2
63	대중병원	대중문화	복합																1				2			3
64	대중의료기관																					1			1
65	대중의원																					1			1
66	대중의학																					1			1
67	대중교육													1											1
68	대중교육가								1																1
69	대중문예								1			1													2

번호	대중용례	형태·주체	1921	1922	1923	1924	1925	1926	1927	1928	1929	1930	1931	1932	1933	1934	1935	1936	1937	1938	1939	1940	1941	1942	합계빈도
70	대중문예사											1													1
71	대중문예상																					2			2
72	대중문예소설																		1						1
73	대중문예작품																					1			1
74	대중문학														1		1	5				5			12
75	대중문화강좌																	1							1
76	대중소설	대중문화														12		22		1			2		37
77	대중소설가														4	1									5
78	대중소설작가															2									2
79	대중작가														1	1									2
80	역사대중소설																1								1
81	대중공문											6	1	3			1		1				1		12
82	대중공문장사													1											1
83	대중독물										1														1
84	대중시보												1												1
85	대중신문											1	1												2
86	대중잡지											1				1		2							5
87	대중극장														4								1		5

번호	대중용례	주제	형태	1921	1922	1923	1924	1925	1926	1927	1928	1929	1930	1931	1932	1933	1934	1935	1936	1937	1938	1939	1940	1941	1942	합계빈도
88	대중무대	대중문화	복합												2											2
89	대중영화극장																						1			1
90	대중예술									2																2
91	대중불교																		1				2			3
92	대중오락									1				1												2
93	대중오락물														1											1
94	대중취미														2											2
95	대중교화																							1		1
96	대중문화													1												1
97	대중문화운동													1												1
98	대중물		수식													1										1
99	통속대중물																	1								1
100	고객대중																	1								1
101	관객대중																	1								1
102	??대중																								1	1
103	독서대중											1														1
104	독자대중												2	2		1	2	2							9
105	레코드펜대중																	2							2

번호	대중용례	행태	주체	1921	1922	1923	1924	1925	1926	1927	1928	1929	1930	1931	1932	1933	1934	1935	1936	1937	1938	1939	1940	1941	1942	합계 빈도
106	문맹대중	수식	대중문화											1					1							2
107	소비대중														1		1		6		1					9
108	일반소비대중																	1			1					2
109	펜대중																	1								1
110	1,400만 대중		기타					2																		2
111	1,700여만 대중				2																					2
112	10만 가까운 대중																	1								1
113	10만 가까운 대중															1										1
114	10여만 대중							1																	1
115	1500승의 대중				1																				1
116	17여의 대중				1																				1
117	1천4백만 대중							1																	1
118	2,500만 대중											1													1
119	20만 대중									1															1
120	2천만 대중									1												1			2
121	3000대중								1																1

번호	대중용례	유형 (주체/기타)	1921	1922	1923	1924	1925	1926	1927	1928	1929	1930	1931	1932	1933	1934	1935	1936	1937	1938	1939	1940	1941	1942	합계 빈도
122	300만 대중																								1
123	300만의 대중				1																				1
124	30만 대중								1								1								2
125	400여만 대중							1																	1
126	4萬萬의 대중	수							1																1
127	4억의 대중				1			2																	3
128	5만인의 대중	식										1													1
129	9천 대중							1																	1
130	광범대중	기												1											1
131	광범위한 대중	타											1												1
132	기수기만의 대중					1																			1
133	누백만의 대중				1																				1
134	다수 대중															1									2
135	대경성 40만 대중																1								1
136	대다수의 대중																					1			1
137	반도 2,300만 대중																			1					1

번호	대중용례	주제형태	1921	1922	1923	1924	1925	1926	1927	1928	1929	1930	1931	1932	1933	1934	1935	1936	1937	1938	1939	1940	1941	1942	합계빈도
138	배따이라는 대중												1												1
139	사오십만명의 대중																	1							1
140	선배만 대중																					1			1
141	수만 대중																2	1							3
142	수많은 대중												1												1
143	수배만 대중																			1					1
144	수십만의 대중																1								1
145	여러 대중	기 타											1				1								2
146	일부 대중													1											1
147	일억 대중	수 식																						1	1
148	전 대중												1												1
149	金土의 대중										1														1
150	천명 대중																1					2			2
151	천여의 대중																								1
152	팔억만 대중										1														1
153	내지의 대중												2												2
154	만천하의 대중										1														1

번호	대중용례	주체	형태	1921	1922	1923	1924	1925	1926	1927	1928	1929	1930	1931	1932	1933	1934	1935	1936	1937	1938	1939	1940	1941	1942	합계빈도
155	서울의 대중		수식			1																				1
156	세계 전 인류의 대중		수식			1																				1
157	세상에 모든 대중		수식						1																	1
158	식민지 대중		수식										1	10												11
159	아세아 대중		수식																	1					1	2
160	이 땅 대중		수식											1												1
161	이천만 배달대중		기타							1																1
162	인도대중		기타												1											1
163	인류대중					3																				3
164	조선대중								4		2		2	1	1			1	1		1					13
165	조선사람 대중																		1							1
166	조선의 대중							1	3	1		3		1					1							10
167	조선인 대중										1						1									1
168	중국대중										1			1												2
169	중국의 대중							1																		1

번호	대중용례	행제	1921	1922	1923	1924	1925	1926	1927	1928	1929	1930	1931	1932	1933	1934	1935	1936	1937	1938	1939	1940	1941	1942	합계빈도
170	지방의 대중	수식											1												1
171	천하대중						1	1																	2
172	??대중						1																		1
173	남성대중												2												2
174	여성대중											2	4												6
175	국민대중																			1	1				2
176	민족대중												1												1
177	사회대중											1					1	4							6
178	인민대중												1									1			2
179	일반대중								1			1	1	1	3	2	8	8	1	6	1	3	4		40
180	??대중	기타																			1				1
181	무의식대중								1								2								3
182	민생대중														1										1
183	????													1											1
184	비조직대중																	1							1
185	빈구대중												1												1
186	양심대중																			1					1
187	외부대중												1												1
188	우민대중								2																2

번호	대중용례	주행체제	1921	1922	1923	1924	1925	1926	1927	1928	1929	1930	1931	1932	1933	1934	1935	1936	1937	1938	1939	1940	1941	1942	합계빈도
189	일반신도대중																								1
190	주민대중	수식										1													1
191	천도교대중																			1				1	1
192	중추대중																						2		2
193	환자대중																			3	1				4
194	회원대중	기타											3												3
195	대중성												1	1	1		1	2	1	2		3	2		14
196	대중시대													1											1
197	대중심	복합																1							1
198	대중영합													1											1
199	대중의식												1							1					2
	합계		1	13	51	43	51	97	35	19	22	134	373	155	40	68	115	142	17	84	19	42	31	3	555

- '주제'는 '사회운동'과 '대중문화'로 구분하고, 여기에 잘 해당되지 않는다고 보이는 것은 '기타'로 분류했다.
- '형태'의 '단독'은 단독형, '복합'은 복합명사형, '수식'은 수식어 전치형이다.
- 전체 용례는 '주제' 별로 정렬했다.
- 색깔이 표시된 구역은 최다의 구분에 따랐다. 진한 칸은 사회운동, 테두리가 굵은 칸은 대중문화, 가로선을 그은 칸은 전시통계. 중으로 된 각각의 문화운동은 각각 해당한다. 다만 모두 확인한 것은 중간 빈도 수가 높은 용례를 중심으로 표시했다.
- 사회운동과 대중문화의 성격이 혼재되어 있는 용례 중간 정도의 전하기로 표시했다. 용례 빈도 수 뒤에 '*' 표기 있는 칸은 대중문화와 전시통계의 성격이 혼재되어 있는 경우이며, 사회운동과 전시통계의 성격이 혼재된 용례가 있는 칸은 용례 빈도 수 뒤에 '**'를 붙였다.
- 빈도 수 합계가 10회 이상인 용례는 그 간에 강조 표시를 했다.

사회운동
대중문화
전시통계
문화운동

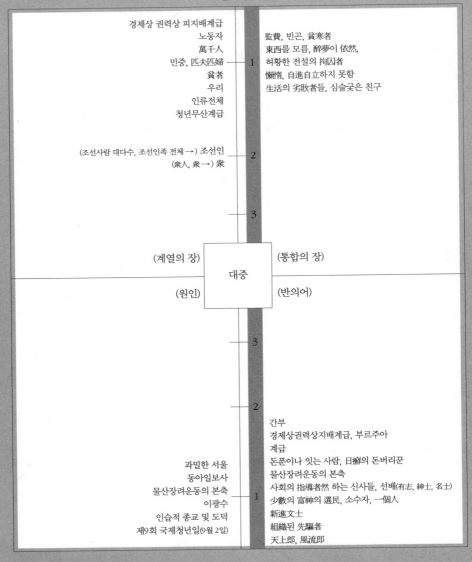

〈부표 2〉 1923년 '대중' 개념의 의미장

빈도 수

경제상 권력상 피지배계급
노동자
萬千人
민중, 匹夫匹婦
貧者
우리
인류전체
청년무산계급

監費, 빈곤, 貧寒者
東西를 모름, 醉夢이 依然,
허황한 전설의 拘囚者
懶惰, 自進自立하지 못함
生活의 劣敗者들, 심술궂은 친구

1

2

(조선사람 대다수, 조선인족 전체 →) 조선인
(衆人, 衆 →) 衆

3

(계열의 장)　　　　　　　　(통합의 장)

대중

(원인)　　　　　　　　(반의어)

3

2

간부
경제상권력상지배계급, 부르주아
계급
돈푼이나 잇는 사람, 日癖의 돈버리꾼
물산장려운동의 본축
사회의 指導者然 하는 신사들, 선배(有志, 紳士, 名士)
少數의 富神의 選民, 소수자, 一個人
新進士
組織된 先驅者
天上郎, 風流郎

1

과밀한 서울
동아일보사
물산장려운동의 본축
이광수
인습적 종교 및 도덕
제9회 국제청년일(9월 2일)

〈부표 3〉 1931년 '대중' 개념의 의미장

빈도 수

(계열의 장) — 대중 — **(통합의 장)**
(원인) (반의어)

상단 좌측 (계열의 장):

- 100만 교도, 敎徒
- 계급의 연맹, 민족 내의 各 階級
- 동포, 민족대중, 原住民
- 사회 각 부문
- 수천농민 — [1]
- 옥편과 신어사전과 돈을 갖지 못한 이 나라 백성들
- 일반여성대중, 弩農夫人
- 전체, 이 많은 무리, 중생, 衆人
- 회원

- 사회민중, 무산대중 — [2]
- (절대다수, 多大數 →) 대다수
- 군중 — [3]
- (노동대중, 노동자계급, 프롤레타리아 →) 노동자계급
- (프롤레타리아·농민, 朝鮮農民及勞動者, 勞農大衆 →) 勞農大衆
- — [4]
- 광범위

- (조선민중, 민중[9] →) 민중 — [10]

상단 우측 (통합의 장):

경제
노동자와 純小作農
다수, 수많은

覺醒이 低級, 怯懦, 落望 安協變心 倦怠하려하는
勞動力의 持續如何가 問題, 세금부담 과중,
피착취의 심화
문맹, 신문과 잡지를 읽지 못함. 지식정도가 옅은,
유치한 머리와 흩어진 힘
방황
생활비의 증가

각계각층의 통일을 熱願
일정한 목표를 향하여 돌진하려고 하려는 욕구가
전보다 더욱 강하여짐, 한순간도 靜息하지 않음
自然成長的鬪爭意識, 組織과 訓練이잇서
政治的 經濟的으로 進就된,

하단 좌측 (원인):

- 신간회 해소 — [10]
- 근우회 해체 — [2]
- 경성여자소비조합 — [1]
- 經濟恐慌
- 민족적 대표의 선출 문제
- 암태도 소작쟁의
- 조선협동조합운동
- 천도교 합동
- 靑總해소문제
- 최승희(무용가)
- 형평사

하단 우측 (반의어):

- 지도자(← 지도자[5], 지도부, 지도부대, 지도분자) — [8]
- 전위(← 전위[3], 前衛分子) — [4]
- 자본가(← 부르주아, 자본가, 資本閥, 日本內地의 자본가)
- 간부(← 간부[2], 수뇌간부) — [3]
- 계급 / 귀족
- 영수(← 首領, 領袖) — [2]
- 지식계급(← 인텔리겐챠, 지식계급)

[1]:
高踏
고전(古典)
공산당
기본적 계급
당국
名士, 紳士
반동, 反動勢力
有閑階級, 소부르주아, 소수의 소부르주아 정객
部分人士, 분리, 쎅트, 一個의 俱樂部, 일부분의 新幹
운동자, 좁은 범위, 종파 선각자
실내, 安全地帶
위인
主義者
정당, 정치
조선사람의 대표
주최자, 지도적 지위에 있는 소부르주아지
투사

〈부표 4〉 1936년 '대중' 개념의 의미장

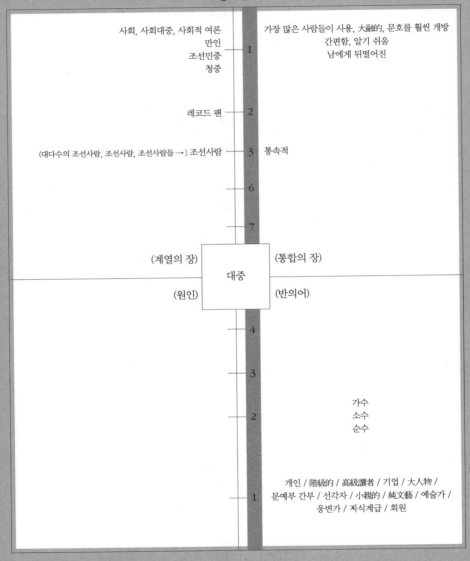

빈도 수

사회, 사회대중, 사회적 여론 / 만인 / 조선민중 / 청중   1   가장 많은 사람들이 사용, 大融的, 문호를 훨씬 개방 / 간편함, 알기 쉬움 / 남에게 뒤떨어진

레코드 팬   2

(대다수의 조선사람, 조선사람, 조선사람들 →) 조선사람   3   통속적

6

7

(계열의 장)   **대중**   (통합의 장)

(원인)   (반의어)

4

3

2   가수 / 소수 / 순수

1   개인 / 階級的 / 高級讀者 / 기업 / 大人物 / 문예부 간부 / 선각자 / 小親的 / 純文藝 / 예술가 / 웅변가 / 지식계급 / 회원

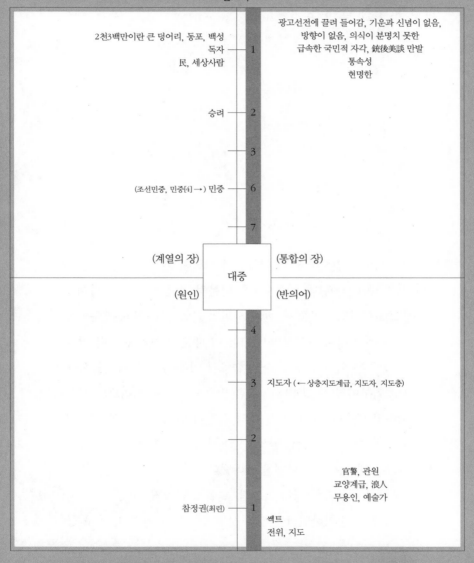

빈도 수

2천3백만이란 큰 덩어리, 동포, 백성
독자 — 1
民, 세상사람

광고선전에 끌려 들어감, 기운과 신념이 없음,
방향이 없음, 의식이 분명치 못한
급속한 국민적 자각, 銃後美談 만발
통속성
현명한

승려 — 2

— 3

(조선민중, 민중[4] →) 민중 — 6

— 7

(계열의 장)

대중

(통합의 장)

(원인)

(반의어)

— 4

지도자 (← 상층지도계급, 지도자, 지도층) — 3

— 2

官警, 관원
교양계급, 浪人
무용인, 예술가

참정권(최린) — 1

쎅트
전위, 지도

2
집합적 주체들의 향방
— '국민 · 인민 · 민중 · 대중' 을 중심으로

이 글은 '새로운 민중사' 를 모색하면서 시도해 본 실증적인 작업의 하나이다. 1980~90년대 민중사학은 학문적·실천적 의의가 다대多大함에도 불구하고, '민중' 을 한국 사회의 변혁을 수행하는 '운동적 주체' 로 보는 이미지를 고착화시켰다. 이 때문에 이와 관련한 역사 연구는 '민중은 역사의 주체' 라는 슬로건 아래 주로 민중운동사를 중심으로 이루어졌다. 그러나 이러한 민중상은 종종 엘리트의 지도를 전제하고 있을 뿐만 아니라, 미리 설정된 변혁의 주체와 경로에 끼워 맞추어진 이미지라서, 일상생활에서 민중의 다양성과 능동성을 포착하는 데에는 많은 한계를 드러냈다.[1]

민중사학의 형성과 전개에 이론적·현실적 근거가 되었던 대내외적 상황이 크게 변화하면서—한국 사회의 정치적 민주화, 동구 공산주의권의 몰락 등—민중사학의 '투쟁하는 민중상'은 '민주화 이후의 한국 사회'를 설명하는 데 한계를 노정했고, 이와 반대로 기존의 '민중' 개념으로 담기 어려운 '소수자', 즉 외국인 노동자, 성적性的 소수자 등에 대한 관심이 높아졌다. 이런 경향은 역사 연구에도 반영되어 민중운동사 연구는 크게 줄어들었고, 연구자들의 관심은 생활사·문화사 방면으로 옮겨 갔다. 그 과정에서 예전에 범람했던 '민중' 논의는 급격히 사라지게 되었다.

지금은 '새로운 민중사'의 '모색기'라 부를 만하다. 아직 '새로운 민중사'라는 용어는 '민중 지향성' 정도의 범박한 속성을 민중사학과 공유할 뿐, '민중'의 내포와 외연, 연구방법론 등 많은 면에서 민중사학과 차별화된 내용을 채워나가야 할 단계에 있다. '민중' 개념을 재구성하는 작업도 이러한 노력에 속한다.

이 글은 첫째, 식민지기 《동아일보》의 기사제목에 나타난 '집합적 주체' 개념을 분석함으로써 '민중' 개념의 식민지적 존재양태에 한 걸음 다가서고자 한다. 그리고 '집합적 주체' 개념을 '하나의 단위로 묶어서 언급되는 다수의 행위자' 정도로 규정하여 서술하고자 한다. 둘째, 방법론적으로는 식민지기 개념 연구를 위한 방법론 정립을 시도하고자 한다.

첫 번째 목표와 관련하여, 그동안 '민중' 개념에 관한 연구는 1970~80년대의 '민중'을 중심으로 이루어졌다.[2] 최근에는 개항기 및 해방 후 '민중' 혹은 이와 연관된 '집합적 주체'에 관한 연구가 이루어졌다.[3] 이러한 선행 연구성과를 참조하되 새로운 민중사를 추구하기 위해서는, '민중' 개념이 우리 사회에서 처음 사용되던 초기 상황에 대한 역사적 이해가 무엇보다도 필요하리라 생각된다. 또한 '민중' 개념의 재구성을 위해서는 '민중' 개념만이 아니라 인접 개념들과 함께 고찰하는 것이 더욱 풍부한 함의를 발견할 수 있게 할 것이다. 여기서는 식민지기 집합적 주체를 가리키는 개념을 '국민', '인민', '민중', '대중'의 네 개념을 중심으로 살펴보고자 한다. 식민지기에 '시민' 개념도 적지 않은 빈도 수를 보이기는 하지만,[4] 이 개념은 주로 '시민대회' 등의 용례로 사용되었으며 또 이 용례를 살펴 볼 경우 '면민대회面民大會', '부민대회府民大會' 등도 함께 검토해야 하는 별도의 작업이 필요하므로 일단 이번 검토대상에서는 제외했다.[5]

한편, 이 글에서 첫 번째 목표에 못지않게 중요하다고 생각하는 것은 식민지기 개념 연구를 위한 방법적 모색이다. 개념사 연구가 태동한 유럽뿐만 아니라 이웃 중국과 일본의 개념사 연구가 자국의 자료 상황이나 구축된 인프라 조건 위에서 특성화된 연구성과를 거두고 있는 데 비해, 한국의 개념사 연구는 아직도 시작 단계라 할 수 있다.[6] 우리도 체계적인 자료의 축적과 잘 기획된 연구방법론의 수립이 필요하다. 이 글은 이러한 상황을 인식하면서도 우선 현재 마련된 조건 속에서 식민지기 개념 연구를 진척시킬 방법적 도구로는 무엇이 활용 가능한지를 탐색하고자 했다. 여기서는 이미 국가정보화사업으로 전산화되어 있는 '한국근현대 신문잡지' 데이터베이스 자료를 이용해 주요 개념에 대한 계량적 분석을 시도하는 일에 착목했다.

1. 《동아일보》와 '집합적 주체'

'국민', '인민', '민중', '대중'의 네 개념이 식민지기에 어떤 변동 양상과 용례를 보였는지에 대해서는 아직 정리된 바가 없으므로, 이를 위해서는 이 개념들의 변화를 포괄적이고 시계열적으로 볼 수 있는 자료의 선택이 필요하다. 여기서는 《동아일보》의 기사제목을 주요 분석대상으로 삼고자 한다. 그 이유는 첫째, 접근 및 이용의 편의성이다. 주지하듯이 《동아일보》는 현재 국사편찬위원회의 '한국사 데이터베이스'에서 1920년부터 1962년까지 기사제목의 검색 및 원문 이미지 형태의 본문 열람이 가능하다.[7] 둘째, 상대적으로 균질적이며 장기지속적인 자료라는 점이다. 식민지기에는 잡지나 신문, 특히 민간 발행지는 오랫동안 안정적으로 발간되기 어려웠다. 이런 가운데 《동아일보》는 1920년부터 1940년까지 발행되었을 뿐만 아니라 해방 직후부터 재발간되었으므로 해방 이후의 개념 변동 양상과 대비해서 드러나는 식민지기의 특성을 파악하는 데에도 유용하다.

물론 《동아일보》의 기사제목만으로 특정 개념의 양태를 판단하는 데에는 많은 한계가 있을 것이다. 그러나 《동아일보》 기사제목은 당시 특정 개념의 사회적 용례를 반영할 뿐만 아니라, 역으로 구독자들에게 영향을 끼친 측면도 있다. 따라서 현재 식민지기 개념사 연구에 필요한 기초자료의 축적이라는 점에서 《동아일보》의 기사제목 분석은 개념의 사회적 유통을 살펴보기 위한 표본조사로서의 가치를 가진다고 본다.

이상의 사항을 염두에 두고 《동아일보》 기사제목에서 '국민', '인민', '민중', '대중'의 네 개념을 각각 검색한 뒤, 그 결과를 이 글의 목적에 맞게 가공하는 과정을 거쳐 본격적인 검토를 해보고자 한다. 먼저 '흔국사데이터베이스'에서 《동아일보》 기사제목에 나타난 네 개념을 검색한 합계는 모두 1만 1,333건이다. 이것은 1920년부터 1962년까지의 내외신 기사를 모두 포함한 검색결과이다. 이 1만여 건 기사의 개념별 분포 상황을 정리하면 〈그림 1〉과 같다.

〈그림 1〉《동아일보》 기사제목에 나타난 주요 개념의 빈도 수(초기 수치)

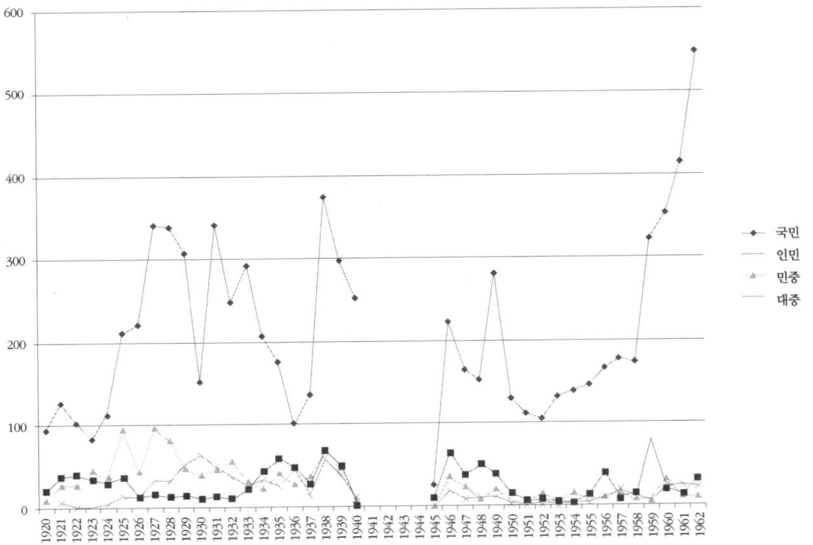

이 그래프를 보면 여타 개념에 비해 '국민' 개념의 빈도 수가 두드러지며, 특히 이러한 경향은 1950년대 말과 식민지기에 현저하다. 여타 개념은 상대적으로 빈도 수가 낮게 나타난다. 그런데 《동아일보》 기사제목을 분석할 때 다음 두 가지 점에 유의해야 한다.

첫째, 전체적인 동향 파악을 위해서는 각 개념의 빈도를 나타내는 절대수치보다는 연도별 비중을 중심으로 파악할 필요가 있다. 《동아일보》 기사 총수는 발행 면수의 증감,* 총독부의 정간 조처[9] 등 여러 변수로 인해 매년 크고 작은 변동을 보이기 때문이다.** 이런 조건 위에서는 각 개념의 연도별 빈도 수가 가진 상대적 비중은 타 연도의 그것과 단순히 비교하기 어렵다. 그러므로 네 개념의 시계열적 변동을 상호 비교해서 파악하기 위해서는 각 연도별 기사 총수에서 특정 연도의 해당 개념 빈도 수가 차지하는 비율을 산정해 이를 중심으로 네 개념의 변동 양상을 파악하는 것이 바람직하다.[11]

식민지기에 《동아일보》가 시기별로 증면했음에도 불구하고 총 기사 수가 크게 감소하는 해가 몇 군데 보이는데, 이는 네 차례의 정간 조처와 관계 깊다. 그중 특히 1930년과 1936, 37년은 정간 일수가 많아서 기사 수에 영향을 끼쳤다. 1945년이 낮은 이유는 《동아일보》가 1945년 12월부터 본격적으로 재발행되었던 사정을 반영한 것이다. 이상의 변수를 고려해 〈그림 1〉의 수치를 비중으로 환산해 보면 〈그림 2〉의 결과를 얻게 된다.

〈그림 2〉를 보면 '국민'과 '인민' 개념의 사용이 해방 직후의 정치적 활성화 속에서 폭발적으로 증가했음을 알 수 있다. 이는 기존

의 연구결과와도 부합한다.[12] 그리고 이 두 개념은 1960년대 초에 다시 가파르게 상승하는 모습을 볼 수 있다. 황병주는 최근 연구에 서 "4·19의 경험을 통해 많은 사람들이 민중의 역동성과 가능성을

❖

《동아일보》의 발행 면수의 증감

면수 증감 시점	면수
1920. 04. 03	4면
1920. 08. 11	6면
1929. 09. 20	8면
1932. 11. 21	4면
1933. 09. 01	6면
1936. 01. 07	8면
1940. 07. 17	4면
1945. 12. 03	2면
1955. 01. 01	4면
1962. 08. 20	8면

❖❖

《동아일보》 전체 기사 건수의 변화 양상

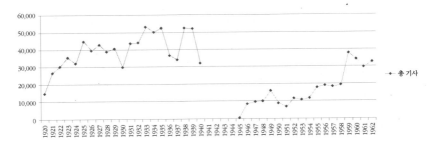

발견"했으나, 이때의 '민중'은 "지식인, 언론 등에서 사용되는 상층 언어의 성격이 짙었다"고 보았다.[13]

둘째, 분석대상에서 외신 기사를 분리할 필요가 있다. 외신 기사의 제목도 신문 독자에게 특정 개념의 유통을 자극하는 요인이 될 수 있으며, 해외의 사건에 대한 보도 기사 중에는 국내에서 익숙한 용어로 바꾸어 전달하는 경우도 더러 있을 수 있다. 그러나 식민지 조선 사회의 내적 용례를 일차적으로 파악하기 위해서는 외국의 사건이나 단체명 등을 단순하게 전달하는 외신 기사는 제외하는 것이 바람직하다. 다만 해외에서의 한국인 활동과 관련한 기사는 국내 기사로 간주하여 분석대상에 포함했다.

이와 같은 기준으로 1만여 건의 데이터를 분류해 보면 〈표 1〉과 같다. 〈표 1〉에서 일제 시기와 해방 후를 비교할 때 주목할 점은 해방 후의 기사는 국내 기사가 훨씬 많은 데 비해, 일제 시기에는 국외 기사의 비중이 더 높다는 점이다. 특히 〈그림 3〉에서 알 수 있듯이 '국민' 개념의 경우 이러한 점은 두드러진다. 해방 전과 후에 왜 이러한 차이가 나타났는가를 규명하는 것도 흥미로울 것이지만, 이 글

〈표 1〉 해방 전후 《동아일보》의 국내, 국외 기사에 나타난 주요 개념의 구분

	국내	국외	계
일제 시기	1,798	4,868	6,666
해방 후	3,944	723	4,667
계	5,742	5,591	11,333

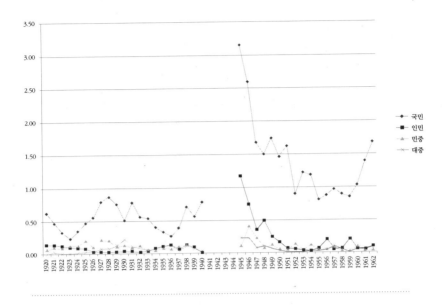

〈그림 2〉《동아일보》 기사제목에 나타난 주요 개념의 빈도 수(비중)

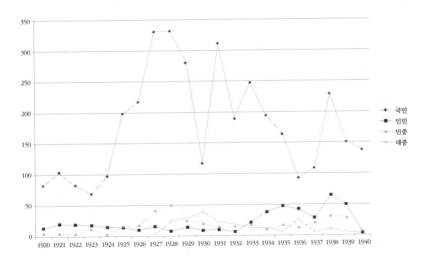

〈그림 3〉 일제 시기 《동아일보》 기사제목에 나타난 주요 개념의 국외 기사 빈도 수

식민지 조선, 오래된 미래

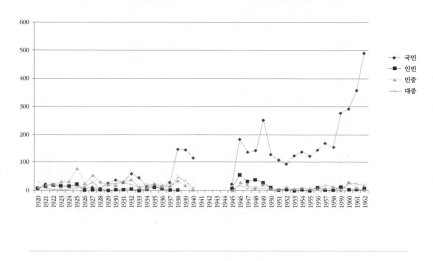

〈그림 4〉《동아일보》 기사제목에 나타난 주요 개념의 국내 기사 빈도 수

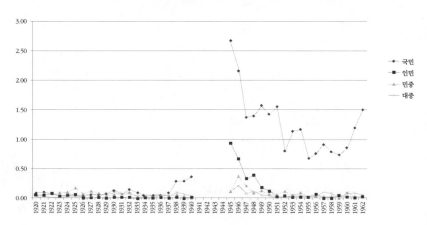

〈그림 5〉《동아일보》 기사제목에 나타난 주요 개념의 국내 기사(비중)

〈그림 6〉 일제 시기 《동아일보》 기사제목에 나타난 주요 개념의 빈도 수 변동 양상(수치)

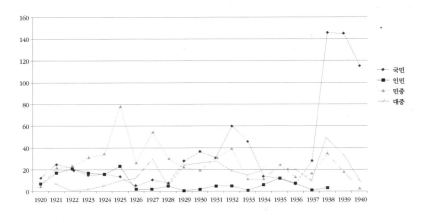

〈그림 7〉 일제 시기 《동아일보》 기사제목에 나타난 주요 개념의 빈도 수 변동 양상(비중)

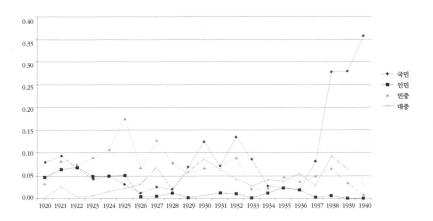

식민지 조선, 오래된 미래

에서는 일제 시기와 해방 후의 기사를 단순 비교하기 어렵다는 점을 강조하고자 한다. 〈그림 1〉에서 국외 기사를 제외한 결과가 〈그림 4〉이며 그것을 비중으로 환산해서 비교한 것이 〈그림 5〉이다. 〈그림 5〉를 〈그림 2〉와 비교해 보면, 해방 이후는 커다란 변화를 느낄 수 없는 데 반해 식민지 시기에는 '국민' 개념의 빈도 수가 매우 낮다는 것을 알 수 있다.

〈그림 4〉와 〈그림 5〉에서 이 글의 주된 관심 분야인 식민지기 부분을 특화하면 〈그림 6〉, 〈그림 7〉과 같다.[14]

전체적으로 볼 때, 1920년대에는 '민중' 개념의 빈도 수가 가장 높고, 1930년 이후에는 '국민' 개념이 강세를 보이는 점을 알 수 있다. '인민' 개념은 하향 추세를 그리며 시간이 지날수록 최저를 기록하고 있다. '대중' 개념은 1930년 전후와 1938년에 높게 나온다.

2. 유형별 용례 분석

이 절에서는 〈그림 6〉의 빈도 수 동향 등을 염두에 두면서 각 개념들의 용례를 분석하기로 한다. 〈그림 6〉의 개념별 빈도 수를 숫자로 나타낸 것이 〈표 2〉이다. '국민' 개념이 여전히 757건으로 최다를 기록했으며, 그 뒤로 '민중'(554건), '대중'(341건), '인민'(146건)의 순서를 보인다. 각 개념별 용례를 살펴보기 위해 각 개념이 들어가 있는 기사제목을 보면서 해당 개념이 드러난 단어의 최소단위를 주제어로 뽑고, 이것을

'소분류', '중분류'로 구분한 것이 〈부표 1〉~〈부표 4〉이다.[15]

주제어는 될 수 있는 대로 기사제목에 들어 있는 형태를 그대로 살리고자 했다. 그래야 개념 분석대상으로서의 의의가 더 클 것으로 판단했기 때문이다. 주제어 수는 '국민'이 154개, '민중'이 141개, '대중'이 105개, '인민'는 57개이다.[16]

'소분류'는 주제어가 들어간 기사 내용을 보고 동일한 사건이나 대상, 혹은 동일한 범주로 묶일 수 있는 것을 동일한 단어로 표시했다. 이는 개별 차원의 언표적 차이를 넘어 실제로 같은 사안이나 사건, 동일한 범주를 가리키는 주제어별로 묶어 파악하기 위해서다.

〈표 2〉 일제 시기 주요 개념의 빈도 수 변동 양상

연도	국민	민중	대중	인민	합계	연도	국민	민중	대중	인민	합계
1920	6	5	–	6	17	1931	31	32	27	5	95
1921	16	22	7	17	62	1932	58	40	18	5	121
1922	16	23	1	21	61	1933	46	12	15	1	74
1923	15	32	2	16	65	1934	14	12	20	6	52
1924	16	34	4	15	69	1935	12	23	20	11	66
1925	11	79	10	21	121	1936	8	14	19	7	48
1926	5	27	12	2	46	1937	27	16	10	–	53
1927	11	53	30	2	96	1938	141	34	48	3	226
1928	7	31	7	5	50	1939	142	19	33	–	194
1929	24	23	23	1	71	1940	115	3	10	–	128
1930	36	20	25	2	83	합계	757	554	341	146	1,798

〈표 3〉 주제어의 유형 구분과 그 의미

구분	유형	형태	중분류	분석적 의미
1	단독형	개념+조사	A A적, A화 A+@	가장 유동적인 용례
2	수식어 전치형	수식어+개념	@+A	중간 단계의 유동성
3	복합명사형	명사+개념 개념+명사	그 외	안정적·공식적 용례

'중분류'는 해당 집합적 주체 개념을 넘어 집합적 주체 개념 간의 비교를 위해 좀 더 포괄적인 범주로 나눈 것이다. 이와 관련하여 〈부표 1〉~〈부표 4〉의 주제어는 〈표 3〉과 같이 크게 세 유형으로 구분할 수 있다. 첫 번째 유형은 집합적 주체 개념이 단독으로 사용된 용례이다. "조선민족은 …… 예의를 존중하는 국민이라"(1920. 4. 1) 등이 여기에 속한다. 이 범주에는 "개념+조사"의 형태를 취하는 경우도 포함시켰다. "보건은 국민의 생명"(1921. 3. 16) 등이 그것이다. 여기서 '국민' 개념이 문장 내의 다른 용어, 즉 '보건'이나 '생명'과 갖는 연관성은 조금 뒤 살펴볼 다른 두 유형에 비해 우연적이고 유동적이다. 'ㅇㅇ적', 'ㅇㅇ화' 등의 형태는 다른 일반조사와 연결된 형태에 비해서는 좀 더 관용적인 형태로 사용되므로 반드시 단독형이라 하기 어려운 면도 있지만, 사례가 많지 않아서 그다지 일반화된 용례는 아닌 것으로 간주해 단독형에 포함시켰다.

유형＼주요개념	국민		민중		대중		인민		합계	
단독형	41	5.4	158	28.5	72	21.1	69	47.3	340	18.9
수식어 전치형	21	2.8	59	10.6	60	17.6	39	26.7	179	10.0
복합명사형	695	91.8	337	60.8	209	61.3	38	26.0	1,279	71.1
합계	62 (건)	100 (%)	217 (건)	100 (%)	132 (건)	100 (%)	108 (건)	100 (%)	1,798 (건)	100 (%)

한편, '민중 성원'의 경우처럼, '개념+명사'의 형태 가운데 내용적으로 '주어+술어', 혹은 '개념+조사+명사'의 연결관계를 가진 소수 사례도 이 유형에 포함시켰다.

두 번째 유형은 집합적 주체 개념이 앞에 나온 수식어의 꾸밈을 받는 용례이다. 여기에는 '무지無知 민중'처럼 일반 형용사가 오는 경우와 '군산민중', '4만대중'처럼 지역명이나 숫자가 오는 경우도 포함시켰다. 이를 '중분류'에서는 "@+A"로 표시했다. 이러한 '수식어 전치형'은 다음에 살펴볼 '복합명사형'보다는 개념의 사용이 안정적이지는 않지만 지역명이나 숫자 및 일반 형용사 등과 결합되는 패턴을 보인다는 점에서 단독형보다는 안정적인 용례에 속한다고 할 수 있다.

세 번째 유형은 집합적 주체 개념이 다른 명사와 함께 복합어로 사용되는 용례이다. '국민학교', '민중운동자대회', '대중연예대회', '인민혁명군' 등이 여기에 속한다. 이 복합명사형에는 사건명이나 단체명이 많고 '국민학교' 등의 경우처럼 한 개의 단어로 사용되는 경우가 많아서 안정적이고 공식적인 용례에 속한다고 할 수 있다.

집합적 주체 개념별로 세 유형의 분포를 비교한 것이 〈표 4〉이다. '국민'의 경우 복합명사형이 압도적 다수인데 비해, '인민'은 단독형이 거의 절반에 이른다. '국민'과 '인민'이 대조적인 양상을 보이는 데 비해 '민중'과 '대중'은 중간적인 모습을 보인다. '민중'과 '대중'의 경우 복합명사형이 60퍼센트 남짓으로 세 유형 중 가장 비중이 높다. 그러나 단독형도 20퍼센트대로 적지 않은 비중을 보이는 것이 특징이다.

이상의 자료에서 보이는 상황과 분류법에 유의하면서 구체적인 용례를 고찰하고자 한다. 가장 높은 비중을 차지하는 복합명사형부터 살펴보기 시작해서 수식어 전치형, 단독형의 순서대로 진행하고자 한다.

1—복합명사형

국민 '국민' 개념의 경우 〈표 2〉에 나와 있듯이 1930~1933년에는 매년 30회 이상, 1938년~1940년 동안에는 100회 이상의 높은 빈도 수를 보인다. 그중 중요한 용례는 전시 총독부 정책(299건), 국내외 독립운동(219건), 전시생활(33건), 교육기구(25건), 친일협력단체(16건) 순이다.

첫째, 가장 높은 빈도 수를 보이는 것이 전시 총독부 정책에 관한 것이다. 시기적으로는 대부분 중일전쟁 발발 이후이지만, 만주사변 발발 직후인 1930년대 초반에도 일부 포함되었다. 299건의 빈도 수를 보이며 이 중 국민정신총동원운동이 129건으로 최대를 차지한다. 그 다음이 정신작흥운동(44건), 국민등록(36건) 순이다.

둘째, 그 다음으로 많은 것은 국내외 독립운동에 속하는 용례이다. 조직 명칭을 가리키는 데 사용되었다. 이 중 국내 독립운동으로 생각되는 것은 많아야 8건이고, 나머지 210건은 모두 국외 독립운동과 관련된 것이다. 국민부 관련 용례가 173건으로 가장 많다.[17] 국민부의 독립운동 활동에 관한 기사나 일제의 국민부원 체포 및 재판 관련 기사가 대부분이다. 용례는 국민부가 조직된 1929년부터 1935년까지 나온다. 기타 만주 등지의 독립운동 관련 용례는 대체로 1920년대 전반에 분포되어 있다.

나머지 중요 용례는 전시생활, 교육기구, 친일협력단체 순이다. 친일협력단체는 모두 국민협회에 관한 용례로, 1920년대에 많다. 전시생활과 교육기구의 경우 대부분 중일전쟁기에 집중되어 있다.

이처럼 '국민' 개념의 용례는 일제 시대에 양극화 양상을 보였다고 말할 수 있다. 한편에서는 일제 말 전시 체제기에 총독부가 조선사람을 '국민'으로 호명하면서 인적·물적으로 동원하고 통제하는 맥락에서 사용했고, 다른 한편에서는 만주 등 국외에서 일제 식민 통치에 저항하는 독립운동의 맥락에서 사용되었음을 알 수 있다. 또 다른 한편에서는 '국민' 개념의 다수가 정책과 운동 양 측면에서 정책명이나 조직명을 가리키는 고정된 개념으로 명확하게 사용되었다는 공통점도 있다.

민중   '민중' 개념의 중요 용례는 국내외 독립운동(110건), 계몽운동(44건), 보건(40건), 연극·연예(15건) 등이다. 첫째, 가장 높은 빈도수를 보이는 용례는 국내외 독립운동과 관련한 것이다. 그런데 '민중' 개념은 대부분 국내운동에 사용되고 있어서, 앞에서 살펴본 '국민' 개념이 대부분 국외 독립운동에 사용된 경우와는 대조적이다. 민중대회사건(31건)[18]과 전조선민중운동자대회(31건)[19]가 가장 많은 용례이다.

둘째, 그 다음으로 많은 용례는 계몽운동 관련 용례이다. 세부 내용을 보면 '민중의원'의 용례는 1930년대 중·후반에 집중되어 있어서 조금 뒤 살펴볼 '민중보건'과 밀접한 관련이 있음을 알 수 있다. 1930년대에는 민중의료 등에 관한 관심이 증가한 것으로 보인다. 1920년대 초에는 민중극단 관련 용례가 많이 나온다. 당시 조선사람을 계몽하는 수단으로 연극이 등장한 상황이 반영된 것으로 보인다. 한편 민중교육 관련 용례는 1920년대 말에 나오고 있는 점도 특징이다.

세 번째는 보건 관련 용례이다. 1930년대 초에 집중적으로 나온 뒤 이후에도 고르게 사용되고 있다. 전염병 유행 방지, 체육 보급 등과 함께 논의되고 있다.

넷째는 연극·연예 관련 용례이다. 대체로 1920년대에 많다. 주목할 만한 것은 '민중오락'의 경우 주로 줄다리기, 그네 등 민속놀이를 가리키는데, 이것이 1920년대 말에 기사화된 바 있는 반면, 1938년에는 총독부에서 정책적으로 관심을 표하고 있다는 사실이다.

'국민' 개념과 비교해서 특기할 것은 생활고나 전시생활과 관련한 용례에서 '민중'은 14건에 불과하다는 사실이다. 이는 '국민' 개념의 32건뿐만 아니라 조금 뒤 살펴볼 '대중' 개념의 관련 용례와 비교해도 크게 적은 수치이다. 크게 보면 일제 하 '민중' 개념의 용례는 계몽운동과 독립운동을 포함한 사회운동 부문에 집중되어 있으며, 그 외에 민중보건, 민중문화 등에 주로 사용되었음을 알 수 있다.

대중　　다음은 '대중' 개념이다. 중요 용례는 책이름(41건), 생활고·전시생활(35건), 연극·연예(26건), 사회주의운동(21건) 순이다. 첫째, 책이름의 경우 《대중문학전집》 등 문학서적이나 조선농민사에서 발행한 《대중독본》 등 농민계몽용 도서, 기타 《대중》이라는 제목의 잡지 등이 있다. 이를 통해 볼 때 당시 '대중' 개념은 지식인에 의해 의도적으로 국내에 보급되고 있었음을 알 수 있다. 시기적으로는 대부분 1930년을 전후한 시기에 집중되어 있다. '대중' 개념을 사용한 사회주의운동에 관한 용례가 1927년을 중심으로 21건 나온 점 등을 고려하면 '대중' 개념은 일본의 사회주의운동과 밀접한 관련을 가졌음을 추정할 수 있다. 또한 이런 운동적 차원에서 주목된 '대중' 개념이 몇 년 뒤 좀 더 넓은 맥락에서 주목되고 전파되는 경로를 밟고 있었다고 볼 수 있다.

둘째, 생활고·전시생활 관련 용례가 그 다음 순이다. 특히 1938년에 15건이 밀집되어 있는데, 이때의 기사를 보면 대부분 인플레 하에서 생활하기 힘든 상황을 보도하고 있다. 이 경우 도시의 생활인을 가리키는 용례가 많다. 따라서 이런 용례는 비슷한 시기의 "소비대중"(17건)과도 연결된다. 이런 점에서 '민중' 관련 용례와 구분된다.

셋째, 연극·연예 관련 용례이다. 대체로 1930년대 초와 1930년대 말에 분포해 있다. '민중' 개념의 경우 1920년대 후반에 많이 쓰였던 것에 비해, '대중' 개념의 용례는 그 이후에 보이는 것이 특징이다. 보다 세부적인 문맥의 비교를 통해 거의 동일한 문맥에서 시기별로 서로 다른 용어를 사용하고 있는지의 여부도 살펴볼 필요가 있다.

인민　　마지막으로 '인민' 개념을 살펴보자. 〈부표 4〉에서 인민 개념은 그 자체로 사용된 경우를 제외하면 다른 개념에 비해 집중된 표현이 두드러지지 않는다. "동북인민군", "동북인민혁명군", "인민혁명군" 등이 1934~1936년간 집중적으로 기사화된 것이 15회로 동일한 사항을 지칭하는 용례로는 가장 빈도 수가 높다. 그 외에는 하나의 개념어 혹은 중요한 용례를 보이는 복합명사는 찾기 힘들다.

〈표 5〉 개념 수식어의 구분 및 주요 개념별 분포 양상

구분 ＼ 주제	국민		민중		대중		인민	
지명	0	0	6	10.2	0	0	26	66.7
숫자	0	0	7	11.9	4	6.7	4	10.3
계급/계층	0	0	2	3.4	52	86.7	0	0
전칭	1	4.8	37	62.7	3	5.0	6	15.4
기타(단순수식)	20	95.2	7	11.9	1	1.7	3	7.7
계	21 (건)	100 (%)	59 (건)	100 (%)	60 (건)	100 (%)	39 (건)	100 (%)

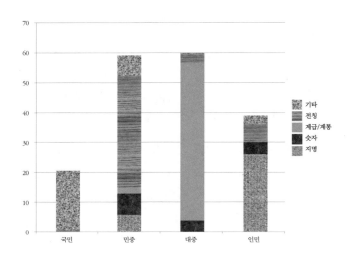

2—수식어 전치형

〈부표 1〉~〈부표 4〉 중에서 수식어가 집합적 주체 개념 앞에 와서 이 개념을 수식하는 경우를 모두 합한 것이 〈부표 5〉이다. 이 용례에서 사용되는 수식어를 성격에 따라 분류해 보면, '지명', '숫자', '계급/계층', '전칭', '기타(단순 수식)'의 다섯 개로 나눌 수 있다. 다섯 개 분류별로 해당 용례 건수를 집계한 것이 〈표 5〉이다.

이상의 결과를 보면 집합적 주체 개념별로 일정한 경향성이 있음을 발견할 수 있다. '국민' 개념의 세부 용례를 보면 대부분 '2세국민', '소국민', '장래국민', '제2국민', '제2세국민' 등 어린이를 지칭하는 용례로 사용되었음을 알 수 있다. 전체적으로 빈도 수 자체가 낮으며 '소국민'으로 사용된 용례가 1932년에 8건이 있는 것도 "소국민 보호훈련"에 관한 세계 각국의 사례를 8회에 걸쳐 연재한 기사 때문이다.[21] '민중' 개념의 경우 가장 특징적인 것은 '전칭' 용

〈표 6〉 개념 수식어로 사용된 용어

	국민	민중	대중	인민
지명	–	군산·목포·북평면·성천·예천·전·川外	–	7면·각면·강서·고흥·남포·동래·兩面·부근·삼군·西城부근·서흥·송정동·순천·순천지방·안성·안악군·양편·연도·영원·옹진군·저도·창성·춘천·태탄·홍성
숫자	–	누천·다수·여러·이천만	4만·만명의·백만·천삼백만	25만·다수·이백여·천여 호
계급/계층	–	근로	근로·노농·농민·무산·생산·세궁민·소년·소비·소작·粟食·수요·어업·여성·일반소비·청년·학생	–
전칭	全	세계·일반·일본·전국·全반도·전조선의·조선·조선일반	일반	일반·조선
기타	2세·亡·소·장래·제2·제2세·銃後	무지·신흥·피해수난	수난	동정·무고·지방

례의 비중이 가장 높다는 사실이다.

'세계 민중'에서부터 '일본 민중', '조선 민중', '반도 민중' 등 민족이나 국가, 세계 단위로 전체 구성원을 지칭할 때의 용례로 사용되는 경우가 가장 많다. '근로 민중'과 같이 계급적·계층적 용례로 사용되는 경우는 매우 적다. 그러나 지명이나 숫자 등이 오는 경우는 더러 보이며, 세부 용례도 다섯 가지 갈래가 모두 보인다. 다른 개념에 비해 시기별로 골고루 분포되어 있는 것도 특징이다.

'대중' 개념의 경우 '계급/계층'을 뜻하는 수식어와 결합한 용례가 약 87퍼센트로 압도적 다수를 보인다. '민중' 개념과 달리 '대중' 개념은 '노동자·농민', '근로', '생산', '어업', '소작', '무산' 등 직업이나 근로를 뜻하는 수식어와 결합되기도 하고, '청년', '학생', '여성' 등 계층적 용어와 함께 쓰이는 경우도 많다. 또한 '소비대중', '수요대중' 등 소비 주체로서의 측면을 강조한 용례도 있다. '계급/계층' 수식어 외에 전칭 수식어로 사용되는 경우도 더러 있다. '무산대중'을 비롯해서 계급적 수식어와 함께 사용되는 용례는 1920년대 중후반에서 1930년대 초에 많이 분포해 있으며, 이는 사회주의운동의 영향과 밀접한 관련이 있는 것으로 생각된다. 한편 '소비대중', '일반소비대중', '수요대중' 등 소비 주체로서의 용례는 1930년대 중·후반에 몰려 있는 것이 특징이다. 이것은 일제 말기로 가면서 도시 대중의 생활고를 언급하는 맥락에서 '대중' 개념을 사용한 것으로 생각된다.

'인민' 개념의 경우 주로 지명을 가리키는 수식어와 함께 사용되고 있다. 숫자를 가리키는 수식어와 함께 사용되는 경우도 좀 있다. 시기별 분포도 주목할 만하다. 〈부표 5〉를 보면 '인민'의 수식어 전치형 용례가 보이는 분포양상은 대부분 1920년대 전반에 그치고 있다. 이는 '대중' 개념의 용례 분포와 상호 비교할 만하다. '대중' 개념의 용례는 '무산대중'을 제외하고는 대부분 1920년대 후반 이후에 분포되어 있다.

수식어 전치형과 관련한 이상의 분석결과를 놓고 '대중' 개념과 '인민'·'민중' 개념의 관계를 생각하면 다음과 같다. 첫째, '대중'과 '인민'의 관계는 집합적 주체 개념 형성에서 발생한 서로 다른 시간대를 반영하고 있다고 생각된다. '대중' 개념은 1920년대 중반 이후 사회주의적 '계급' 개념의 영향을 받으면서 계급이나 계층, 도시 소비 주체 등의 함의를 담은 용례로 막 사용되고 있던 상황을 보여준다고 할 수 있다. 반면 '인민' 개념은 조선의 경우 이미 개항 무렵부터 갑오개혁에 이르는 기간에 "국가 또는 지역이라는 공동체의 정체성을 담보한 구성원이라는 내포를 갖기 시작"했으므로,[22] 1920년대 초 《동아일보》에서 지역명과 결합되어 사용된 '인민' 개념은 시간적으로 좀 지난, 과거의 용례에 속한다고 할 수 있다.[23] 둘째, '대중'과 '민중'은 각각 계급적 성격과 민족적 성격을 가진 것으로 구별된다고 할 수 있다. '대중' 개념이 계급을 가리키는 수식어와 사용된 경우가 많은 것에 비해, '민중' 개념은 전칭 수식어와 함께 사용된 경우가 많기 때문이다.

3—단독형

집합적 주체 개념이 단독형으로 사용되는 경우가 가장 분석하기 까다롭다. 일정한 세부 용례별 유형을 파악하기 힘들기 때문이다. 그러나 〈표 4〉에서 볼 수 있는 바와 같이 네 개념의 합계를 보면 그 비중은 전체의 약 19퍼센트로 결코 무시할 수 없다. 개념별로 보아도 '국민' 개념의 단독형 용례는 매우 적은 반면 '인민' 개념의 경우에는 전체 용례의 약 절반에 가깝다. 또한 '민중' 개념의 단독형 용례는 158건으로, 이 숫자는 그 다음 순위인 '대중'의 72건보다 2배 이상이나 많다.

우선 각 개념별 용례에서 단독형 용례가 차지하는 비중이 가장 큰 '인민' 개념과 가장 적은 '국민' 개념을 상호 비교해 보자.

'국민' 개념의 단독형 용례 중 1920년대 전반의 용례를 살펴보면, 한편에서는 각종 청년회나 강연회의 연설 제목으로 사용되는 경우가 더러 있으며, 다른 한편에서는 외국 인사가 우리나라 사람을 가

〈표 7〉 단독형 용례의 연도별 변동 양상

	1920	21	22	23	24	25	26	27	28	29	30	31	32	33	34	35	36	37	38	39	40	합계
국민	1	2	3	2	6	1	0	0	0	0	0	1	0	0	0	0	2	1	6	5	11	41
민중	4	6	3	7	14	8	12	16	21	6	4	8	8	5	3	3	2	3	17	5	3	158
대중	0	0	0	0	2	3	1	4	1	2	10	4	0	8	5	6	6	3	6	9	2	72
인민	2	12	11	10	10	10	1	0	1	0	2	5	4	1	0	0	0	0	0	0	0	69

리키거나 외국 사람을 가리킬 때,[24] 또는 국제적 관심사[25] 등에 사용되는 경우도 있다. 후자의 경우 식민지 조선 사람의 자기인식이 반영된 용례라고는 하기 힘들다. '국민' 개념의 대표적 용례는 오히려 1930년대 중후반에서 잘 드러난다. 1936년부터 그 이후의 용례는 대부분 전시통제와 관련된 언설이 대부분이다. '국민' 개념도 주로 '국민적 자각', '국민적 태세 완비', '국민적 조직력', '국민적 신념' 등 통합적 맥락에서 사용되며, 그 연장선상에서 '국민의 적' 등과 같이 피아 구분법 속에서 거론되는 경우가 대부분이다.

'인민'의 용례는 1920년대 전반에 집중적으로 분포되어 있고, 1930년대 초에 약간의 분포를 보인다. 기사제목에서 '인민'이 어떤 단어와 결합되어 있는가를 정리한 것이 〈부표 6〉이다. 이 표를 보면 주목할 만한 사실을 알 수 있는데, 기사의 게재 시기와 관계없이 '인민' 개념은 부정적이거나 피해자의 입장을 나타내는 단어와 결합되어 사용되는 경우가 많다는 점이다. '불법행위', '불평', '공갈', '불리', '대손실', '구타', '난자', '고혈', '감금·투옥', '비난', '충돌' 등이 그것이다. 물론 '친절', '생명', '자각' 등도 있지만 매우 낮은 비중이다. 이처럼 주로 고통과 억압받는 사람을 가리키며 사용된 '인민' 개념의 용례는, 통합의 주체이자 피아를 구별하면서 '우리 측'의 단결을 강조하는 문맥에서 사용된 '국민'의 용례와 대조적임을 알 수 있다. 또한 이러한 '인민' 용례를 앞서 살펴본 '수식어 전치형'의 '인민' 개념 용례와 연결해서 생각하면, 정치의 객체이자 고통의 담지자인 '인민' 개념은 근대의 사회운동적 주체보다는 전통적인 성격에 가까운 속성이라고 말할 수도 있을 것이다.

한편 '민중'과 '대중' 개념의 단독형 용례를 살펴보면 '국민' 및 '인민'과는 사뭇 다른 양상을 보인다. '민중'의 경우 '인민'과 마찬가지로 '민중불평', '민중의 고혈', '민중은 대大불만', '우매한 민중' 등 부정적인 이미지와 결합한 사례가 21건이다. 그러나 이것은 전체 빈도 수 158건에 비해 매우 낮은 비중이다. 그밖에는 '민중의 력力', '민중과 지도자', '자각한 민중' 등 긍정적이거나 적어도 중립적인 문맥에서 사용되는 것이 대부분이다. 특히 주목할 점은 1924, 25년에는 '미래는 민중의 것'이라는 강연 주제로 네 차례 등장하고,[26] 1928년에는 염상섭이 〈조선과 문예, 문예와 민중〉 및 〈소설과 민중〉이라는 제목으로 각각 7회씩 연재한다는 사실이다.[27] 이외에도 1929년에는 〈민중과 영화〉라는 제목의 기사가 3회 연재되었다.[28] 이처럼 지식인들이 신문지상에서 '민중' 개념을 중심으로 하는 기사제목을 싣고 수차례 연재한 사실은 당시 '민중' 개념의 용례 가운데 중요 부분이 사회운동적 차원에서 계몽적 혹은 선전적 의도에서 사용되었음을 뜻하는 단적인 사례이다.

이런 용례와 관련하여 '대중' 개념의 용례를 함께 살펴볼 필요가 있다. '대중' 개념의 단독형 용례는 1924년부터 사용되기 시작해서 1930년에 최대치에 달한다. 이 역시 부정적인 이미지와 결합되는 경우는 드물고 '민중' 개념의 경우와 마찬가지로 중립적이거나 긍정적 이미지와 결합되어 사용된다. 특히 '대중' 개념도 연재 기사 제목으로 사용되는 경우가 있어서 '민중' 개념과 비교할 만하다. 1930년에

〈영화인 대중에게 소訴함〉이라는 제목으로 5회가 연재되었고,[29] 비슷한 기간에 〈푸로레타리아 시가詩歌의 대중화 문제 소고小考〉라는 제목으로 4회가 연재되었다.[30] 1935년에는 〈장래할 세계대전과 대중의 경제생활〉이라는 제목으로 3회가 연재되었다.[31] 조금 전에 살펴보았듯이 《동아일보》에 1929년에는 〈민중과 영화〉라는 연재 기사가 실렸고, 1930년에는 〈영화인 대중에게 소訴함〉이라는 연재 기사가 실렸다. 이 시기 영화가 문화적 측면에서 주목되었음을 알 수 있는데, 유사한 주제의 연재 기사에서 집합적 주체를 다르게 사용한 것이 우연인지 아니면 필자의 일정한 경향성을 반영하는지의 여부는 향후 좀 더 포괄적이고 세밀한 분석을 통해 파악할 필요가 있다. 어쨌든 여기서는 1920, 30년대 식민지 조선에서 지식인들의 연재 기사나 강연제목에서 '민중'과 '대중'이 자주 등장하는 양상에 주목하며, 그 개념을 사용한 필자의 의도 여하를 떠나서 두 개념이 사회운동 상에서 상호 경쟁관계에 있었음을 나타낸다고 볼 수 있다.

연재 기사를 제외하고 '민중'과 '대중' 개념의 단독형 용례에서는 뚜렷한 변별점을 찾기 힘들다. 1920년대 전반에 '민중의 력力'이 있는가 하면 '대중의 총명'이라는 표현도 있다. 1925년에 '민중아 예술화하라'라는 부르짖음이 있은 직후 '대중아 자중하라'라는 경구도 뒤따른다. 1938년에는 '스포츠의 민중화', '민중적인 동래 줄다리기싸움' 등이 기사화되었는데, 마찬가지로 같은 해에 '스포츠 대중화', 1939년에는 '고유운동경기의 현대화·대중화', '조선고유궁술의 대중화' 기사 등이 나온다. 이때 고유운동경기란 줄다리기 등을 포함한 명절놀이를 가리킨다. 즉, 사실상 같은 대상을 가리킨 것이다.

'집합적 주체' 개념의 공식적·비공식적 쓰임새

이 글의 출발점은 '민중'에 대한 개념사적 접근을 통해 기존의 고정된 '민중' 개념을 벗어나서 '새로운 민중사'를 모색하는 것이었다. 덧붙여 이 과정에서 식민지기의 개념 탐구에 필요한 연구방법을 시도해 보고자 했다. 분석결과를 요약하면 다음과 같다.

식민지기 '민중' 개념 연구에 필요한 기초자료 축적을 위해, '집합적 주체'에 해당하는 '국민', '인민', '민중', '대중'의 네 개념을 중심으로 계량적 분석을 시도했다. 1절에서는 '흔국사데이터베이스'의 《동아일보》 기사제목 가운데 1920년부터 1962년까지 네 개념을 키워드로 해서 얻은 1만여 건의 검색결과를 이 글의 분석에 알맞게 가공했다. 외신 기사를 분리해내고, 실제 신문에 게재된 기사 숫자 가운데 해당 개념이 차지하는 비중을 추출해냈다. 그리하여 일제 시기 네 개념의 빈도 수 및 연도별 개략적인 상황을 살펴본 바, '국민', '민중', '대중', '인민' 순으로 각각 757건, 554건, 341건, 146건이 나왔다. 시기별로는 1920년대에 '민중' 개념이 많이 나왔고, 1930년 이후로 가면 '국민' 개념의 상승세가 급증함을 알 수 있었다. '인민' 개념은 1920년대 초에 높은 편이었으나 중반 이후부터는 최저 수준을 유지했고, '대중' 개념은 1930년 무렵에 높게 나왔다.

2절에서는 각 개념별 용례를 좀 더 구체적으로 분석했다. 이를 위해 《동아일보》 기사제목에 나타난 개념의 용례를 사용된 형태에 따라 '복합명사형', '수식어 전치형', '단독형'의 세 가지로 나누고 각 유형별로 네 개념의 용례를 살펴보았다. 먼저 '복합명사형'에서 '국민' 개념은 양극화 양상을 보였다. 일제 말 전시 체제기에 조선인을 '국민'으로 동원하는 지배 정책적 맥락에서 사용되는 용례가 가장 많았으며, 다른 한편 일제 식민 통치에 저항하는 국외 독립운동과 관련한 용례도 많았다. '민중' 개념의 경우 국내 독립운동 및 계몽운동을 포괄하는 사회운동의 맥락에서 사용된 경우가 가장 많았다. '대중' 개념은 도시대중의 생활고 및 대중문화 관련 용례가 많았으며, 사회주의운동의 영향을 받아 점차 개념 사용이 확산되는 모습을 보였다. '인민' 개념은 복합명사로는 뚜렷한 용례를 발견하기 힘들며, 일제 말에 '동북항일혁명군' 관련 기사가 눈에 띌 뿐이다.

'수식어 전치형'의 경우 '국민' 개념의 용례는 별다른 것이 없고, 다만 '어린이'를 가리키는 용례가 주목되는 정도이다. '민중' 개념은 '전칭' 수식어와 결합되는 양상이 가장 많다. '대중' 개념은 '계급/계층' 수식어가 최다인데 여기에는 운동적 주체뿐만 아니라 소비 주체로서의 측면도 섞여 있음이 중요하다. '인민' 개념은 지명과 주로 결합되어 사용되었다. '대중' 개념의 이러한 용례는 당시로서는 최신의 용례라는 점에서 '인민' 개념과 구별되며, 또한 '계급적' 인식이 반영된 것이라는 점에서 '민중' 개념의 민족적 뉘앙스와도 구별된다.

'단독형'의 경우 '국민' 개념은 일제 말에 통합적 언설 차원에서 주로 사용되었다. '인민' 개념은 이와 정반대 경향을 보여, 부정적인 단어나 정책, 경제 상황, 기타 여러 요소의 피해자로 묘사되는 문맥에서 많이 사용되었다. 이와 달리 '민중'과 '대중' 개념은 계몽적 주체나 대상의 문맥에서, 또는 '스포츠의 민중화·대중화' 등의 문맥에서 서로 경쟁적인 관계에 있었다.

이상에서 요약한 바와 같이 이 글에서는 일제 시기 '집합적 주체'에 해당하는 개념으로 '국민', '민중', '대중', '인민'의 네 개념을 설정해서 이에 대한 양적, 질적 분석을 시도했다. 그리고 질적 분석에서 '복합명사형', '수식어 전치형', '단독형'의 세 유형을 설정하고 각각을 안정된 용례, 다소 유동적 용례, 유동적 용례로 설정했다.

이러한 설정을 염두에 두고 질적 분석의 결과를 정리해 보면 다음과 같다. '복합명사형'과 같이 안정적·공식적 용례에서는 주요 개념별 특징이 상대적으로 분명했다. '국민' 개념은 지배와 저항의 용례로 양극화 양상을 보였고, '민중'은 국내 사회운동(계몽운동 및 독립운동)에, 그리고 '대중'은 도시 대중의 일상과 '사회주의운동'의 영향을 많이 보였으며, '인민' 개념은 이런 용례가 매우 적었다.

그런데 '수식어 전치형'이나 '단독형'의 용례를 살펴보면 주요 개념 간에 일정한 얽힘이 보인다. '수식어 전치형'의 경우 '대중' 개념의 용례는 '민중' 개념과 각각 '계급적' 틀과 '민족적' 틀로 구분되면서도 양자는 모두 사회운동적 주체로서의 측면을 일정 정도 공유하고 있었다. 이런 경향은 '단독형'에서 더 두드러지는 바, '대중'과

'민중' 개념은 사회계몽 등 주요 사안을 둘러싸고 비슷한 시기에 서로 경쟁하는 관계에 놓여 있었다.

이 글에서는 일제 시기 《동아일보》 기사제목에 착목하여 나름의 기준과 접근을 통해 이상과 같은 수준의 결론을 도출했다. '집합적 주체'라는 범주를 제시하여 '민중' 개념의 다양한 접점과 함의의 역사적 존재양태를 살펴볼 수 있는 단서를 마련했고, 용례별 유형 구분을 통해 공식적 층위와 그 이하의 층위에서 사용되는 용례의 상이한 양상에도 일정 정도 접근할 수 있었다.

그러나 이 글은 한정된 분석대상을 살펴본 것에 지나지 않는다. 이 글의 결론을 입증하고 강화하기 위해서는 더 많은 데이터와 더 심도 깊은 분석이 수반되어야 함은 물론이다. 향후의 연구로 이 과제를 해결해 나가고자 한다.

〈부표 1〉 '국민' 개념의 용례

연번	주제어	소분류	중분류	1920	1921	1922	1923	1924	1925	1926	1927	1928	1929	1930	1931	1932	1933	1934	1935	1936	1937	1938	1939	1940	합계	
1	국민	국민	A	1	2	2	1	5	1						1					2	1	5	5	9	35	35
2	국민적	국민적	A적				1	1														1		2	5	6
3	국민적생활					1																			1	
4	2세국민보건		@+A																			2			2	21
5	2세국민								1																1	
6	망국민	○○국민																			1				1	
7	소국민															8	1								9	
8	장래국민											1													1	
9	전국민																					1			1	
10	목도국민																			1					1	
11	제2세국민																					1			1	
12	충후국민																					3		1	4	
13	국민이상	국민이상	제몽-거구제한페지	1																					1	

연번	주제어	소분류	중분류	1920	1921	1922	1923	1924	1925	1926	1927	1928	1929	1930	1931	1932	1933	1934	1935	1936	1937	1938	1939	1940	합계
14	국민교육	국민교육	체육운동					1	1	1															3
15	국민체육	국민체육		1																					1
16	국민주의	국민주의	국민주의-국제주의				1						1			1									3
17	국민학교	국민학교	가구교육																			1	1	11	13
18	국민교	국민학교																					1	3	4
19	국민고등학교	국민고등학교																			1	1	1		3
20	국민수급학교	국민수급학교																					2		2
21	국민교육연구회	국민교육연구회																			1				1
22	국민우급교	국민우급학교										1													1
23	일본국민교육회	일본국민교육회																					1		1
24	국민외교협회	국민외교협회	가구-민주												1										1

25

연번	주체어	소분류	중분류	1920	1921	1922	1923	1924	1925	1926	1927	1928	1929	1930	1931	1932	1933	1934	1935	1936	1937	1938	1939	1940	합계
25	국민성	국민성	논의		1	1																			2
26	국민군	국민군	독립운동										1												1
27	국민대회	국민대회	독립운동(1920,1922)	1		1																			2
28	대한국민회	대한국민회	독립운동-국내			2																			2
29	국민결사회	국민결사회-회고	독립운동-국내							1															1
30	국민향촌회	국민향촌회	독립운동-국내			1																			1
31	대한국민향촌회	대한국민향촌회	독립운동-국내		1																				1
32	국민부	국민부	독립운동-국내										1	22	11	18	22	6	4						87
33	국민부	국민부	독립운동-국내										13	8	14	22	18	7	3						86
34	국민대표회의	국민대표회의	독립운동-국외				7		1																8
35	국민대표회	국민대표회	독립운동-국외				5		1																5

연번	주체어	소분류	중분류	1920	1921	1922	1923	1924	1925	1926	1927	1928	1929	1930	1931	1932	1933	1934	1935	1936	1937	1938	1939	1940	합계
36	국민회	국민회			1	2		1		1															5
37	국민단	국민단			1			1		1															3
38	간도 국민회	간도 국민회			1			1																	2
39	국민회원	국민회		1	1																				2
40	대한 국민단	대한 국민단			1						1														2
41	간도국민 경호대회	간도국민 경호대	독립운동 -국외									1													1
42	간도 국민회	간도 국민회		1	1																				1
43	간도국민 회원	국민회원									1														1
44	국민단회원	국민단		1																					1
45	국민 ○○군	국민 ○○군															1								1
46	국민 ○○단	국민 ○○단																1							1
47	대한국민 자유회	대한국민 자유회				1																			1

219

연번	주제어	소분류	중분류	1920	1921	1922	1923	1924	1925	1926	1927	1928	1929	1930	1931	1932	1933	1934	1935	1936	1937	1938	1939	1940	합계
48	대한국민협성단	대한국민협성단	독립운동-국회		1																				1
49	대한독립국민회	대한독립국민회			1																				1
50	대한독립서북지방국민회	대한독립서북지방국민회			1																				1
51	조선국민단	조선국민단										1													1
52	국민화당국민화당평창대회	국민화당평창대회	명창대회 보건-																	3					3
53	국민원기	국민원기	기생충 예방								1														1
54	국민신보국민신보	국민신보	신문																				24	10	34
55	국민신문국민신문	국민신문	이름							1															1
56	국민보험국민보험문제	국민보험문제	실시 논의														1								1
57	국민문화국민문화	국민문화	연제								8	1													9
58	국민문예화	문예화	연제																4						4

연번	주제어	소분류	중분류	1920	1921	1922	1923	1924	1925	1926	1927	1928	1929	1930	1931	1932	1933	1934	1935	1936	1937	1938	1939	1940	합계
59	국민보호	국민보호	입법 논의																				1		1
60	신국민회	신국민회	자치 조직 -국의											1											1
61	국민문화	국민문화 연구소	전시 관계 기구																				1		1
62	국민보건	국민보건	전시 생활																		1	1	1	5	8
63	국민보건	국민보건 위생																						1	1
64	국민복	국민복																						2	2
65	국민 표준복	국민복																						1	1
66	국민봉축	국민봉축																					4		4
67	국민봉축 시간	국민봉축																					2		2
68	국민생활	국민생활																				1		12	13
69	국민생활 개선안	국민생활																					1		1

33

연번	주제어	소분류	중분류	1920	1921	1922	1923	1924	1925	1926	1927	1928	1929	1930	1931	1932	1933	1934	1935	1936	1937	1938	1939	1940	합계
70	국민창조	국민창조																				1			1
71	국민생활	국민생활	강연			1			2											2					5
72	국민부담	국민부담	조세 정책 관련											1	1								1		3
73	국민경제	국민경제	정책 관련										1												1
74	국민법률	국민법률	제이름										4	3	3	6	2								18
75	국민보전	국민보전 협회	제이름											1											1
76	국민경제	국민경제	전시 총동원																			5			5
77	국민 경제전	국민 경제전	총동원																			1			1
78	국민소집	국민소집	총독부 정책-우생																					1	1
79	국민 대행진	국민 대행진	총독부 정책-관제 운동																			1			1
80	국민대회	국민대회																					5	9	14
81	국민저축 운동	국민저축 운동																				1		2	3

연번	주제어	소분류	중분류	1920	1921	1922	1923	1924	1925	1926	1927	1928	1929	1930	1931	1932	1933	1934	1935	1936	1937	1938	1939	1940	합계
82	국민저축운동	국민저축운동	총독부 정책-관제 운동																			1		1	2
83	국민저축강조주간																							1	1
84	국민정신작흥	국민정신작흥운동																	1		6	1	1	2	11
85	국민정신작흥운동														1									1
86	국민정신작흥조서														1	1								2
87	국민정신작흥조서환발기념																			1				1
88	국민정신작흥주간																			6	7	13		26
89	국민정신작흥주간행사																			1				1
90	국민정신작흥주간행사																			1				1

연번	주제어	소분류	중분류	1920	1921	1922	1923	1924	1925	1926	1927	1928	1929	1930	1931	1932	1933	1934	1935	1936	1937	1938	1939	1940	합계
91	국민정신주간		총독부 정책-관제 운동																			1			1
92	국민동원																					1			1
93	국민연맹																					1			1
94	국민운동																						1		1
95	국민정신																					1	1	1	3
96	국민정신강조																					1			1
97	국민정신강조운동																					1			1
98	국민정신강조주간 / 국민정신총동원운동																					2			2
99	국민정신발양																						2		2
100	국민정신발양주간																						1		1
101	국민정신앙등																						1		1
102	국민정신앙양																						2		2

연번	주제어	소분류	중분류	1920	1921	1922	1923	1924	1925	1926	1927	1928	1929	1930	1931	1932	1933	1934	1935	1936	1937	1938	1939	1940	합계
103	국민정신연맹																					4	1	1	6
104	국민정신운동																						1	1	2
105	국민정신조선연맹																						1	1	2
106	국민정신총동원	국민정신총동원운동	총독부 정책·관제 운동																		6	60	16	4	86
107	국민정신총동원조선연맹																					7	1		8
108	국민정신총동원주간																					2	1		3
109	국민정신총운동																						1		1
110	국민총동원																					3	2		5
111	국민(조직)	국민조직																						1	1
112	국민총진화	국민 총진화																					1		1

연번	주제어	소분류	중분류	1920	1921	1922	1923	1924	1925	1926	1927	1928	1929	1930	1931	1932	1933	1934	1935	1936	1937	1938	1939	1940	합계
113	국민총훈련	국민총훈련																						1	1
114	국민협의	국민협력																				1			1
115	국민훈련	국민협력																				1		3	4
116	국민건강		총독부 정책-보건																					1	1
117	국민건강운동	국민건강운동																						1	1
118	국민건강주간	국민건강주간																						9	9
119	국민구매력	국민구매력	총독부 정책-소비통제																					1	1
120	국민노력	국민노력																					1		1
121	국민체위	국민체위	총독부 정책-전시통제																			1	1	6	8
122	국민체위향상	국민체위향상																					2	1	3
123	국민체육	국민체육대회																				2	1		3
124	국민체조	국민체조																					1	1	2
125	국민차량 법안	국민차량법안																				1			1

연번	주제어	소분류	종분류	1920	1921	1922	1923	1924	1925	1926	1927	1928	1929	1930	1931	1932	1933	1934	1935	1936	1937	1938	1939	1940	합계
126	국민체력	국민체력																						1	1
127	국민체위향상	국민체위향상																				1			1
128	국민체육강습회	국민체육																				1			1
129	국민가	국민가	충독부 정책-전시 통제																					1	1
130	국민등록	국민등록																				7	23	1	31
131	국민등록령																						1		1
132	국민등록법																						1		1
133	국민등록령실시																					1			1
134	국민등록실시																					1			1
135	국민등록자																						1		1
136	국민등록제																					1			1
137	국민방공	국민방공																				1	2	1	4

연번	주제어	소분류	중분류	1920	1921	1922	1923	1924	1925	1926	1927	1928	1929	1930	1931	1932	1933	1934	1935	1936	1937	1938	1939	1940	합계
138	국민방공훈련	국민방공																					1			1
139	국민방첩	국민	총독부 경제-전시 통계																					1	1
140	방첩전	국민방첩																					1		1
141	국민방첩전람회	국민방첩																					1	1	2
142	국민예술	국민예술																					1		1
143	국민제조직	국민제조직																				1			1
144	국민주간	국민주간																					1		1
145	국민직업등록	국민직업등록																					1		1
146	국민징용	국민징용																					2		2
147	국민징용령	국민징용																					3		3
148	총후국민경제	국민경제																						1	1
149	국민단체	국민단체	총독부 경제-전시 통계					4																	4

연번	주제어	소분류	중분류	1920	1921	1922	1923	1924	1925	1926	1927	1928	1929	1930	1931	1932	1933	1934	1935	1936	1937	1938	1939	1940	합계
150	국민소득	국민소득	총독부 회계																		1			1	2
151	국민협회		친일 협력 단체		3	4		2	4							1								1	15
152	국민협회원	국민협회										1													1
153	조선국민협회												1									1			1
154	국민매주도회	국민매주도회	최고-1911년																						1
합계				6	16	16	15	16	11	5	11	7	24	36	31	58	46	14	12	8	27	141	142	115	757

18

〈부표 2〉 '민중' 개념의 용례

연번	주제어	소분류	중분류	1920	1921	1922	1923	1924	1925	1926	1927	1928	1929	1930	1931	1932	1933	1934	1935	1936	1937	1938	1939	1940	합계	총계
1	민중	민중	A	4	5	2	2	14	7	12	13	20	5	3	8	7	4	2	2	2	3	12	5	2	134	134
2	민중적	민중적	A적			1																1			2	14
3	민중적 경기	민중적									1														1	
4	민중적 훈련	민중적										1													1	
5	민중화	민중화	A화				1				2		1						1			3			8	
6	민중화 운동	민중화			1											1									2	
7	민중무지	민중무지	A+@															1						1	2	10
8	민중본위	민중본위							1																1	
9	민중불평	민중불평					4																		4	
10	민중성원	민중성원												1											1	
11	민중심정	민중심정															1								1	
12	민중전체	민중전체																				1			1	
13	군산민중		@+A													1									1	5
14	근로민중	○○ 민중									1									1					2	
15	누천 민중	○○ 민중									1														1	
16	다수민중	민중																1							1	

연번	주제어	소분류	중분류	1920	1921	1922	1923	1924	1925	1926	1927	1928	1929	1930	1931	1932	1933	1934	1935	1936	1937	1938	1939 1940	합계
17	목포민중	○○ 민중	○○+@																		1			1
18	무저민중																1							1
19	북평면 민중																1							1
20	성천민중													1										1
21	세계민중					1																		1
22	신총민중										5													5
23	여러민중					1																		1
24	예천 전민중										1													1
25	이천만 민중					1	1		1	1														4
26	일반민중				3													1			2	3	1	10
27	일반민중 등인																						1	1
28	일본민중									1														1
29	전국민중																						1	1
30	전반도 민중																						1	1
31	전조선의 민중																					1		1

연번	주제어	소분류	중분류	1920	1921	1922	1923	1924	1925	1926	1927	1928	1929	1930	1931	1932	1933	1934	1935	1936	1937	1938	1939	1940	합계
32	조선민중		@+A	1	1	5	1	1			2		2		3					2			1		19
33	조선민중	○○민중	@+A									1													1
34	조선일반민중	○○민중	@+A		1																				1
35	川外민중		@+A								1														1
36	피해민중		@+A						1																1
37	민중문화	민중문화	강연				1												1						2
38	체육민중·민중보건	민중보건	강연													5									5
39	민중사업	민중사업	강연							1					1		1								3
40	민중시대	민중시대	강연				1				1														2
41	민중운동	민중운동	강연					1			3	1													5
42	민중의료운동	민중의료	강연-별름													1									1
43	조선민중운동	조선민중운동	강연					1																	1
44	민중위생	민중위생	제목														1	2	1						4
45	민중의원	민중의원	제목-민중/의원장														1	1	1		4	3	2		12

(상단 @+A 영역 표기: 59)

연번	주제어	소분류	중분류	1920	1921	1922	1923	1924	1925	1926	1927	1928	1929	1930	1931	1932	1933	1934	1935	1936	1937	1938	1939	1940	합계
46	민중극단	민중극단	계몽운동			11	1	1																	13
47	민중교화	민중교화					1						1										2		4
48	민중교육 강연회	민중교육										1													1
49	민중 교육관	민중교육																	1						1
50	민중교육 기관	민중교육					1																		1
51	민중교육 운동	민중교육										1													1
52	민중교화 운동	민중교화												1											1
53	민중기관	민중기관										1													1
54	민중문고	민중문고											1												1
55	민중 문의소	민중 문의소					1																		1
56	민중문화 운동	민중문화 운동																			1				1
57	민중지도 좌담회	좌담회										1													1

44

연번	주제어	소분류	중분류	1920	1921	1922	1923	1924	1925	1926	1927	1928	1929	1930	1931	1932	1933	1934	1935	1936	1937	1938	1939	1940	합계
58	민중강습회	민중강습회	계몽운동-국외																1						1
59	민중어의	민중어의													1	1									2
60	민중권의	민중권의	권리의식											1											1
61	민중이해	민중이	금지										1												1
62	민중유회	민중유회	금지											1											1
63	민중교	민중교	기관-교육										1												1
64	민중의료	민중의료	기구-연구기관													1									1
65	민중의회	민중의회	도민대회									1													1
66	민중도서관	민중 도서관	도서관					2	2			1													5
67	민중교양	민중교양	도서관						1																1
68	민중도서실	민중 도서실							1																1
69	민중대회	민중대회	사진 독립운동-국내				1	8	8		2			7	4	1									31
70	민중운동반대	민중운동	반대						1																1

연번	주제어	소분류	중분류	1920	1921	1922	1923	1924	1925	1926	1927	1928	1929	1930	1931	1932	1933	1934	1935	1936	1937	1938	1939	1940	합계
71	민중운동사								2																2
72	민중운동사 사건								2																2
73	민중운동사	민중운동사	독립운동 - 국내						1																1
74	민중운동사 사건										1													1
75	민중운동 사건공판										1													1
76	민중운동사 사건								5															5
77	민중운동사 사건공판								2															2
78	민중운동사 사건								1															1

110

연번	주제어	소분류	중분류	1920	1921	1922	1923	1924	1925	1926	1927	1928	1929	1930	1931	1932	1933	1934	1935	1936	1937	1938	1939	1940	합계
79	민중운동자사건	민중운동사	독립운동-국내						1																1
80	민중운동자사건	민중운동사														·									1
81	민중운동자	민중운동자								1															1
82	민중운동자간담회	민중운동자간담회									1	2	1												3
83	민중운동자간친회	민중운동자간담회							3	1			1												5
84	민중운동자아유회	민중운동자아유회											1												1
85	민중운동자단체	민중운동자단체							1																1
86	민중운동자동맹	민중운동자동맹							1																1

연번	주제어	소분류	중분류	1920	1921	1922	1923	1924	1925	1926	1927	1928	1929	1930	1931	1932	1933	1934	1935	1936	1937	1938	1939	1940	합계
87	민중운동연맹회		독립운동-국내						1																1
88	민중운동연맹회원	민중운동연맹회							3																3
89	민중운동자동맹	민중운동자동맹						1	5	2															8
90	민중운동자동맹사건									4															4
91	민중운동자연합	민중운동자연합									1														1
92	민중운동자대회	전조선민중운동자대회							14		11														25
93	민중운동자대회(전조선)	전조선민중운동자대회							5				1												6
94	조선민중회	조선민중회	독립운동-국외								1														1
95	민중간부	민중간부	동향						1																1
96	민중기세	민중기세									1														1

연번	주제어	소분류	중분류	1920	1921	1922	1923	1924	1925	1926	1927	1928	1929	1930	1931	1932	1933	1934	1935	1936	1937	1938	1939	1940	합계
97	민중단체	민중단체	동향-국외											1											1
98	민중경기	민중경기							2				1												3
99	민중경기대회	민중경기대회							1																1
100	민중보건		보전											1		5	2	2	8	3	1	2	2		26
101	민중보건기관																	1							1
102	민중보건운동															1	1								2
103	민중보건체육법														1	6		1							8
104	민중보건체조															1			1						2
105	민중보건협회															1									1
106	민중협회	민중협회	비밀결사									1													1
107	민중강좌	민중강좌	운동-국내				4																		4
108	민중자치	민중자치	선거																				1		1
109	민중식당	민중식당	식당									1													1
110	민중극	민중극	연극				1			2															3

40

연번	주제어	소분류	중분류	1920	1921	1922	1923	1924	1925	1926	1927	1928	1929	1930	1931	1932	1933	1934	1935	1936	1937	1938	1939	1940	합계
111	민중연예대회	민중연예대회	연예				1																		1
112	민중예술	민중예술	연예						1	1															2
113	민중예술동지회	민중예술동지회	연예									1													1
114	민중오락	민중오락	연예										4									2			6
115	민중오락연구회	연구회	연예				1																		1
116	민중오락회	민중오락회	연예				1																		1
117	민중정치	민중정치	연제-일본		10																				10
118	민중의원유지회	민중의원유지회	유지회															1							1
119	민중대회사건	민중대회사건	재만-독립운동탄압											1	11	4									16
120	민중생활	민중생활	생활교								1			1						3					5
121	민중생활(물가고,	민중생활	전시생활																		3	5			8
122	민중생활 물자안정	물자 부족	전시생활																		1				1
123	민중차우	민중차우	제도개선																			1			1

연예 합계: 15

연번	주제어	소분류	중분류	1920	1921	1922	1923	1924	1925	1926	1927	1928	1929	1930	1931	1932	1933	1934	1935	1936	1937	1938	1939	1940	합계
124	민중과학 민중과학연구	민중과학 연구	조직							2															2
125	민중운동	민중운동	집단행동			1	1	2	1		1		1		2					1					10
126	민중대표	민중대표					1																		1
127	민중사보	민중사보																	4	2					6
128	민중의화	민중의화						1			1														2
129	민중공론	민중공론														1									1
130	민중 의슐리 요법	민중 의슐리 요법	채이름																1						1
131	민중이슐 요법	민중이슐 요법																	1						1
132	민중 청년회	민중 청년회	청년회						1																1
133	민중군	민중군	체육													1									1
134	민중종이	민중종이	충독부 제-/교체운동																				1		1
135	방공민중 대회	방공민중 대회																					1		1
136	민중사	민중사	출판사				2		1																3
137	민중서원	민중서원													1										1
138	민중경찰	민중경찰	치안				1		1					1											3

연번	주제어	소분류	중분류	1920	1921	1922	1923	1924	1925	1926	1927	1928	1929	1930	1931	1932	1933	1934	1935	1936	1937	1938	1939	1940	합계
139	민족자결단	민족자결단	지안							1															1
140	민족평등	민족평등	평등		1																				1
141	민족화관	민족화관	화관					1																	1
합계				5	22	23	32	34	79	27	53	31	23	20	32	40	12	12	23	14	16	34	19	3	554

〈부표 3〉 '대중' 개념의 용례

연번	주제어	소분류	중분류	1920	1921	1922	1923	1924	1925	1926	1927	1928	1929	1930	1931	1932	1933	1934	1935	1936	1937	1938	1939	1940	합계	소계
1	대중	대중	A					2	3	1	4	1	2	6	3		8	4	5	4	2	2	3	1	51	51
2	대중적	대중적	A적															1	1	2	1	1	1		7	21
3	대중적 조합	대중적 조합	A적												1										1	
4	대중화	대중화	A화											4								3	5		12	
5	예술 대중화	예술 대중화	A화												1										1	
6	4만대중	○○ 대중	@+A			1																			1	
7	근로대중												2			1	1			1					5	
8	노동대중														1										1	
9	농민대중											1			1				2			1	1		6	
10	만명의 대중										1														1	
11	무산대중						1		2	1	1			1	1	1			1			1			10	
12	빈민대중																		1						1	
13	생산대중																		1				1		2	
14	세궁민 대중																						1		1	
15	소년대중											1													1	

연번	주제어	소분류	중분류	1920	1921	1922	1923	1924	1925	1926	1927	1928	1929	1930	1931	1932	1933	1934	1935	1936	1937	1938	1939	1940	합계
16	소비대중																	2		3		1	7	2	15
17	소작대중																					1			1
18	숙식대중																		1						1
19	수난대중																	1							1
20	수요대중																		1			2			3
21	여업대중															1			1						2
22	여성대중	○○ 대중	@+A																				1		1
23	일반대중																						2	1	3
24	일반소비대중																							1	1
25	천산백만대중							1																	1
26	청년대중									1															1
27	학생대중												1												1
28	대중위생/대중위생	대중위생	강연																				1		1

60

연번	주제어	소분류	중분류	1920	1921	1922	1923	1924	1925	1926	1927	1928	1929	1930	1931	1932	1933	1934	1935	1936	1937	1938	1939	1940	합계
29	대중운동	대중운동	강연 조직						1	4	1														6
30	대중환영	대중환영	개성운동													1									1
31	적색 대중당	적색 대중당	개성운동 -농촌										1												1
32	대중야학	대중야학	교육									1				1									2
33	대중권익	대중권익의	권리의식																	2					2
34	대중 예술사	대중 예술사	기관- 연예										1												1
35	대중서옥	대중서옥	기관-출판사																	2					2
36	대중사	대중사									1														1
37	대중사원	대중사									1														1
38	대중서○	대중서옥																		1					1
39	대중서점	대중서점													1										1
40	대중 시대사	대중 시대사	기구- 출판사													1									1
41	대중경제	대중경제	기구- 농민공생조합													1									1

연번	주제어	소분류	중분류	1920	1921	1922	1923	1924	1925	1926	1927	1928	1929	1930	1931	1932	1933	1934	1935	1936	1937	1938	1939	1940	합계
42	대중교육시설	대중교육시설	기구·도서관																	1					1
43	非대중應思	대중의사														5									5
44	대중해방·대중교육자동맹	대중교육자동맹	대중운동						1																1
45	대중교육자동맹	대중교육자동맹									1														1
46	대중음식물	대중음식물	물가이등																			1			1
47	대중시료	대중시료	보건													1									1
48	대중체육시설제목	대중체육시설제목																				1				1
49	대중운동사		사회주의운동								1														1
50	대중운동사전	대중운동사									2														2
51	대중운동사전										4														4
52	대중운동사원										1														1

21

연번	주제어	소분류	중분류	1920	1921	1922	1923	1924	1925	1926	1927	1928	1929	1930	1931	1932	1933	1934	1935	1936	1937	1938	1939	1940	합계
53	대중운동자	대중운동자	사회주의운동								2														2
54	대중운동자간담회	대중운동자									2														2
55	대중운동자동맹	대중운동자동맹							1	3	4														8
56	대중획득	대중획득															1								1
57	대중신문	대중신문	신문이름(동정-사회주의제)							1	3	1													5
58	대중시보사	대중시보사			1																				1
59	대중시보	대중시보			6										1			2							9
60	대중이용물	대중이용물	수도																1						1
61	대중식량총실제	대중식량총실제	식량경제																					1	1
62	대중경	대중경	연극																					1	1
63	대중극장	대중극장													2	2									4
64	대중극	대중극																					2		2

연번	주제어	소분류	중분류	1920	1921	1922	1923	1924	1925	1926	1927	1928	1929	1930	1931	1932	1933	1934	1935	1936	1937	1938	1939	1940	합계
65	대중연예대회		연예																			8			8
66	대중연예사	대중연예													2										2
67	대중연예인	대중연예																				1			1
68	대중연예회	대중연예																				1			1
69	대중영화	대중영화												1	2										3
70	대중예술	대중예술																1							1
71	대중오락지	대중오락							1																1
72	대중요금	대중요금																			1				1
73	대중자과의원	대중자과 의원	의원																		1				1
74	대중이발관	대중이발관	이발관													1									1
75	대중작가	대중작가	작가																1						1
76	대중잡지	대중잡지	잡지							1									1						2
77	대중금고	대중금고	전당표																				1		1

25

연번	주제어	소분류	중분류	1920	1921	1922	1923	1924	1925	1926	1927	1928	1929	1930	1931	1932	1933	1934	1935	1936	1937	1938	1939	1940	합계
78	대중생활	대중생활(물가고, 물자부족)	생활고/전시생활																	1	3	15	2		31
79	대중경치	대중경치																					1	1
80	대중생활비	대중생활(물가고, 물자부족)	전시생활																			1			1
81	대중수입	대중수입																				1			1
82	대중식량	대중식량																				1			1
83	대중용	대중용	전시생활-주택공급																					1	1
84	대중물	대중물	전시통계-가격																				1		1
85	대중인	대중인	정책비판										1												1
86	대중본위	대중본위	정책비판							1							2								3
87	대중부담	대중부담	-세금																					1	1

36

연번	주제어	소분류	중분류	1920	1921	1922	1923	1924	1925	1926	1927	1928	1929	1930	1931	1932	1933	1934	1935	1936	1937	1938	1939	1940	합계
88	대중불룸편	대중불룸편	정책비판 –시장화장																				1		1
89	대중과세	대중과세	조세정책 관련																	1	1				2
90	대중공론	대중공론	제이름											4	1										5
91	대중누위	대중누위	제이름												1										1
92	대중독보	대중독보	제이름											1			1								2
93	대중문고	대중문고	제이름 (문고명)											1											1
94	대중문예	대중문예	제이름									2			1										3
95		대중문화 –전집 (1920명)	제이름									2	6	3											11
96	대중신술	대중신술	제이름											1		1									2
97	대중시대	대중시대	제이름												3	2									5
98	대중의화	대중의화	제이름												1								4		5
99	대중의화 시보	대중의화 시보	제이름																1						1

41

연번	주제어	소분류	중분류	1920	1921	1922	1923	1924	1925	1926	1927	1928	1929	1930	1931	1932	1933	1934	1935	1936	1937	1938	1939	1940	합계
100	대중일기	대중일기	쾌어름																1						1
101	대중지광	대중지광												3	1										4
102	대중문학	대중문학 – 소고 (주요섭 연재)	논의																			6			6
103	대중소설	대중소설 – 논의											7												7
104	대중소설	대중소설 – 장르	쾌광고												4			3							7
105	대중해방	대중해방	해방						1																1
합계				0	7	1	2	4	10	12	30	7	23	25	27	18	15	20	20	19	10	48	33	10	341

〈부표 4〉 '인민' 개념의 용례

연번	주제어	소분류	중분류	1920	1921	1922	1923	1924	1925	1926	1927	1928	1929	1930	1931	1932	1933	1934	1935	1936	1937	1938	1939	1940	합계	
1	인민	인민	A	2	12	11	10	10	10	1	1	1		2	5	4	1								69	69
2	25만 인민		@+A					1																	1	
3	7만 인민								1																1	
4	각면 인민							1																	1	
5	강서 인민				1																				1	
6	고종 인민						1																		1	
7	남포 인민					1																			1	
8	다수 인민			1																					1	
9	동배 인민					1																			1	
10	동정 인민	○○ 인민					1		1																1	
11	○○ 인민							1				1													2	
12	무고인민				1																				1	
13	부근 인민					1																			1	
14	삼군 인민							1																	1	
15	○○부근 인민									1																
16	서총 인민						1																		1	
17	송정동 인민					1																			1	

(우측 합계열: A = 69, @+A = 39)

연번	주제어	소분류	중분류	1920	1921	1922	1923	1924	1925	1926	1927	1928	1929	1930	1931	1932	1933	1934	1935	1936	1937	1938	1939	1940	합계
18	순천 인민						1																		1
19	순천지방 인민					1																			1
20	안성 인민								1																1
21	안악군 인민			1																					1
22	양평 인민	○○ 인민	@+A						1																1
23	연도 인민				1																				1
24	영월 인민						1																		1
25	옹진군 인민					1																			1
26	이백여 인민										1														1
27	일반인민			1					2																3
28	자도 인민					1																			1
29	조선인민			1		1																1			3
30	지방인민				1																				1
31	창성 인민							1																	1

연번	주제어	소분류	중분류	1920	1921	1922	1923	1924	1925	1926	1927	1928	1929	1930	1931	1932	1933	1934	1935	1936	1937	1938	1939	1940	합계
32	천여호 인민분기	○○ 인민	@+A						1																1
33	춘천 인민	인민	@+A		1																				1
34	태백 인민	인민				1																			1
35	홍성 인민	인민				1																			1
36	인민생활	인민생활	강연									1													1
37	인민부상	인민부상	사건									1													1
38	인민재산	인민재산	사건–독직																1						1
39	인민폭행	인민폭행	사건–									1													1
40	인민회장	인민회장	재판															1							1
41	인민 혁명군	인민	사회주의운동–국외															1	7						8
42	동북 인민군	동북인민	사회주의운동															2		1					3
43	동북인민 ○○군	혁명군																	1	1					2
44	동북인민 혁명군	혁명군																		1					1

연번	주제어	소분류	중분류	1920	1921	1922	1923	1924	1925	1926	1927	1928	1929	1930	1931	1932	1933	1934	1935	1936	1937	1938	1939	1940	합계	
45	인민 ㅇㅇ군		사회주의 운동 -국외															1							1	
46	인민군																		1	1					2	
47	인민군 유격대	인민군																		1					1	
48	인민전선	인민전선											1							2					3	
49	인민군바	인민군바	생활고																			1			1	
50	인민투표	인민투표	시사																1			1			2	
51	인민대표	인민대표	정책비판						1																1	
52	별성포 인민대표	인민대표	집단행동				1																		1	
53	연동 인민대회	인민대회					1																		1	4
54	예산 인민대표	인민대표																							1	
55	인민전쟁 인민전쟁	인민전쟁							1																1	
56	인민담체 인민담체		총독부 정책- 조세 (연체)													1									1	1
57	인민보호 인민보호		치안						1		1							1							3	
		합계		6	17	21	16	15	21	2	2	5	1	2	5	5	1	6	11	7	0	3	0	0	146	

국민

<부표 5> '수식어 전치형' 용례

연번	주제어	1920	1921	1922	1923	1924	1925	1926	1927	1928	1929	1930	1931	1932	1933	1934	1935	1936	1937	1938	1939	1940	합계
1	2세 국민 보건																			2			2
2	2세국민																		1				1
3	망국민						1																1
4	소국민													8	1								9
5	정예 국민									1													1
6	전국민 목도																	1					1
7	제2 국민																			1			1
8	제2세 국민																			1			1
9	총후국민																			3		1	4
합계		0	0	0	0	0	1	0	0	1	0	0	0	8	1	0	0	1	1	7	0	1	21

민중

연번	주제어	1920	1921	1922	1923	1924	1925	1926	1927	1928	1929	1930	1931	1932	1933	1934	1935	1936	1937	1938	1939	1940	합계
																							59
1	군산민중													1									1
2	근로민중													1				1					2
3	누천민중								1														1
4	다수민중															1							1
5	목표민중																		1				1
6	무지민중														1								1
7	북평면 민중														1								1
8	성권민중											1											1
9	세계 민중			1																			1
10	신흥민중								5														5
11	여러 민중			1																			1
12	예천 전민중								1														1
13	이천만 민중			1	1		1		1														4

연번	주제어	1920	1921	1922	1923	1924	1925	1926	1927	1928	1929	1930	1931	1932	1933	1934	1935	1936	1937	1938	1939	1940	합계
14	일반민중		3													1			2	3	1		10
15	일반민중 동원																				1		1
16	일본민중								1														1
17	전국민중																				1		1
18	전반도 민중																				1		1
19	전조선의 민중																			1			1
20	조선민중	1	1	5	1	1			2		2		3					2			1		19
21	조선민중									1													1
22	조선일반 민중		1																				1
23	천외민중								1														1
24	피해민중					1																1
	합계	1	5	8	2	1	2	0	12	1	2	1	3	2	2	2	0	3	3	4	5	0	59

대중

연번	주제어	1920	1921	1922	1923	1924	1925	1926	1927	1928	1929	1930	1931	1932	1933	1934	1935	1936	1937	1938	1939	1940	합계
1	4민대중			1																			1
2	근로대중										2			1	1			1					5
3	노동대중								1														1
4	농민대중									1			1				2			1	1		6
5	만병의 대중				1																		1
6	무산대중				1	1	2	1	1			1	1	1						1			10
7	빼민대중																1						1
8	생산대중																1				1		2
9	세궁민 대중									1													1
10	소민대중																				1		1
11	소비대중															2		3		1	7	2	15
12	소작대중																			1			1

60

연번	주제어	1920	1921	1922	1923	1924	1925	1926	1927	1928	1929	1930	1931	1932	1933	1934	1935	1936	1937	1938	1939	1940	합계
13	속식대중																1						1
14	수난대중															1							1
15	수요대중																1			2			3
16	어업대중													1			1						2
17	여성대중																				1		1
18	일반대중																				2	1	3
19	일반소비대중																					1	1
20	친산백만대중					1																	1
21	청년대중							1															1
22	하생대중										1												1
	합계	0	0	1	2	2	2	2	2	2	3	1	2	3	1	3	7	4	0	6	13	4	60

연번

연번	주제어	1920	1921	1922	1923	1924	1925	1926	1927	1928	1929	1930	1931	1932	1933	1934	1935	1936	1937	1938	1939	1940	합계
1	25만 인민					1																	1
2	7편 인민						1																1
3	각면 인민					1																	1
4	강서 인민		1																				1
5	고흥 인민			1																			1
6	남포 인민				1																		1
7	다수 인민	1																					1
8	동래 인민			1																			1
9	동정 인민				1		1																2
10	?? 인민					1																	1
11	무고인민									1													1
12	부근 인민			1																			1
13	십군 인민		1																				1
14	??부근 인민							1															1
15	서흥 인민					1																	1
16	송정동 인민			1																			1
17	순천 인민				1																		1
18	순천지방 인민			1																			1

39

연번	주제어	1920	1921	1922	1923	1924	1925	1926	1927	1928	1929	1930	1931	1932	1933	1934	1935	1936	1937	1938	1939	1940	합계
19	안성 인민						1																1
20	안악군 인민	1																					1
21	양편 인민						1																1
22	연도 인민		1																				1
23	영월 인민				1																		1
24	웅진군 인민			1																			1
25	이빼여 인민								1														1
26	일반인민	1					2																3
27	저도 인민			1																			1
28	조선인민	1		1																1			3
29	지방인민		1																				1
30	창성 인민					1																	1
31	천여호 인민분기						1																1
32	춘천 인민		1																				1
33	때탄 인민			1																			1
34	홍성 인민			1																			1
	합계	4	5	10	4	5	7	1	1	1	0	0	0	0	0	0	0	0	0	1	0	0	39

<표 6> '인민' 개념의 단독형 용례

연번	년월일	기사제목	연관 용어
1	1920−05−23	人民의 平和, 아서簫湄·핸드서의 著 〈勞働黨의 目的〉에서 大民譯	인민의 평화
2	1920−08−04	水害頻頻, 人民의 自覺 當局의 注意	인민의 자각
3	1921−02−27	時勢에 順應하야 人民을 本位로, 滯京한 忠南知事 金寬鉉氏 本社를 訪問하고 新任의 感想談	인민을 본위
4	1921−03−28	屠獸場設置를 反對하여 人民 連署陳情, 부산수명동에서	인민 연서진정
5	1921−04−04	人民에게 毆打 當한 平壤警察署 金雲亨순사가 고소	인민에게 구타당한
6	1921−04−07	龍山署 日本人刑事의 醜聞, 경관 륙칠인의 직권 람용하야 人民에 不法行爲 詐欺 공갈 無錢飮食등 犯行	인민에게 불법행위
7	1921−04−19	고문으로 人民에게 타박상 입힌 경관 두명 검사가 공소	인민에게 타박상
8	1921−04−21	開城郡守以下 各面長 人民으로 組織된 日本視察團出發(開城)	인민으로 조직된
9	1921−06−14	勞農人權保護策,目下新法令起草中; 人民이拘引되는境遇十四時間以內에理由를明白히할것,	인민이 구인되는 경우
10	1921−08−07	高敵郡守 金相鎬氏의 美積, 高敵郡內에 學校설립 도로수선 시장개설 등 人民의 福利를 增進케하여	인민의 복리
11	1921−09−10	無辜한 人民을 毆打逃走한 巡査, 륙개월 징역으로 결석판결만 언도	무고한 인민
12	1921−09−17	(24)人民의 不平(平壤支局一記者)	인민의 불평
13	1921−09−24	人民을 毆打한 理由로 순사를 거러 고소	인민을 구타
14	1921−12−04	釜山府佐川洞 순사 金命祚가 人民을 恐喝하야 이십원을 편취 그리고도 사람을 처	인민을 공갈
15	1922−02−15	龍岡警察署長 田代安太郎氏, 日人職員에게 朝鮮語를 工夫식히며 犯人을 審問할때에도 惡刑拷問이 無하여 人民의 稱頌이 藉藉	인민의 칭송
16	1922−03−15	人民의 三大公權인 自由權 參政權 積極公權을 論하노라	인민의 3대공권

연번	년월일	기사제목	연관 용어
17	1922-04-14	三百名이 負釜殺到, 단천군 남대수리조합문데로 삼백여명이 군청에 쇄도하여//人民에 不利한 수리조합은 무용, 협의석에서 반대	인민에 불리
18	1922-06-12	郡廳에 人民殺到, 군청에서 蠶種을 잘못 사주어 실패를 당한 인민의 질문답지	인민쇄도
19	1922-06-13	地方官廳에 對하야, 人民爲主의 必要	인민 위주
20	1922-07-28	中和郡과 黃州郡의 商業戰: 한편은 드러오는 것을 금하고 한편은 내여가는 것을 금지해, 保護의 怪政策이 人民에 大損失	인민에 대손실
21	1922-08-28	碧潼警察署長 東川茂氏稱頌, 日鮮人無差別로 不良者淘汰, 人民交際上 親切하야	인민교제상 친절
22	1922-09-05	人民毆打한 巡査, 면직후 과료십월	인민 구타
23	1922-09-06	嫉妬로 人民을 亂刺한 대면경찰서 순사는 면직을 당해	인민을 난자
24	1922-11-17	人民의 事情으로 草家建築을 許可, 서대문밧 館洞에	인민의 사정
25	1922-11-27	人民의 反對로 江南公普학교 긔부금 무효	인민의 반대
26	1923-01-22	平南旱災借金償還, 人民의 不平	인민의 불평
27	1923-03-16	衝突動機는 何인가: 황해도 은률군 서부면에 산림대부문데로 큰 충돌, 巡査放銃事件詳報//無故히 人民을 毆打// 前後에 七十名檢擧, 경관인가 악마인가, 민원창련	인민을 구타
28	1923-04-17	面長이 人民毆打, 면장배척혐의로	인민 구타
29	1923-04-17	人民과 接近코자 민중경찰을 위주, 종로서의 새간판	인민과 접근코자
30	1923-04-22	巡査가 또 人民毆打, 정신에 이상까지 생겨 편에서 고소를 데기	인민구타
31	1923-06-14	禮山郡 山林貸付事件에서 본 人民의 生命과 法律, 本末을 轉倒	인민의 생명
32	1923-06-22	定平女子靑年會主催講演會: 事物의 改良은 人民의 自覺에 在함(尹南喆), 改良의 一端(金斗煥)	인민의 자각

연번	년월일	기사제목	연관 용어
33	1923-07-27	二村洞民의 生命保障費는 壹萬五百圓이면 足하다 … 人民의 生命財産을 保護하는 本意何在 (寫: 서부이촌동의 위치와 현재 공사중의 예방)	인민의 생명
34	1923-07-28	〈排日은 人民自發的〉, 顧外交對新聞記者陳述	배일은 인민자발적
35	1923-08-01	治道費를 爲始하야 罹災民 救護費까지 닥치는 대로 횡령 소비, 醜惡無類한 鄭瑞興郡守//郡守面會謝絶// 橫領한 事實, 이것이 범죄인것도 사실이요, 村井검사의 말//人民의 膏血을 따러먹는 악독한 관리, 나는 책임지고 말하오(인민대표의 말)	인민의 고혈
36	1924-01-09	供託局의 過失로 抑寃한 人民만 損害, 海州디방법원 공탁국의 잘못 통지로 경매 괴일이 틀리어 땅을 뺏기게 된일	인민만 손해
37	1924-01-21	佩劍을 人民에게, 취한 순사폭행	패검을 인민에게
38	1924-03-25	學校位置反對 人民을 駐在所에서 監禁毆打, 황해도 온정면장의 무리와 그곳 주재소의 횡포한 처사	인민을 주재소에서 감금구타
39	1924-03-27	光陽郡 津上駐在所에서 無辜한 人民을 惡刑; 사소한 말다툼에 고형까지, 인권 유린하는 순사의 악행//署長의 狂言暴說, 그것쯤은 고문이 아니라고 이전에다 대이면	무고한 인민을 악형
40	1924-04-24	無罪人民을 拷獄한다고 고문과 거짓서류꿈인 경부보, 무죄백방된 피고에게 피소해; 평남 중화군 金澤瑞집에 군자금을 빼앗았다는 朴永錫 金明根 鄭昌信등 三名으로부터	무고 인민을 투옥
41	1924-08-20	益山郡, 管内面長召集하야 蕎麥七百石 各面에 分給, 人民은 稱怨	인민은 稱怨
42	1924-09-28	安州官吏, 夫役, 人民의 不平으로	인민의 불평
43	1924-10-15	[取消申請] 光陽郡 津上駐在所에서 無辜한 人民을 惡刑; 사소한 말다툼에 고형까지, 인권 유린하는 순사의 악행//署長의 狂言暴說, 그것쯤은 고문이 아니라고 이전에다 대이면	무고한 인민을 악형

연번	년월일	기사제목	연관 용어
44	1924-12-02	定州同仁水利組合竣工式참석 高官自働車의 通過로 急成한 道路工事費, 긔한에 우는 人民에게 물려, 負擔할수 업다고 大會	기한에 우는 인민에게 물려
45	1924-12-23	順天郡守, 僧侶에게 求乞許可, 人民에게 非難을 사	인민에게 비난을 사
46	1925-02-01	〈弱者인 人民은 당할줄 아노라〉 郡守의 威脅과 面民의 抗拒, 定州道路費問題後報	약자인 인민은 당할줄 아노라
47	1925-02-22	賂物밧는 德川郡守 孔濯氏, 人民의 非難은 날로 늘어가 郡守孔濯氏, 行政이 넘우 專制的이여서	인민의 비난
48	1925-03-22	人民과 衝突이 甚하여간다고(德川)	인민과 충돌
49	1925-03-22	金堤地方 初春부터 旱災, 牟麥이 枯死, 人民이 不安	인민이 불평
50	1925-03-23	定淸間道路 問題 落着, 道廳의 讓步로 人民은 五千圓만 負擔(定州)	인민은 5천원만 부담
51	1925-04-16	定州德達面書記 戶別割에 加別햇다고 面民代表가 陳情하자 人民을 侮視	인민을 무시
52	1925-04-17	定平署巡査部長 金某 人民에게 不法行爲를 하다가 巡査로 落職	인민에게 불법행위
53	1925-06-27	突然煙草販賣停止, 人民의 大憤慨	인민의 대분개
54	1925-08-06	金在河氏 篤志에 公德表彰建立, 德源郡府內面事務所基地無 代提供, 貧寒人民數次施恤	빈한인민 수차 시휼
55	1925-11-16	兩舌가진 莞島郡, 棉業者를 愚弄, 棉販所增置願書는 册床속의 휴지로, 人民의 費用만 쓰게 하고 增置는 안해, 莞島棉販所 增設問題와 民怨	인민의 비용만 쓰게 하고
56	1926-01-25	郡雇員의 暴行 人民을 毆打해(箭灘)	인민을 구타
57	1928-04-30	警官의 職權利用 人民을 恐喝騙財, 달아나다가 필경 잡히어 犯人은 逮捕押送	인민을 공갈
58	1930-02-26	〈人民의 苦痛인 賦役을 廢止하라〉 각의원들이 강경히 주장, 忠北道評議會의 第三日	인민의 고통
59	1930-12-16	搜査方法과 人民의 苦痛, 長湖院 銃器盜難事件의 수사를 보고	인민의 고통

연번	년월일	기사제목	연관 용어
60	1931-03-18	人民의 소리, 當局은 冷靜히 反省하라, 朝鮮의 諸問題	인민의 소리
61	1931-04-18	人民과 法과 誠意, 光州郡土地競賣事件, 三圓의 滯納金으로 滯納者도 모르게 土地를 競賣	인민과 법과 성의
62	1931-05-16	入山票와 貧農, 人民의 苦情을 ㅅ히라(鎭川 一記者)	인민의 苦情
63	1931-07-09	敬告 我朝鮮 親愛的 人民, 京城華商總會代表宮鶴汀 萬寶山事件으로 인한 朝鮮事件에 對하야	친애적 인민
64	1931-08-30	官僚와 人民, 잘못된 堆肥奬勵方針의 弊害	관료와 인민
65	1932-03-08	窮民救濟費와 敎育費增加 보교수업료 철폐도 요구 忠北道議會第三日//道路品評會는 窮民에게 苦痛, 궁민에 부역만 작구 시켜 水組補助金도 要望// 人民의 苦痛인 賦役의 緩和 數字로 六萬이 늘엇다, 忠北道議會서 論難	인민의 고통
66	1932-04-17	車輛附加稅는 人民에게 返還(麟蹄)	차량부가세는 인민에게 반환
67	1932-05-20	靑川金融個別組織運動, 人民의 便宜를 爲해	인민의 편의
68	1932-12-17	十圓生産費 들인 棉圃 實收穫 僅三四圓 개인들의 한 것이 도로혀 리익 面의 指導耕作이 損害//人民의 利益은 업고 肥料商만 得利 이런 장려는 하기 실타 月燈面長 劉承烈氏談	인민의 이익
69	1933-02-08	京城府財政과 人民의 負擔, 時代遲한 平面的 財政政策	인민의 부담

3

'종교' 개념을 둘러싼 충돌
—1930년대 천도교와 좌익 언론의 사상 논쟁

이 글은 개념 연구의 방법적 모색 차원에서 시도된 것이다. 특정 '개념'이 가진 다양한 측면, 즉 복합적 의미, 현실적 맥락, 소통 가능성 등에 유의하면서, 그 개념을 매개로 발생한 충돌 현장에 주목하고, 상충하는 인식의 개념사적 맥락을 파악하며, 나아가 충돌 현장에 잠재된 소통 가능성을 현재적 관점에서 음미해 보고자 한다.

이러한 목적에서 1930년대 초 식민지 조선에서 일어난 '사상 논쟁'에 주목했다. '사상 논쟁'에서 '천도교의 종교적 성격'을 둘러싸고 좌익 언론과 천도교 신파新派 사이에 공방이 벌어졌다. 이 논쟁은 1932년 9월, 천도교 신파 측이 '조선 사회운동의 영도권領導權'을 요구한 데 대해, 좌익 언론이 이를 비판하면서 본격화되어 폭력사태로 치달았다. 논의의 범위도 1933년 말까지 사회운동의 영도권 논의

뿐만 아니라, 종교성, 철학·세계관, 조직 문제, 천도교의 운동적 전통 비판 등으로 확대되었다. 이 논쟁에서 사회운동의 주도권을 두고 서로 경쟁하던 천도교 신파와 사회주의 세력은 천도교의 사회적 역할에 대해 상반된 인식을 드러냈다.

이 논쟁은 기존 연구에 의해 논쟁의 배경 및 경과, 제기된 논점 등이 어느 정도 밝혀졌다. 그러나 이런 성과에도 불구하고 지금까지는 '친일로 방향전환하던 천도교에 대해 좌파 진영이 반反종교운동을 명분으로 제동을 건 것'으로 파악하는 민족운동사적 입장이나,[1] 천도교 측의 입장을 그들의 논리에 따라 옹호하면서 사회주의 측 주장을 비판하는, 호교론적護敎論的 입장[2]에서 크게 벗어나지 못했다.

이 글에서는 '사상 논쟁'이 여러 가지 논제를 다루었지만 그러한 논의가 궁극적으로는 '종교' 개념을 둘러싼 인식상의 충돌에서 비롯했다고 본다. 이런 관점에서 논쟁의 이론적·현실적 맥락을 살펴보고, 그 과정에서 추출된 개념을 좀 더 거시적 맥락에서 파악한 뒤, 최종적으로는 그러한 인식의 충돌에 잠재된 소통적 가능성을 현재적 관점에서 타진해 보고자 한다.

1. '사상 논쟁'에서의 개념 충돌 양상

1— '사상 논쟁'의 배경과 전개 과정

'사상 논쟁'은 《신계단新階段》, 《비판批判》 등의 좌익 언론이 '반反

종교운동' 차원에서 천도교를 공격했고, 이에 대해 천도교 측이 방어 논리를 펴면서 진행되었다. '사상 논쟁'의 배경으로는 첫째, 당시 국내 사회주의자들에게 영향을 끼친 일본의 반종교운동을 들 수 있다. 일본의 상황을 소련의 반종교운동의 흐름과 관련시켜 파악하면 다음과 같다.

1917년 11월 러시아에서 레닌이 지휘하는 볼셰비키가 정권을 장악한 뒤, 반혁명의 가능성을 원천 봉쇄하기 위해 구舊체제를 지탱해온 러시아 정교正敎를 철저하게 파괴하는 작업을 진행했다. 소비에트 정부는 넓은 교회령敎會領의 토지를 국유화하고, 1918년 7월에는 '교회를 국가로부터 분리한다'는 내용을 '러시아·소비에트 사회주의 공화국 헌법'에 명문화했다. 이후 교회 자산의 국유화, 성직자 차별 정책, 교육에 대한 교회 영향력 배제 등의 정책이 실시되면서 많은 성직자가 형벌을 받고 교회는 폐쇄되었다.

한편, 소비에트 정부는 이러한 법률과 강압책만으로는 한계를 느껴 민중을 교육하고 선전하여 무신론자를 확대하고자 했다. 1924년 8월에는 신문《무신론자無神論者》동호회가 발족해서 이듬해 6월 '소비에트무신론자동맹'으로 개칭되었고, 이 조직은 1929년 6월에 다시 '전투적 무신론자동맹'으로 이름을 바꿔 1934년까지 '종교박멸5개년계획'을 추진하는 등 반종교운동에 앞장섰다.

일본에서는 1929년경 도쿄대 법문학부 출신의 공산당 간부였던 사노 마나부佐野學가 소비에트의 반종교운동을 소개하면서 종교와의 투쟁이 정치투쟁에도 필요하다는 점을 최초로 주장했다. 그러나 사노는 체포되어 옥중에서 전향을 선언하면서 운동 일선에서 물러났다. 또한 1920년대 후반 무렵부터 일본 사회주의운동에서는 레닌 저작 등 소비에트 맑스주의 서적이 번역되면서 러시아 어에 능한 청년 맑시스트가 운동의 전면에 부상하여 운동 주도층의 세대 교체가 일어나고 있었다.

그 결과 카와우치 타다히코川內唯彦, 나가타 히로시永田廣志, 아키자와 슈지秋澤修二 등이 중심이 되어 1931년 9월 '전투적 무신론자동맹'을 결성, 소비에트의 반종교운동처럼 종교 박멸을 목표로 하는 운동을 전개했다. 이들은 천황제 타도를 내걸고 소비에트 정부의 교회 재산 접수를 선례로 삼아 신사神社와 사원 재산의 몰수를 표방하기도 했으나, 1934년 '전투적 무신론자동맹'의 중심인물이었던 카와우치가 체포되면서 사실상 조직은 소멸되었다.[3]

이웃 일본의 반종교운동 동향은 식민지 사회주의자에게도 직접적인 영향을 끼쳤다. 이미 1928년 무렵부터 국내에서는 사노 마나부의 글을 원용한 종교 비판의 글이 실리고 있었으며,[4] 1931년 초에는 소련의 반종교운동을 상세하게 소개한 카와우치의 글도 번역·소개되었다.[5]

둘째, 천도교와 사회주의자 간의 갈등이 심화되어 가던 현실 사회운동의 상황을 '사상 논쟁'의 현실적 배경으로 들 수 있다.

1920년대 전반기 부르주아 민족주의운동과 사회주의운동으로 분화되었던 국내 민족운동은, 1920년대 중반을 거치면서 민족단일당을 결성하는 움직임을 보이기 시작하여 1927년 2월, 사회주의 세력과 비타협적 민족주의 세력의 공동전선인 신간회新幹會를 결성하기에 이르렀다.[6] 한편, 1925년부터 천도교 세력은 구파와 신파로 분화되어 민족운동을 둘러싸고 서로 긴장과 갈등을 노정하기 시작했다. 천도교 구파 계열이 신간회에 참여한 반면, 1926년부터 자치운동을 추진했다가 별다른 소득을 얻지 못한 천도교 신파 계열은 반反신간회 입장을 공공연하게 표방하고 독자적인 정치 세력화 노선을 견지해 나갔다.[7]

사회주의 세력은 1925년 조선공산당 창당 무렵부터 농민층 지지기반의 확대에 노력하여 기존의 소작인조합을 농민조합으로 개편하고, 1927년 9월 농민총동맹을 창립하여 이것을 농민조합을 지도하는 전국적인 구심으로 삼았다.[8] 이러한 동향은 기독교를 비롯한 민족주의 계열의 농민 획득 노력을 부추겼는데,[9] 특히 농민층을 가장 큰 지지기반으로 삼고 있던 천도교 세력, 그중에서도 신간회 등을 둘러싸고 사회주의 세력과 경쟁관계에 있었던 신파 세력을 크게 자극했다.

천도교 신파의 전위 운동조직이었던 천도교청년당은 일부 사회주의 세력과의 연합체 성격을 띤 조선농민사를 조직하여 일반 농민대중을 견인했고, 비록 실패로 끝났지만 조선농민사를 국제적색농민동맹國際赤色農民同盟[Krestintern : 크레스틴테른]에 가입시키고자 노력하는 등의 활동을 통해 사회주의 세력의 압박에 대응해 나갔다. 그런데 1928년 이후 신간회 · 농민총동맹 등이 지방운동의 패권을 장악해 가자,[10] 천도교청년당은 보다 더 고립적 경향을 보이게 된다. 즉, 천도교청년당은 조선농민사에서 사회주의자들을 배제하고 그 조직을 천도교청년당 산하의 부문운동 기관으로 만드는 등,[11] 통일

전선적인 횡적 연대보다는 조직의 중앙집중화라는 종적인 단결로 나아갔다.[12]

이상에서 '사상 논쟁'의 배경으로 '반종교운동' 및 '사회운동상의 세력 경쟁'이라는 대내외적 상황을 살펴보았다. 그러나 이러한 두 조건이 1930년대 초 천도교와 좌익 언론 간의 논쟁을 유발한 직접적인 요인이라고 말하기는 힘들다. 일본 등의 반종교운동에 영향을 받았다고 해서 좌익 언론이 반드시 천도교를 비판대상으로 삼을 이유는 없었다. 또한 사회운동 일선에서 사회주의 세력과 천도교 세력이 서로 경쟁관계에 있었다고 하더라도 좌익 언론과 천도교 사이의 사상 논쟁이 그러한 현실운동의 대립관계를 직접 반영했다고 말하기는 힘들기 때문이다.[13]

실제로 1930년 무렵까지도 사회주의자의 종교 비판은 불교, 기독교를 포함한 종교 일반을 대상으로 했고 천도교를 직접 겨냥하지는 않았다. 천도교 측의 김형준도 사회주의자의 반종교운동 관련 글을 의식하여 국내 사회주의자의 반反종교 논설뿐만 아니라 맑스-레닌의 반종교이론 자체를 비판하는 글을 발표하기는 했지만, 좌익 논자의 실명을 거론하는 비판의 형식은 취하지 않았다.

이러한 상황 속에서 '사상 논쟁'이 본격화하는 계기가 된 것은 천도교청년당의 당두黨頭 조기간趙基栞의 '조선 영도권 요구' 주장과 이를 둘러싼 좌익 언론과의 충돌이었다.

좌익 잡지 《신계단》 측은 《신계단》 1932년 11월호에서 조기간의 주장을 강력하게 비판하며 '천도교'를 '정녀貞女의 탈을 쓴 매춘부'

라고 비난했다. 여기에 자극 받은 천도교청년당 측은 신계단사를 습격하여 《신계단》의 편집인 겸 발행인인 유진희俞鎭熙를 폭행했다. 이를 계기로 양측의 공방은 다음과 같이 확대되면서 실력행사를 하기에 이르렀다.

좌파 언론인들은 자신들의 주도 아래 11월 21일 '천도교정체폭로비판회'(이하 '비판회')를 결성하고 성명서를 발표했으며, 천도교 신파에 대해 경고문을 발송했다. 천도교 신파 측도 24일 천도교청년당 경성부 긴급대회를 개최하여 좌파 언론의 그러한 행위를 '사이비似而非운동'으로 부르고 이를 중지할 것을 천명했다. 양측의 대립은 비난 성명에 그치지 않고 실력행사로 나아갔다. 28일에는 천도교청년당을 대표하여 김형준金亨俊과 백세명白世明이 비판회를 방문하여 천도교에 대한 비판활동을 중지하도록 요구했다. 그러나 비판회는 이에 불응했을 뿐만 아니라 12월 24일, 천도교의 인일人日기념식 석상에 간부를 파견하여 천도교를 비판하는 성명서를 낭독했다.

양측은 이와 같이 '실력행사'를 하면서 이론적 차원에서도 치열한 공방을 벌였다. 천도교 신파 측의 주장은 주로 《신인간新人間》을 통해 전개되었고, 반反천도교의 주장은 《신계단》 및 《비판》 등 좌파 언론을 무대로 표명되었다. 양측의 논쟁은 상대방의 실명을 거론하면서 적나라하게 전개되었는데, 1933년 초에 정점에 달했다. 《신인간》은 1933년 1월에 반종교운동을 비판하는 글을 다수 발표했으며, 《신계단》도 1933년 1월을 '천도교 비판호'라는 특집호로 꾸미고 천도교를 다방면에 걸쳐 비판하는 글을 게재했다. 이런 분위기는 2월호까지 이어졌으나 좌익 언론의 반反천도교운동은 좌파 진영 전체의 운동으로 확산되지 않고 소강상태로 접어들었다.

논쟁의 구도는 좌익 언론에 게재된 사회주의자들의 천도교 비판과, 이를 방어하고 나아가 맑스–레닌주의 종교론에 대한 역비판을 시도하는 천도교 측의 김형준 사이에서 주로 전개되었다.[14] 좌익 언론의 천도교 비판은 자치운동, 조직 운영, 동학 및 천도교 역사, 이론 등 전 범위에 걸쳐 이루어졌으며, 그 과정에서 천도교 교리의 철학적 성격, 천도교의 계급적 기반, 영도권 자격 유무 등이 쟁점으로 부각되었다. 대체로 천도교의 현실적 운영이나 역사에 대한 비판은 구체적인 데 비해 천도교 사상에 대한 비판은 소련 및 일본의 반종교운동을 통해 접한 맑스–레닌주의적 종교 비판의 도식을 따르고 있었다.

2— '종교' 개념에 관한 인식의 충돌

'사상 논쟁'의 당사자 간에는 '종교' 개념에 대한 인식상의 충돌을 내포하고 있었다. 크게 보면 좌익 언론 측이 '과학성·계급성'의 견지에서 '종교' 그 자체의 폐지를 지향했으며, 천도교 측의 김형준은, 종교성은 인간 본성에 속하므로 폐지될 수 없다는 전제 위에서 '종교'를 '기성종교'와 '신종교'로 나누고 '신종교'의 시대 적합성을 증명하고자 했다. 그런데 이러한 구도 이면에는 조금 더 복잡한 상황이 개입되어 있었다.

국내 사회주의자들의 종교 비판론은 1920년대 초 중국의 '비非종교운동'에 관한 소개글에서부터 보이지만, '사상 논쟁'과 관련해서 보면 1928년 무렵부터 나타나기 시작했다. 큰 틀에서 보면 이 무렵에는 맑스의 《헤겔법철학비판서설》 등 맑스-엥겔스의 종교론이 자주 언급되다가, 뒤로 갈수록 레닌의 반종교이론이 소련의 반종교운동 소개글과 더불어 대세를 이루었다. 대체로 후자의 글은 사노 마나부 등 일본의 반종교운동을 전개한 맑스주의자의 글을 통한 접근 방법을 사용했는데, 이미 1절에서 언급한 바와 같이 동일한 글에서 맑스-엥겔스, 레닌, 사노 마나부 등의 글이 함께 인용되거나 참고되었다.[15]

그런데 하야시 마코토林 淳의 연구에 따르면 종교론에 관해서는 맑스-엥겔스와 레닌 사이에 두 가지 차이점이 있었다. 첫째, 맑스-엥겔스는 혁명이 일어나서 사회주의 사회가 출현하면 종교는 자연사自然死한다고 본 데 반해, 레닌은 종교의 자연사를 믿지 않고 종교 근절을 위해 반反종교운동의 필요성을 역설했다. 둘째, 맑스-엥겔스는 종교가 민중이 현실에 대해 항의하는 투쟁이며 혁명적인 성격을 지닐 수 있다고 본 반면, 정권 장악 후의 레닌은 종교와 혁명투쟁을 서로 대립적인 것으로 보았다. 양자의 견해 차이는 서구와 러시아에서 종교를 둘러싼 역사적·사회적 환경의 차이에서 나온 것으로, 서구에서는 부르주아가 종교에 대한 투쟁을 수행하여 부르주아 혁명 후에는 종교와의 투쟁이 부차적 의미를 가졌다면, 러시아에서는 부르주아 계급이 미성숙하여 프롤레타리아가 중세적 제도와 투쟁해야만 했기 때문이다.[16]

당시 좌익 언론 측의 반反종교 논설은 주로 일본을 경유한 소련의 반종교이론에 영향을 받았기 때문에 맑스-엥겔스와 레닌의 입장 차이가 크게 드러나지는 않았으나, 행간을 읽어 보면 미묘한 긴장이 발견된다. 이를 염두에 둘 경우 '종교' 개념을 매개로 한 좌익 언론의 천도교 공격은 그 초점에 따라 두 차원으로 구분된다.

첫째, '과학' 담론에 의거하여 종교의 환상·미신적 성격을 비판했다. 《신계단》 편집부는 "천도교의 〈인내천〉주의, 〈수운水雲〉주의에…… 우리는 적어도 그 철저한 비非과학성과 기만성을 확인할 수 있"다고 했다. 나아가 "그들 자신도 천도교는 종교라고 규정했으니 〈종교〉라는 것에 대해서는 이미 규정된 의의가 있는 것"이며 "따라서 무릇 〈종교〉로부터 과학적인 것을 발견할 수 없고 비非과학적인 것으로서 현실적인 것을 보지 못"한다고 했다.[17] 이들이 '종교'를 가리켜 '종교에는 이미 규정된 의의가 있다'고 한 것은 '종교는 민중의 아편'으로 보는 맑스-엥겔스의 종교론에 근거를 두고 있었다.[18]

둘째, 좌익 언론의 종교 비판이 '과학'이라는 기준에 전적으로 의존했던 것은 아니다. 그들은 자신들의 반종교운동 논리가 서구의 부르주아 계몽주의적 종교 비판론과 달라야 하는 점을 자각하고 있었다. 한 논자는 다음과 같이 주장했다.

부르조아 무신론자는 종교에 대한 반대를 다만 과학옹호의 견지에서만 일삼는 것이다. 맑스주의자는 그렇지 않다. 근대종교는 자본주의적 생산방법의 외력적 지배에 불과한 것이므(此間 3행 略) 고故로 종교에 관한 투쟁은 한갓 무신론의 사상적 선전에만 그칠 것이 아니고 바로 계급(투쟁

—인용자)의 구체적 실천에 종속시키지 않으면 안되는 것이다.[19]

　종교 비판의 실천적 지향과 관련하여 '과학' 보다는 '계급투쟁' 을
우위에 두는 이러한 관점은 '종교소멸론' 주장에도 반영되었다. "종
교는 일정한 물질적 사회적 근거를 근거로 하고 그곳에 환상적 반영
反映으로 산출된 것"이기 때문에 "현존 사회적 관계가 변(혁—인용
자)되고 종교의 물질적 근거가 제거된 때 비로소 소멸"된다고 하면
서, 종교에 대한 투쟁은 " (사회주—인용자)의 건설을 위한 (투—인용
자)쟁, 다시 말하면 계(급투쟁—인용자) 본류本流에 합류合流된 구체
적 실천"이라고 했다.[20]

　천도교 측 김형준의 입장도 좌익 언론 측의 공격에 대응하는 방식
으로 제시되었으므로 두 차원으로 구분해서 살펴볼 수 있다.

　첫째, 김형준은 종교 그 자체는 폐지되지 않고, 다만 폐지되는 것
은 시대에 적합하지 않은 '기성종교' 라는 관점을 취했다.[21] 그 연장
선상에서 그는 '기성종교' 와 '신종교' 를 구분하고 전자에는 유교,
불교, 기독교, 천주교 등을, 후자에는 천도교를 각각 대응시켰다. 그
에게 천도교는 '새로운 세기의 창건을 위한 신세대를 대표하는 새로
운 종교' 이며,[22] '반反기성종교운동을 하는 신종교운동'[23]이었다. 이
런 인식은 '종교진화론' 의 주장으로 이어지면서 좌익 언론 측의 '종
교소멸론' 을 비판하는 데로 나아갔다. 그는 맑스주의자들이 '종교
를 발전전화의 입장에서 보지 못하고 영원사멸이라는 일종의 '이
상' 주의적 입장에서 해석하려' 한다고 비판하고,[24] 나아가 이것이

맑스의 반종교이론 그 자체, 즉 '종교는 물질의 마술성에서 기원한 것이며 그 물질의 마술성만 제거되면 소멸될 것이라고 독단을 내리는' 데에서 비롯했다고 비판했다.[25]

둘째, 김형준은 레닌의 반종교운동 논리를 크게 의식하면서 때로는 그 논리를 역으로 활용하고, 때로는 레닌의 입론 그 자체를 비판하면서 대응했다.

우선, 그는 조선과 같은 식민지 상황에서 좌익 언론의 천도교 비판은 비현실적이라고 비판했다. 김형준은 레닌의 반종교운동 논리와 소련의 상황 등을 분석한 뒤, 좌익 언론의 반反천도교운동은 "입으로는 자칭 레닌주의자라고 하면서 그 실은 레닌과는 정반대의 행동을 하고 있"다는 의미에서 '사이비운동'이라고 비판했다. 김형준에 따르면, 레닌은 '국가권력과 종교를 분리시키기 위해서는, 국가권력으로부터 종교를 분리시키려는 (승려들의—인용자) 요구에 응하여 싸워야 한다'고 했다. 반면, 조선의 '사이비 운동자'들은 종교를 기성권력에서 분리시키기는 고사하고, 오히려 그 반대로 기성권력과 분리되었을 뿐 아니라 대립되어 있는 종교집단을 기성권력 편으로 몰아대며 그것과 결합되기를 원한다고 비판했다.[26]

또한 그는 종교 발생 및 계급적 기반과 관련하여 레닌의 입장을 비판하면서 천도교의 민중성을 강조했다. 그는 종교적 신념이 '피지배계급이 지배계급과의 투쟁에서 자기의 무력無力을 위안하려는 데에서 생긴다'고 본 레닌의 견해를 비판하고, '모든 종교적 신념은 그 창시기創始期에는 하층계급이 그 시대의 사회적 조건을 벗어나서

좀 더 높고 새로운 사회적 생활을 실현하려는 데에서 기인하는 것'
으로 재규정했다.[27] 이런 관점의 연장선에서 그는 '레닌이 본 종교
는 세계말적 발악을 하고 있는 기성종교에 불과' 하며 천도교는 이와
달리 '창생蒼生계급' 을 기반으로 발생했고, '민중을 억압으로부터
(해방—인용자)하려는 정신적 도구' 라 했다.[28]

　이상에서 '종교' 개념을 둘러싼 인식의 충돌 양상을 살펴보았다.
국내 사회운동의 주도권 다툼이라는 내적 조건 위에서 외부로부터
들어온 레닌의 '반종교운동' 이론이 '사상 논쟁' 의 발발과 논의 구
도에 큰 영향을 끼쳤다. 좌익 언론 측은 '과학성ㆍ계급성(당파성)' 에
입각한 '반反종교 개념' 의 견지에서 천도교를 비판했고,[29] 천도교
신파 측을 대표한 김형준은 '신종교' 와 '기성종교' 를 구별하고, '역
사성' (종교진화론)과 '현실성' (식민권력과의 대립, 민중적 기반)의 측면
에서 '신종교' 로서 천도교가 지닌 정당성을 옹호했다.

2. '사상 논쟁' 의 개념사적 맥락

1—천도교의 '신종교' 논의

　앞 절에서 살펴보았듯이 '사상 논쟁' 에서 천도교 신파 측의 김형
준은 스스로를 '신종교' 라 규정함으로써 좌익 언론 측의 종교 비판
에 대응했다. 그런데 이 '신종교' 개념은 1910년대 이래 천도교에서
전개되었던 이론적 성과에 기댄 것이었다. 따라서 이러한 이전의 논

의를 살펴봄으로써 '사상 논쟁'에서 제시된 '종교' 개념의 갈래를 좀 더 잘 이해할 수 있다.

천도교에서 '신종교'라는 말은 1910년대 후반 이돈화의 글에서 등장했다. 이미 천도교에서는 1907년 무렵부터 '다신多神 → 일신一神 → 천도교天道敎'라는 종교진화론적 인식이 나타났다.[30] 이런 인식의 기반 위에서 1910년대 초 이돈화는 '천도교가 가장 나중에 탄생했고, 유儒·불佛·선仙 3교를 포괄했으며, 만萬종교·만萬철학·만萬진리를 포함했으므로 통일적 종교의 주인공이 된다'고 했다.[31] 이러한 인식은 동양의 전통 종교나 기독교에 비해 역사가 짧고 사상적 독자성이 충분히 인지되지 않은 천도교의 취약성을 오히려 장점으로 전도시킴으로써 천도교의 종교적 정체성을 확립하려 한 시도로 볼 수 있다.

이 시기 이돈화의 '통일적 종교' 논의는 천도교가 가진 속성 중 '가장 나중에 탄생했다'는 후발성後發性과, '유·불·선, 종교·철학·진리를 포괄했다'는 회통성會通性을 내포했다. 후발성과 관련해서는 이후 천도교의 신관神觀을 범신론汎神論으로 설정하는 인식이 개입되어 1918년이 되면 한편에서는 '다신시대 → 일신시대 → 범신적 조화시대'[32] 혹은 '다신시대 → 일신시대 → 통일시대'[33]의 형태로 제시되었다. 이러한 발달론은 당시 불교계의 이능화李能和가 제시한 '다신 → 일신 → 무신론'과 동일한 인식 구조를 가졌다. 이능화는 다신교는 유교를, 일신교는 기독교를, 무신교는 불교를 가리킴으로써,[34] 불교를 일신교와 다신교의 특성을 겸비하면서도 그것을 넘어선 종교라 주장했다.[35] 즉, 이돈화와 이능화 등은 자신들의 당대를 종교 발달의 정점으로 보고, 각각 자신들의 종교를 규정하는 범신론·무신론을 종교 중에서도 가장 높은 위치에 둔 것이다.

회통성과 관련해서, 이돈화는 '종교'를 '진리의 광光'으로 정의하되, '유·불·선·야耶·회回·파婆 등'을 '과도시대의 종교' 혹은 '구舊종교'라 불렀고, 이와 대비되는 용어로 '신종교'·'현대종교' 등을 사용했다.[36] 그리고 "현대종교는 개인적 측면과 사회적 측면을 종합해서 파악할 책임을 가진 것"이라 했다.[37] '신종교'·'현대종교'는 천도교를 염두에 둔 용어였다. 주목할 점은, 이전과 달리 이 개념이 가진 회통성의 범위가 '유래 종교를 포함'했고, '우주와 개인' 뿐만 아니라 '개인과 사회'의 양 측면도 포괄하는 것으로 확대되었다는 사실이다.[38]

이상에서 보았듯이 이돈화의 '신종교' 개념은 '구종교'와 '신종교'를 구분하고 천도교를 '신종교'라는 우월한 위치에 놓았다는 점에서 1930년대 초의 김형준에게 직접 영향을 끼쳤다고 할 수 있다. 차이가 있다면 이돈화의 그것이 '구종교'를 포용하는 것으로 설명되는 데 반해, 김형준의 '신종교'는 '기성종교'를 반대하는 '반反기성종교운동'으로 설정되었던 점이다. 이러한 차이점이 갖는 의미에 관한 논의는 좀 뒤로 미루고 양자의 '신종교' 개념을 이해하기 위해서는 '신종교'와 연관되어 있었던 구분법, 즉 '종교·철학·과학' 구분법에 대해서 좀 더 살펴볼 필요가 있다.

천도교에서 '종교', '철학' 등의 용어는 일찍부터 보인다. 그러한 용어가 이미 1907년 무렵부터 천도교 교리의 근대화 차원에서 '주체-객체', '유형有形-무형無形' 등 서구 근대철학의 영향을 받은 용어와 더불어 빈번하게 사용되었다. 그런데 '종교', '철학' 등의 용어가 이돈화의 '신종교' 개념에 와서 긴밀하게 관련되는데, 그의 '신종교' 개념을 이해하기 위해서는 단순히 '종교'의 내포에 대한 고찰만이 아니라 '종교' 범주 너머, 즉 '철학', '과학' 등의 범주와 어떤 관계에 있었는지를 고찰할 필요가 있다.

이돈화는 1915년부터 "종교 철학 과학 등 제반의 교훈 중에는"이라고 하여,[39] '종교·철학·과학'이라는 구분법을 처음 사용했다.[40] 이 구분법은 1915년 2월에 발간된 이노우에 테츠지로井上哲次郎의 《철학과 종교》에서 유래한 것으로 보인다. 이노우에 테츠지로는 일본관념론 계보에 속하는 '현상즉실재론'의 대표자로서, 그는 '종교·철학·과학'의 관계에 대해, 현상 방면에 대한 인식은 과학으로써, 실재·본체 방면에 대한 인식은 종교로써 가능하며, 철학은 그 접점에 서서 종교와 과학을 관장한다고 설명했다. 즉, 이노우에는 철학에 대해 "종교와 과학의 관계를 명확히 하는 심판관의 지위"를 부여했다.[41] 이때에는 이돈화의 글에서 종교·철학·과학 간의 위계관계는 두드러지게 표현되지 않았다.

그러나 이돈화가 이 구분법을 활발하게 사용하는 1918년경이 되면, '신종교' 개념과의 관계 속에서 '종교·철학·과학'은 한편에서는 인내천주의의 진리성을 회통적으로 설명하는 구분법으로 사용되면서도,[42] 다른 한편에서는 종교와 과학 간의 위계성이 두드러졌다. 즉, 이돈화는 이노우에의 3구분법은 받아들였으나, 이노우에가 철학에 중점을 두었다면 이돈화는 종교에 중점을 둔 차이가 있었다. 이는 과학에 대한 입장 차이로 나타난 바, 이노우에는 비록 과학이 수단이지 목적은 아니라고 하면서도, "과학은 인간이 획득한 가장 정확한 지식"이라고 평가했으나,[43] 이돈화는 "과학은 인류의 정신적 개조를 직접 실행할 능력이 없"으며, "평화는 과학의 힘으로 이룰 바 아니오, 종교에 의해 성립할 것"이라고 하여,[44] 과학을 훨씬 더 부정적으로 바라봤다. 이런 인식은 "천도天道를 커다란 근본大原體으로 하고 종교를 날줄經로하며 철학을 씨줄緯로 하며, 과학을 작용으로" 파악하는[45] 서술에도 나타났다. 여기서 '작용'과 대비되는 '경위經緯'를 '본체'로 본다면, 그는 '종교·철학'을 본체로, '과학'을 '작용'으로 보았다고 할 수 있다.

과학의 권한을 축소하고 부정적 측면을 강조하며, '작용'의 수준으로 격하시키는 이돈화의 인식은 당시의 시대사조와 직접 관계되었다. 그는 "대신사大神師(최제우—인용자)가 오늘날은 후천개벽의 시대라 말하셨으니, 이는 즉 하늘이 커다란 재화災禍로 만물을 부활케 하는 기회가 오늘이라 지칭하신 바이다"라고 해서,[46] 1차 세계대전의 참상을 후천개벽의 기회로 보고 있다. 그 연장선에서 전쟁과 과학을 비판하고 평화와 종교를 내세우면서 "금일 이후의 세계는 반드시 종교의 세계가 될 것이며, 금일 이후의 개조는 반드시 종교적 개조가 되리라"고 언급했다.[47] 그는 "우리는 사회의 근본적 개량改良을 이루고자 하면, 반드시 종교에 의존하지 않을 수 없을 것"이라 하여 '종교에 의한 사회의 근본적 개량'을 지향하고 있었다.

이상에서 살펴보았듯이 1910년대 후반에 제기된 이돈화의 '신종교' 개념은 '개조의 시대' 분위기 속에서 1910년대 중반까지와는 달리 '종교적 사회개조'라는 적극적이고 확장된 관심을 내포하고 있었다. 때문에 이 개념은 공세적으로 제기된 감이 있다. 이에 따라 '종교·철학·과학'은 한편에서는 천도교의 인내천주의가 가진 '진리성'이 보편적임을 확인하는 도식으로도 활용되었지만, 다른 한편에서는 과학적 가치는 종교적 가치에 종속되어야 한다는 위계성도 띠었다. 후자의 속성과 관련하여 이 시점부터 이돈화의 관심은 종교적 지향을 사회로 확산하고, 그 매개로서 '철학'을 이용하려는 방식으로 나아갔다. '종교·철학·과학' 도식에서 '종교·철학·사회'로 전환해 갔다고 할 수 있다.

'신종교' 개념이 놓인 상황을 이와 같이 고려하면 이돈화의 '신종교'와 김형준의 그것이 가진 공통점과 차이점을 좀 더 명확하게 알 수 있다. 양자의 공통점으로는, 종교 그 자체는 지속되는 것으로 보았고, 가장 늦게 발생한 천도교가 기성종교보다 더 뛰어나다고 보는 종교진화론적 사유 등을 들 수 있다. 차이점으로는 이돈화의 그것은 '종교·철학·과학'에 걸쳐 있거나 '사회개조의 주체'로 상정되는 포괄성·팽창성을 가졌고, 자본주의 물질문명에 대해 비판하는 '개조의 시대' 속에서 '유래 종교'까지 함께 포괄했다는 점이 특징이다. 반면, 김형준의 그것은 전체적으로 볼 때 다분히 수세적·방어적 성격을 가졌다. '반종교운동'의 공격 속에서 기성종교와 차별화하고 대립하는 방식으로 '신종교'를 내세웠고, '신종교'로서 천도교가 가진 '민중적 계급기반'을 강조함으로써 비판의 예봉을 피하고자 했다.

그렇다면 '사상 논쟁'에서 김형준의 종교론은 무엇으로 규정할 수 있을까. 그리고 이돈화의 '신종교' 개념과는 어떤 관계를 설정할 수 있을까. '종교와 과학의 관계'에 초점을 두고 이 문제를 생각하면, 양자의 관계를 대립적으로 본 것은 18세기 유럽의 계몽주의적 사유에서 전형적으로 나타났다.[48] 이 사유는 양자의 대립을 완화하기 위해 정신의 영역과 육체의 영역, 그리고 정신 영역에 확고한 기반을 마련해주는 비판의 영역을 설정하고, 여기에 종교·신학의 분야, 과학의 분야, 철학의 분야를 각각 할당함으로써, 종교(가톨릭)의 영역과 과학의 영역을 분리시켰다.[49]

좌익 언론 측은 이미 살펴보았듯이 레닌주의의 반종교이론에 입각하여 '과학'의 견지에서 '종교의 폐지'를 주장하는 '반反종교 개념'을 취했다.

김형준의 입장은 당시의 국면 속에서 다소 방어적이었던 것은 사실이지만, 기본적으로는 이돈화의 '신종교' 개념과 같은 맥락으로 봐도 좋을 것이다. '사상 논쟁' 속에서는 직접 드러나지 않았지만, 다른 지면의 글에서 김형준의 관심은 천도교라는 종교적 입지에 굳게 있으면서도 독일의 '종교사회학' 등 당시로서는 최신의 사조에 관심을 가지고 '철학' 방면에 친연성 있는 태도와 모색을 보이기 때문이다. '사상 논쟁'에서 김형준 등 천도교 측이 가진 종교 개념은, 좌익 언론의 '반종교 개념'과도 구별되고, '종교·철학·과학'의 각

영역을 분리하는 계몽주의적 종교 개념과도 구별된다.[50] '종교'의 입지에서 철학과 과학의 영역까지 회통하고자 하고, 그러한 인식을 종교진화론 등 시간성의 맥락 속에서 강조한다는 점에서 당시 천도교 측이 취한 '종교' 개념을 '낭만주의적 종교 개념'이라 부르고자 한다.[51]

2— '종교' 논의 지형의 분화

앞 절에서는 '신종교'의 개념사적 갈래를 추적하여 '사상 논쟁'에서 제시된 천도교의 '종교' 개념이 가진 성격을 규정해 보았다. 그런데 '종교' 개념은 그것이 놓인 논의 지형과 별개로 존재할 수 없다. 이 절에서는 이 문제를 '종교와 과학'의 관계 이외에 '종교와 정치' 관계도 고려해서 고찰하고자 한다.[52]

개항기 이후 '신종교', 특히 동학·천도교가 처한 종교 지형은 개항기의 경우 유교일원적인 '정통—좌도左道(사교邪敎)' 지형, 천도교 시기의 '종교—종교' 지형, 일제 시기의 '공인교公認敎—유사종교類似宗敎' 지형으로 바뀌어 갔다.

동학 시기의 '정통—좌도' 지형은 유교의 의리론적 정통주의의 입장에서 유교 이외의 종교가 관官으로부터 이단異端, 좌도左道, 사교邪敎로 탄압받았다. '종교—종교' 지형이란, '한불韓佛조약'(1886) 이후 사실상 '종교의 자유'가 공인되면서 천주교가 합법화되고 개신교가 본격 수용되며 동학 이후의 신종교들이 성립되는 시기로서, 이런 정세 속에서 동학은 1905년 12월 근대 서구의 릴리지온religion

개념을 받아들여 천도교로 탈바꿈했다.[53]

일제는 헌법에서 근대적인 의미의 종교 자유를 선포하면서도 식민 통치의 일환으로 종교에 대한 다양한 통제방안을 강구했다. '한국병합' 후 일제가 실시한 종교 정책의 핵심은 종교 공인 정책과 정교분리政敎分離 정책이었다. 총독부는 〈포교규칙〉(1915)을 공포해 불교와 기독교, 교파신도敎派神道만을 '종교'의 범주에 포함시키고, 유교와 신종교, 민간신앙 등은 '종교'의 영역에서 배제시켰다. 또한 공인종교에 대해서는 정교분리 원칙에 따른 종교의 '비非정치화'·'탈脫정치화'를 유도했다.[54]

총독부의 이러한 정교분리 원칙에서 볼 때 천도교는 '종교'로 공인될 수 없었다. 〈포교규칙〉이 공포되기 전부터 총독부는 천도교, 대종교 등에 대해 이들이 '정치와 종교를 서로 혼동하여 순연히 종교라 인정하기 어려운 것이 많아 단속이 불가피하다'고 파악하고 있었다.[55] 따라서 이들은 '유사종교'로 분류되고 '포교규칙' 대신 〈경찰범처벌규칙〉(1912)으로 통제되었다.

이상에서 살펴보았듯이 식민지기 천도교는 정책적인 측면에서 '종교'의 범주 바깥에 있었다. 천도교가 띤 정치적·민족적 성향이 그러한 배제의 원인이 되었다. 천도교는 1905년 12월 근대적인 '릴리지온' 개념을 수용하여 교명을 '동학'에서 '천도교'로 변경했다. 천도교는 '종교의 자유' 담론과 '정교분리'의 표방을 통해 근대적인 '종교'로서 인정받은 바 있었다.[56] 그러나 동학농민혁명에서 드러난 바와 같은, 신종교로서 동학·천도교가 본래부터 가진 사회적·정치적 관심은 여전히 '정교분리'의 형식 아래에서 복류伏流하고 있었다. 앞 절에서 살펴본 바와 같이 1910년대 후반부터 '개조의 시대' 사조에 반응해서 '종교와 사회의 연관', '종교적 사회개조' 등에 대한 관심이 등장한 것은 '종교와 정치의 결합'을 위한 우회로라 할 수 있었다. 이런 움직임은 한편으로는 3·1운동과 같은 민족운동의 형태로 표출되었고, 다른 한편으로는 '문화정치' 이후 '천도교 청년회'가 주도하는 《개벽》 등의 문화운동으로 표출되었다. 그러다가 1923년 9월 '당적黨的' 형태를 가진 천도교의 전위단체 '천도교청년당'의 조직으로 귀결되었다. 이는 곧 천도교가 '교정일치'를 공공연하게 표방한 것을 의미했다.

이렇게 본다면 1910년대 후반 이돈화가 보인 종교와 사회의 상호관계에 대한 관심, 그리고 1920년대에 천도교의 인내천주의를 서구의 철학, 사상 등의 용어로 '일반화'해서 제시하는 작업 등은 '교정일치'의 이론적 준비이자 그 전개 과정으로 볼 수도 있다. 즉, 그의 작업에서 '종교와 정치의 관계' 대신 '종교와 사회의 관계'가 주안점이 된 것은 '정치'가 '사회'로 표방되었던 점만 다를 뿐, '사적' 영역에 머물러 있어야 할 '종교'가 '공적' 영역으로 확장해 나가고자 했던 정황을 반영한 것이다. 이는 1910년대 후반 '신종교' 개념에 내포된 가능성이 현실화된 것이며, '교정분리'의 잣대로써 종교를 평가하고 활동을 제한했던 총독부의 종교 정책의 한계를 넘어서는 것이기도 했다.

'종교와 정치(사회)의 관계', '교정일치' 등이 1920년대 천도교의 사회운동을 특징짓는 용어였다면, '사상 논쟁'에서 좌익 언론 측이 제기한 '종교≠과학 도식은 이와 별개의 논의 지형에 서 있었다. 전자가 '운동·실천'의 층위와 깊이 관계된다면, 후자는 '지식'의 층위와 관련한 종교 비판이라 할 수 있다. 이와 관련해서는 일본 반종교투쟁 이론가의 글을 번역한 것으로 보이는 글에서 다음 대목이 주목된다.

> 종교의 사회적 측면, 교단의 사회적 영향은 종교로 보아서는 2차적이다. 그러므로 반反종교운동은 그 본질과 종교사宗教史에 대한 이론적 분석, 종교적 세계관의 인식론적 근거에 대한 이론적 분석 등으로써 그 본질을 구명究明하여 근본적인 방면에서 싸우지 않으면 안 될 것이다. 종교에서 2차적인 사회적 측면을 아무리 공격한다 하더라도 종교는 조그마한 통증도 느끼지 않을 것이다. 왜 그러냐 하면 종교는 언제든지 사회적 환경이 요구하는 형식적 개혁은 반갑게 맞이하는 것이니, 이는 결국 종교개혁에 그치고 종교정화운동 이상으로 진전할 수 없다.[57]

위 인용문은 종교를 철저하게 공격해서 철폐시키려면 종교의 사회적 영향, 정치적 활동 등이 아니라 종교의 본질적인 부분을 노려야 한다는 것이다. 이것은 레닌의 반종교투쟁 노선을 따른 것으로 보이는 바, '사상 논쟁' 당시 좌익 언론 측은 레닌의 이러한 견해를 좇아 천도교에 대한 철학·사상 방면의 공격을 전개했던 것이다. 이때 그들이 구사한 '과학' 담론은—물론 그것은 '계급투쟁'에 종속된 방식이었지만 — '종교' 그 자체를 공격하는 치명적인 무기로 활용되었다.

'과학'이라는 이름의 이 '지식' 담론이 소련과 다른 방식으로 식민지 사회운동의 영도권 다툼이라는 '권력투쟁'의 무기로 사용된 점은 흥미롭다. 사회운동의 영역에서 볼 경우 '정치성', '운동성' 등의 속성은 천도교나 사회주의 운동단체에게서 더 이상 비교 우위에 있기 어려웠다. 이런 상황에서 소련의 반종교이론에 힘입은 좌익 언론은 천도교라는 '종교' 개념에 내포된 '미신·비非과학'이라는 의미를 부각시키고, 이를 통해 사회운동의 영역에서 추방시키고자 했던 것으로 보인다. 이런 사정을 '과학'이라는 용어를 중심으로, 1910년대 후반의 이돈화와 1930년대 초 좌익 언론의 입장을 대비시켜 말할 수도 있다. 즉, 앞 절에서 본 바와 같이 이돈화의 '과학'은 천도교를 종교 영역에서 사회운동의 영역으로 확장시키는 맥락에서 사용되었다면, 좌익 언론의 '과학'은 천도교를 사회운동의 영역에서 배제시키려는 맥락에서 구사되었다고 할 수 있다.

이처럼 '사상 논쟁'은 종교에 관한 논의의 초점을 '종교–정치'에서 '종교–과학'으로 바꾸어 놓았다고 할 수 있다. 1920년대 초에도 중국의 '비非종교운동'을 소개하는 맥락에서, 그리고 그 영향을 받아 기독교계에서도 '종교와 과학의 관계' 등이 논의된 바 있다.[58] 그러나 식민지 조선에서 '종교–과학'의 문제가 본격적인 쟁점으로 부각된 것은 '사상 논쟁'에서 특징적인 점이다. 이 점에서 '사상 논쟁'은 식민지 시기 종교의 논의 지형에 '분화'를 가져왔다고 말할 수 있다.

끝으로 이러한 논의 지형의 '분화'가 가진 의미와 한계에 대해 언급하고자 한다. 이것은 '종교'에 대한 '과학' 담론에서의 비판, 그리고 이에 대한 천도교 측의 대응 등이 가진 논의의 수준과 관계가 있다. 좌익 논자들은 천도교 측 김형준의 비판과 같이, 대부분 '종교는 민중의 아편이다'라는 맑스의 도식이나 '종교투쟁은 계급투쟁에 종속되어야 한다'라는 레닌의 반종교이론을 단순 소개하고 이를 차용借用하는 데에서 크게 나아가지 못했고, 천도교 교리의 철학적 기반이나 이론적 성과물에 대해서도 충분히 이해하지 못했다.

이에 비하면 천도교 측의 김형준이 보인 대응에는 자못 놀라운 면모가 있었다. 비록 좌익 언론 측의 공격에 방어하는 형국이긴 했으나, 혼자서 '일당백一當百'의 기세로 좌익 논자들의 공격에 맞섰다. 그 논리도 비판자들보다 더 논리적이고 치밀한 감마저 든다. 때로는 '맑스-엥겔스'나 '레닌'의 견해도 가차없이 비판했다. 이런 '기세'는 어디서 나온 것일까. 그의 행동을 '종교적 신념'의 맹목적 표출로 보기에는 지나치게 글이 논리적이고 차분하다. 이를 김형준의 개인적 역량으로만 돌리지 않는다면 거기에는 1910·20년대 그보다 한 세대 앞선 이론가 이돈화의 노력에 주의를 기울여야 할 것이다. 이돈화는 1910년대의 '신종교' 논의 등을 정리해서 《인내천人乃天-요의要義-》(1924)를 출간했고, 1920년대 사회주의사상을 일부 흡수하여 《신인철학新人哲學》(1931)을 발간한 바 있다. 이와 같은 이론적 성과물에 기대어 김형준은 '자신감'을 가지고 논쟁에 임할 수 있었다고 생각된다.

그러나 이러한 김형준의 입지를 일본의 상황, 특히 반종교운동이 본격화하기 직전의 종교 논의 지형과 비교하면 흥미로운 점을 발견할 수 있다. 하야시林 淳에 따르면 1930년에 《중외일보中外日報》가 개최한 두 번의 좌담회에서[59] 종교를 전면적으로 부정하는 맑시스트와 대치해서, 보편적 층위에서 종교의 불멸성과 가치를 설명할 수 있었던 자는 종교학자였다.[60] 기독교 신학자나 불교학자도 '자기' 신앙의 절대성·보편성을 주장할 수는 있었으나, 종교 일반에 대해 말하는 것은 불가능했던 것이다. 이 점을 그는 '맑스주의와 대결할 수 있었던 자는 종교가가 아니라 종교학자'라 표현했다.[61]

일본과 식민지 조선 간에 존재했던 근대 학문적 기반 상의 격차 등을 감안하더라도 하야시의 지적은 김형준의 의의와 한계를 파악하는 데 일정한 시사점을 준다. 우선, 김형준은 좌익 언론의 '반종교 개념'에 대해 '신종교' 등 '낭만주의적 종교 개념'에 기대서 대응했다. 그리고 좌익 언론이 '비판의 무기'로 삼은 레닌의 반종교투쟁 논리를 분석해서 그 무기를 비판하거나 역으로 그것으로써 좌익 논자들의 허점을 공격했다. 당시 상황에서 이러한 대응 논리를 갖추려면, '종교가'로서 자신이 딛고 있던 '천도교'라는 입지를 대상화해야만 가능했으리라 보인다. 1910년대부터 이돈화가 전개해 온 '종교의 철학화' 작업이 그 기반이 되었던 것으로 보인다.

그럼에도 불구하고 김형준은 '종교학자'는 될 수 없었다. 그는 '종교' 개념을 '기성종교'와 '신종교'로 이원화시키고 양자를 대립시킴으로써 '천도교'에 가해진 공격을 피해 가려 했으나, '신종교'가 '종교'의 하위범주임을 부정할 수 없는만큼 그가 사용하는 '신종교' 개념은 불안정할 수밖에 없었다. 논쟁이 진행되면서 그가 천도교를 가리키는 용어로 '신종교' 라는 용어를 잘 사용하지 않고, 그 대신 '창생급蒼生級의 세계관' 등을 사용하는 경향이 보이는 것도 이와 무관하지 않을 듯 싶다. 또한 '사상 논쟁' 이전에도 그는 서구, 특히 독일 등지에서 유행하던 종교학, 종교사회학 등의 동향에 관심을 기울이고 이를 소개하는 글을 몇 편 실었는데, '막스 세–라', '베버' 등의 견해가 가진 장단점을 논한 뒤 항상 결론은 '진정한 의미의 종교사회학은 우리 수운주의水雲主義에 의해 완성될 뿐' 이라는 어투로 끝났다.[62] 이런 결말이 반복되는 것은 그가 '종교의 철학화' 경향, 새로운 지적 관심 등을 가졌음에도 불구하고 여전히 천도교라는 '종교' 적 입지를 벗어나 스스로를 객관화하기 어려웠기 때문으로 보인다.

이런 견지에서 보면 '사상 논쟁' 이 종교 논의 지형에 끼친 영향은 제한적이었다. '종교' 개념 그 자체를 둘러싼 종교학적 토대를 가진 것도 아니었고, 공적公的인 논의 공간에서 진행된 차분한 토론도 아니었다. 그래서 이 논쟁이 식민지 시기 '종교' 논의 지형의 '전환' 을 초래했다기보다는 일정 국면에서 그 지형을 '분화' 시켰다고 보는 편이 합당할 듯하다. 논쟁의 범위도 좌익 전체로 확대되지 않았고 장기간 지속되지도 않았다. 그나마 1933년 무렵부터 천도교 교단은 전체적으로 '친일화' 되고 이에 연동되어 천도교청년당도 사실상 사회운동을 중지했다. 일제 말기를 경과하면서 이전에 추구된 '종교의 철학화' 경향이 이돈화에 의해 '자기반성' 되는 점도 '신종교' 로서 천도교가 전개한 '종교' 논의의 불안정성을 보여주는 것이라 할 수 있다.

계몽주의적 사유에 대한 부정적 계기

이상에서 '사상 논쟁'의 '종교' 개념이 가진 복합성에 주목하고 이를 이론적·역사적 맥락에서 검토해 보았다. 글의 내용을 요약하고 현재적 의미를 덧붙이고자 한다.

　1930년대 초 식민지 조선에서 좌익 언론과 천도교 신파 간에 전개된 '사상 논쟁'은, 대외적으로 소련 및 일본의 반종교운동, 대내적으로는 사회운동의 주도권을 놓고 사회주의자와 천도교 신파가 갈등을 벌이던 상황을 배경으로 했다. 논쟁은 천도교청년당 측의 '조선 영도권 요구' 주장에 좌익 언론이 반발하면서 본격화되어, 천도교의 교리, 역사, 조직 등 포괄적인 주제가 다루어졌다.

　좌익 언론 측은 '과학성·계급성(당파성)'에 입각한 '반反종교 개념'의 견지에서 천도교를 비판했고, 천도교 신파 측을 대표한 김형준은 '신종교'와 '기성종교'를 구별하고, '역사성'(종교진화론)과 '현실성'(식민권력과의 대립, 민중적 기반)의 측면에서 '신종교'로서 천도교가 지닌 정당성을 옹호했다.

　김형준의 '신종교' 개념은 1910년대 후반 이돈화의 '신종교' 개념에 젖줄을 대고 있었다. '종교와 과학'의 관계를 중심으로 '신종교'의 내용을 고찰하면, 김형준의 그것이 다소 방어적 차원에서 제기되었고 개념적 외연이 좁아지긴 했지만, 양자의 '신종교' 개념은 '낭만주의적 종교 개념'으로 부를 만하다.

　'사상 논쟁'은 식민지기 종교 논의 지형을 '종교-정치' 구도 일변도에서 벗어나 '종교–과학'의 문제를 논의하는 계기를 마련했다. '사상 논쟁' 이전에는 천도교가 '과학'을 종교에 종속시키면서 '교정일치'를 지향하며 행동반경을 사회운동 방면으로 확장해 나간 반면, '사상 논쟁'에서는 좌익 언론이 '과학'의 이름으로 사회운동의 영역에서 천도교를 배제하고자 했다. 그런데 근대 학문적 토대가 미비된 식민지 상황에서 '종교'를 둘러싼 지식·담론은 허약한 기반을 면하기 어려웠다.

'사상 논쟁'에는 천도교와 좌익 언론 간의 충돌, 종교와 과학의 충돌 등이 개입되어 있었다. 그러므로 기존 연구에서는 이 테마를 주로 좌우 대립의 관점에서 접근했다. 이러한 연구경향에는 남북 분단의 현실과 아울러 1980년대에 '복원'된 사회주의 운동사의 시각도 반영되었다.

오늘날 여전히 '분단'은 지속되고 있지만 국제적 냉전 구도의 붕괴와 더불어 세계 정세는 빠르게 변하고 있다. 냉전의 이분법적 도식 아래 감춰졌던 서구 근대성의 모순은 '신자유주의적 세계화' 동향 속에서 오히려 순수하고 첨예하게 드러나는 경향이 있다. 필자는 그러한 모순이 궁극적으로는 '서구의 계몽주의적 사유'에 닿아 있다고 본다. 이러한 사정은 우리들에게 기존의 사건사적 차원에 제약된 이해에서 벗어나게끔 한다. 앞에서 제시한 바와 같이, '충돌 현장에 잠재된 소통 가능성의 계기'를 찾는 개념사적 작업도 이런 맥락에 서 있다.

'사상 논쟁'의 두 당사자가 '종교' 개념에 관한 인식에서 서로 충돌했음은 분명하다. 그러나 양자는 '계몽주의적 사유의 이분법적 도식으로부터의 이탈'이라는 점에서는 공통점을 가진다. 계몽주의적 사유가 '과학' 우위의 견지에서 '종교와 과학'에 각각 '사적 영역'과 '공적 영역'을 할당했다면, 좌익 측은 그러한 '과학'을 다시 프롤레타리아 주도의 '계급투쟁'에 종속시킴으로써 계몽주의적 사유를 넘어서고자 했다. 한편 천도교 측의 '신종교' 개념은 '종교'뿐만 아니라 '철학'과 '과학'까지 회통함으로써 낭만주의적 전체성·합일성을 추구하는 경향을 보였다.

이처럼 '종교' 개념을 둘러싸고 천도교와 좌익은 둘 다, 계몽주의적 사유에 대한 '부정적 계기'를 내재하고 있었다. 이러한 계기는 두 입장 간에 새로운 소통의 가능성으로 작용할 수 있다. 그러한 잠재성을 현실화시키는 것은 '사상 논쟁'의 당사자가 아니라 오늘날 우리의 몫이다.

주석

서로 경합하는 공공영역들

1 배성준, 〈'식민지근대화' 논쟁의 한계지점에 서서〉, 《당대비평》 13, 2000,
   174~178쪽.

2 김동춘, 《근대의 그늘》, 당대, 2000을 참조.

3 松本武祝, 〈研究史の整理と課題の提示〉, 《朝鮮農村の〈植民地近代〉經驗》,
   社會評論社, 2005 참조.

4 예컨대 1920년대 초 북선지방 등에서 총독부에 대한 자신의 납세 거부를 독
   립운동으로 포장하는 사례가 보인다.

5 최근 국내에서 나온 연구사 정리로는 다음 글을 참조할 필요가 있다. 조형
   근, 〈한국의 식민지 근대성 연구의 흐름〉, 공제욱, 《식민지의 일상 지배와 균
   열》, 문화과학사, 2006.

6 물론 이 연구사 정리가 농촌에 관련된 저서의 서론격에 해당하므로 농촌에
   집중할 수밖에 없었던 측면도 있다.

7 윤해동, 〈식민지 근대와 대중사회의 등장〉, 《국사의 신화를 넘어서》, 휴머니
스트, 2004, 257~261쪽.

8 愼蒼宇, 〈無賴と倡義のあいだ―植民地化過程の暴力と朝鮮人 '傭兵'〉, 須田
努・趙景達・中島久人, 《暴力の地平を越えて―歷史學からの挑戰》, 靑木書
店, 2004.

9 松本武祝, 앞의 글, 2005, 31쪽.

10 윤해동, 〈식민지인식의 회색지대―일제하 공공성과 규율권력〉, 《식민지의
회색지대》, 역사비평사, 2003, 49쪽.

11 윤해동, 〈식민지 근대와 대중사회의 등장〉, 《국사의 신화를 넘어서》, 휴머니
스트, 2004, 263쪽.

12 愼蒼宇, 〈無賴と倡義のあいだ―植民地化過程の暴力と朝鮮人 '傭兵'〉, 2004.

13 愼蒼宇, 같은 글, 158~166쪽.

14 《한국독립운동사자료 의병편義兵編 11》 국편, 1990에 실려 있다.

15 愼蒼宇, 앞의 글, 2004, 157쪽.

16 조경달, 《朝鮮民衆運動の展開―士の論理と救濟思想―》, 岩波書店, 2002,
5~6쪽.

17 조경달, 같은 책, 7~8쪽.

18 안효상, 〈편집인의 말〉, 《트랜스토리아》 3, 2003, 4쪽; 나병철, 〈바바의 탈식
민 이론과 제3의 공간〉, 《트랜스토리아》 3, 2003, 11쪽.

19 지봉근, 〈민족의 산종: 포스트식민시대의 민족 정체성 문제〉, 《트랜스토리
아》 3, 2003, 44~45쪽.

20 지봉근, 같은 글, 48쪽.

21 이상의 스피박에 관해서는 존 비버리, 〈바바에서 구하로: '민중' 범주의 현

재성〉,《트랜스토리아》3, 2003, 67~71쪽 참조.

22 존 비버리, 같은 글, 70~71쪽.

23 정미옥, 〈젠더화된 서발턴들의 소통 문제와 재현의 정치〉,《트랜스토리아》
4, 2004, 80~81쪽.

24 최소인, 〈근대성과 현대성, 그리고 그 이후—칸트 사상의 계승과 극복〉, 한
국동서철학회 논문집,《동서철학연구》33, 2004, 5쪽.

25 박영은, 〈한국에서 근대적 공개념의 형성과 성격〉,《현대와 탈현대를 넘어
서—한국적 현대성의 이론적 모색》, 역사비평사, 2004.

26 박영은, 같은 글, 308쪽.

27 박영은, 같은 글, 264쪽.

28 송호근, 〈'공론영역'의 사회이론적 의미와 역사학적 적용〉,《제44회 전국역
사학대회 공동주제: 역사에서의 공공성과 국가》, 2001, 99~101쪽.

29 최갑수, 〈서양에서 공공성과 공공영역〉,《제44회 전국역사학대회 공동주제:
역사에서의 공공성과 국가》, 2001, 34쪽.

30 한국사회사학회에서 발행하는《사회와 역사》제73호(2007년 3월)에 실린,
〈식민지 시기 '공' 개념의 확산과 재구성〉(황병주), 〈일제 시기 도시의 상수
도 문제와 공공성〉(김영미), 〈1920년대 후반~30년대 전반 차지·차가인운동
의 조직화 양상과 전개 과정〉(염복규), 〈경계에 선 고아들—고아 문제를 통
해 본 일제 시기 사회사업〉(소현숙) 참고.

31 趙景達, 〈暴力と公論—植民地朝鮮における民衆の暴力〉, 須田努·趙景達·
中島久人,《暴力の地平を越えて—歷史學からの挑戰》, 靑木書店, 2004,
290~291쪽.

32 강상중·요시미야 지음, 임성모·김경원 옮김,《세계화의 원근법—새로운

공공공간을 찾아서〉, 이산, 2004.

33 강상중·요시미야 지음, 임성모·김경원 옮김, 같은 책, 36~41쪽.

34 강상중·요시미야 지음, 임성모·김경원 옮김, 같은 책, 63~65쪽.

농민: 초월과 내재의 경계

1 김인걸, 〈현대 한국사학의 과제—과학적 역사학의 비판적 계승〉, 한국역사
연구회 엮음, 《20세기 역사학, 21세기 역사학》, 역사비평사, 2000, 48~49쪽.

2 1990년대 중반까지의 농민운동에 대한 연구사 정리는 다음 연구를 참조하
였다. 지수걸, 〈일제하 농민운동 연구의 현단계와 과제〉, 국사편찬위원회,
《한국사론》 26, 1996; 이준식, 〈민중운동〉, 한국역사연구회 편, 《한국역사입
문》 3, 풀빛, 1996.

3 홍영기, 《1920년대 전북지역 농민운동》, 한국학술정보(주), 2006; 조성운,
《일제하 농촌사회와 농민운동—영동지방을 중심으로》, 혜안, 2002.

4 장세옥, 〈일제하 부여지역 동족마을의 농민운동 연구〉, 《호서사학》 제33집,
1998; 오미일, 〈1920년대 진주지역 농민운동〉, 진주농민항쟁기념사업회,
《진주농민운동의 역사적 조명》, 역사비평사, 2003; 정연심, 〈1920년대 진주
노동공제회의 조직과 농민운동의 발전〉, 《부대사학釜大史學》 21, 1997; 이
윤갑, 〈1920년대 경북지역 농촌사회의 변동과 농민운동〉, 《한국사연구》
113, 2001; 박이준, 〈1930년대 영암지방 적색농민조합운동의 성격〉, 《한국
근현대사연구》 18, 2001; 조성운, 〈일제하 영동지방 농민조합운동의 구조와
성격—참여자의 성격 분석을 중심으로〉, 《한국근현대사연구》 18, 2001.

5 조성운, 위의 글, 153쪽, 166~167쪽.

6 조성운, 위의 글, 161쪽.

7 박이준, 앞의 글, 188쪽, 192~193쪽.

8 장세옥, 앞의 글, 64쪽.

9 장세옥, 위의 글, 100쪽.

10 이윤갑의 사례 연구(이윤갑, 앞의 글)는 조금 뒤 '2─새로운 문제제기'에서 검토하고자 한다.

11 이윤갑, 위의 글, 4쪽.

12 이윤갑, 〈일제강점기 농민운동사 연구에 대한 방법론 비판〉, 《계명사학》 9, 1998, 4쪽.

13 김동노, 〈일제시대 식민지 근대화와 농민운동의 전환〉, 《한국사회학》 41-1, 2007, 195쪽.

14 趙景達, 《朝鮮民衆運動の展開─士の論理と救濟思想》, 岩波書店, 2002, 6쪽.

15 클라크 소렌슨, 〈식민지 한국의 '농민' 범주 형성과 민족 정체성〉, 신기욱·마이클 로빈슨 엮음, 도면회 옮김, 《한국의 식민지 근대성》, 삼인, 2006, 411~414쪽.

16 이윤갑, 〈1920년대 경북지역 농촌사회의 변동과 농민운동〉, 앞의 책, 176~177쪽.

17 조경달 등의 민중사적 방법론에 대한 비판으로는 다음 글 참조. 허수, 〈새로운 식민지 연구의 현주소─ '식민지 근대'와 '민중사'를 중심으로〉, 《역사문제연구》 16, 2006.

18 이준식, 앞의 글, 487쪽.

19 지수걸, 앞의 글, 91~92쪽.

[20] 사상·담론에서 '내재적 초월'이 가진 위상과 함의에 관해서는 다음 연구가 탁월하다. 박영도, 〈表記와 無記―경계의 사유를 위하여〉, 《경제와 사회》 72, 2006.

표상공간 속의 쟁투

[1] 매체이론과 관련해서는 다음의 논의에서 지적인 자극을 많이 받았다. 이기현, 《미디올로지―사회적 상상과 매체문화》, 한울아카데미, 2003. 여기서 이기현은 '사회적 상상'과 '매체'의 상호관계를 핵심적으로 다루고 있다. 그에 따르면 '사회적 상상'은 '한 사회집단의 구성원들 사이에 공유되는 표상체계로서 집단적인 정체성을 형성하고 욕구를 표현하며, 그 구성원들의 행위양식과 정향 및 규범적 기준을 제공하는 것'으로 정의된다. 또한 그것은 '현실초월성', '개방성', '역동성', '물적 형식'을 특징으로 가진다. 한편, '매체'는 좁은 의미로는 '인간과 인간 사이의 의사소통 과정에 개입하는 물적 장치'로서 사회적 통념이 번식하고 전파되는 곳이다. 사회적 상상은 '억압에 대한 전복을 시도하고 사회적 통념에 대치'함으로써 '모든 이데올로기화에 저항하고, 매체의 틀에 갇히는 것에 반항'한다(4~6쪽).

[2] 최수일은 《개벽》의 편집원리를 '대중성, 계몽성, 현실성'으로 본 바 있다. 최수일, 〈1920년대 문학과 〈開闢〉의 위상〉, 성균관대 박사학위 논문, 2002, 44~78쪽.

[3] 김정인, 〈《개벽》을 낳은 현실, 《개벽》에 담긴 희망〉, 임경석·차혜영 외, 《《개벽》에 비친 식민지 조선의 얼굴》, 도서출판 모시는사람들, 2007, 245~

246쪽.

[4] 최수일, 앞의 논문, 118쪽.

[5] 한기형, 〈《개벽》의 종교적 이상주의와 근대문학의 사상화〉, 임경석·차혜영 외, 앞의 책, 417쪽.

[6] 김건우, 〈《개벽》과 1920년대 초반 문학담론의 형성〉, 한국현대문학회, 《한국현대문학연구》 19, 2006, 230·231쪽.

[7] 《개벽》 16, 1921년 10월, 128~129쪽.

[8] 小春, 〈力萬能主義의 急先鋒, 푸리드리히, 니체 先生을 紹介함〉, 《개벽》 1, 1920년 6월, 73쪽.

[9] 妙香山人, 〈新-人生標의 樹立者, 푸리드리취, 니체 先生을 紹介함〉, 《개벽》 2, 1920년 7월, 78쪽.

[10] 〈편집국의 이야기〉, 《개벽》 29, 1922년 11월.

[11] 〈편집여언〉, 《개벽》 30, 1922년 12월.

[12] 《개벽》의 좌경화와 《개벽》 편집진의 좌경 논설 발표 등에 관한 전반적인 사항은 김정인, 〈《개벽》을 낳은 현실, 《개벽》에 담긴 희망〉, 임경석·차혜영 외, 《《개벽》에 비친 식민지 조선의 얼굴》, 도서출판 모시는사람들, 2007, 258~263쪽 참조.

모방과 차이로서의 번역

[1] 박찬승, 《한국근대정치사상사연구》, 역사비평사, 1992; 조규태, 《1920年代 天道敎의 文化運動 硏究》, 서강대 사학과 박사학위 논문, 1998.

[2] 정동호, 〈니체 저작의 한글 번역 ─역사와 실태─〉, 철학연구회, 《철학연구》

40, 1997.

3 이병수, 〈50년대까지 영미철학의 수용과 철학용어의 번역〉, 한국철학사상
   연구회, 《철학 원전 번역과 우리의 근대—개화기에서 1950년대까지—》(제23
   회 학술발표회, 2003년 5월 31일), 2003.

4 홍창수, 〈서구 페미니즘 사상의 근대적 수용 연구〉, 《상허학보》 13, 2004.

5 허수, 《일제하 李敦化의 사회사상과 天道敎—'宗敎的 啓蒙'을 중심으로
   —》, 서울대학교 국사학과 박사학위 논문, 2005, 64~68쪽.

6 류시현, 〈식민지시기 러셀의 《사회개조의 원리》의 번역과 수용〉, 《한국사학
   보》 22, 2006(a); 류시현, 〈일제강점기 러셀 저작의 번역과 볼셰비즘 비판〉,
   《역사교육》 100, 2006(b).

7 〈부표 1〉에서 번호 1~22번에 해당하는 기사가 여기에 해당한다. 《개벽》 창
   간호(1920년 6월)부터 제15호(1921년 9월)까지는 거의 매달 근대사상이 다양
   하게 소개되다가 약 2년 후인 제37호(1923년 7월)부터 사회주의 사상 소개 기
   사가 본격적으로 실렸다.

8 창간호에 실린 '역만능주의의 급선봉 푸리드리히 니체 선생을 소개함'과 같
   이, 비록 특화된 수식어가 있으나 글 제목이나 내용에서 그 사람의 생애와
   사상 전체를 소개하는 경우도 여기에 해당한다. 첫째 유형에 속하는 글이 12
   개로 가장 비중이 높다. 〈표 1〉의 일련번호 1, 2, 6, 7, 9, 11, 12, 16, 17, 18,
   20, 21에 해당하는 기사가 여기에 해당한다.

9 제4호에 실린 '《칸트》의 영원평화론을 讀함' 등이 여기에 속한다. 이런 글은
   7개이다. 〈부표 1〉의 연번 3, 5, 10, 13, 14, 15, 19번 기사가 여기에 해당한다.

10 제3호의 '사회주의의 略義', 제6호의 '문화주의와 인격상 평등', 제15호의
   '독일의 예술운동과 표현주의'와 같은 세 편의 글이 여기에 해당한다.

11 첫째 유형에 주목하는 이유는, 이 유형이 양적으로 가장 많아서 초기 《개벽》
지면의 근대사상 소개 양상을 대표한다고 생각되며, 이 유형에 속하는 기사
의 다수가 일본 전거의 추적과 확인이 가능했기 때문이다. 《개벽》 후반부에
서 사회주의사상이 소개될 때에는 사까이 도시히꼬의 '사회주의학설 대요'
가 번역 연재되는 등 셋째 유형에 속하는 소개 방식이 많았음에 비추어 볼
때, 전반부의 사상 소개를 특징짓는 것은 아무래도 특정 인물의 행적과 사
상을 전체적으로 소개하는 첫째 유형이라고 말할 수 있을 것이다.

12 허수의 박사학위 논문(허수, 앞의 책, 2005, 65쪽)에서 재인용.

13 당시에 입센이나 플로베르에 대한 조선 청년들의 관심도 컸다고 보이지만
〈표 2〉의 전거로부터 인용되지는 않았으며 인용처를 추적할 수 없었다. 그
러나 이 두 소개 글은 문예사조에 관한 글로서, 《개벽》 목차에서의 위치를
봐도 목차 말미의 '문예란'에 위치하고 있어 목차 전반부에 배치된 다른 글
들과 다소 구별된다. 또한 나머지 글들 중 다수가 《개벽》 주간이던 소춘小春
김기전金起田이 쓴 글이라서 이 글을 중심으로 보더라도 당시 《개벽》 주도
층의 근대사상 소개 경향과 의도를 파악하는 데 무리가 없다고 생각된다.

14 허수의 박사학위 논문(허수, 앞의 책, 2005, 66쪽)에서 재인용.

15 이 글에서는 《近代思想十六講》의 27판본(1921년 3월 발간)을 비교·검토의 대
상으로 삼았다.

16 이 글에서는 《社會改造の八大思想家》의 재판본(1920년 12월 발간)을 비교·검
토의 대상으로 삼았다.

17 나카자와는 1900년대 말 무렵 자연주의 사조에 밀착한 바 있었는데, 1914년
초부터는 《중앙공론》지의 문예시평을 담당하는 등 문예평론가로 활동하면
서 신이상주의적 입장에 서서 다이쇼기의 문예사조를 주도했던 인물이다(日

本近代文學館 編, 《日本近代文學大事典》第二卷 人名(こ～な), 講談社, 1977, 494쪽).
이쿠타 또한 1900년대 말 무렵에는 자연주의나 상징주의에 관한 글을 수차례 발표한 바 있었는데, 1914년 무렵부터는 오스기 사카에大衫榮, 사카이 도시히코堺利彦 등의 인물들과 친교를 맺으면서 시야를 문단 비평에서 사회 문제로 확장해 나갔다(日本近代文學館 編, 《日本近代文學大事典》第一卷 人名(あ～け), 講談社, 1977, 79쪽). 1915년 《16강》을 집필할 당시 두 편자의 관심은 자연주의에서 상징주의나 신이상주의로 이동한 상태라고 할 수 있는데, 이론적 측면에서는 이런 유사성이 두 사람을 《16강》의 편자로 참여하게 했던 공통분모가 되었을 것으로 추정된다.

[18] 《16강》은 1921년 3월 현재 27판, 1925년에는 70판을 초과했고 1926년에는 80판이 발행될 만큼 독자들의 호응이 좋았다.

[19] 中澤臨川 · 生田長江 編, 앞의 책, 1921(1915), 19쪽. 인도의 타고르가 동양정신의 대변자로서 제시되었다.

[20] 와세다 대학 출신의 영문학도였던 혼마는 1900년대 말부터 자연주의 계열의 신진평론가로서 활약하기 시작했으나 다이쇼 전반기에는 엘렌 케이의 사상에 크게 영향받아 그녀에 관한 저작을 출간했으며 오스기 사카에와 함께 일본에서 민중예술 문제를 최초로 제기한 인물이다. 《8대사상가》를 출간할 당시 그는 《와세다문학早稻田文學》 주간으로 활동하고 있었다(日本近代文學館 編, 《日本近代文學大事典》第三卷 人名(に～わ), 講談社, 1977, 213～214쪽).

[21] "〈개조〉라는 말이 주로 사회주의적인 사회개혁이라는 의미로 사용된 것은 1922년 12월 新潮社에서 간행된 宮島新三郎 · 相田隆太郎 《改造思想十二講》에도 보인다"(大門正克 · 安田常雄 · 天野正子 編, 《近代社會を生きる》, 吉川弘文館, 2003, 253쪽).

22 개별 인물에 관한 사상 내적인 접근이나 통시적인 접근은 본 논문의 범위를 넘어선다. 다만, 이 장에서의 분석은 추후에 해당 인물을 심도 있게 연구하는 데 토대로 활용될 수 있을 것이다.

23 셋째 사항의 경우는 구체적인 내용을 거론하면서 이 글 3절에서 주로 언급하고자 한다. 《개벽》의 글에는 저본에는 없는 강조점 등이 자주 표시되는데, 이런 점을 소개자의 의도를 파악하는 단서로 유용하게 활용하고자 한다.

24 《개벽》 제1호 글 마지막 부분에서 김기전은, "다음 호에 선생의 작품과 사상을 소개하리라"고 했으나(小春, 〈力萬能主義의 急先鋒 푸리드리히 니체 先生을 紹介함〉, 《개벽》 1, 1920년 6월, 37쪽), 《개벽》 제2호 글의 첫머리에서, "실제로 적고자 하니 도저히 2, 3쪽으로는 그의 작품 및 사상을 소개할 수 없다 …… 매우 간단히 선생의 사상만을 소개하리라"고 했다(妙香山人, 〈新-人生標의 樹立者 푸리드리취 니체 先生을 紹介함〉, 《개벽》 2, 1920년 7월, 73쪽).

25 中澤臨川・生田長江 編, 앞의 책, 1921(1915), 149쪽.

26 '(도입)'처럼 괄호를 친 것은 제목은 없으나 내용상 '도입'에 해당하기 때문이며 소개자가 저본에 없는 내용을 첨가한 부분에는 '(첨언)'이라고 했다. 《개벽》 글에서 각 장별로 본문 중간에 삽입된 '첨언'은 5행 미만일 경우 무시했으나 장의 첫머리나 마지막일 경우 표기했다.

'장별비중'(B1, b1)에서 행 숫자에는 제목도 포함시켰으며 짧은 행도 모두 1행으로 계산했다.

'장별비중'(B2, b2) 숫자는 '장별비중'(B1, b1)의 행 숫자를 백분율로 고친 것이다.

'원문환산'(B3)은 저본과 《개벽》의 비교 기준을 통일시키기 위해 《개벽》에 인용된 내용을 저본과 대조하여 저본의 행수로 치환해서 계산한 것이다. 이

때 인용부분이 저본 행의 절반을 넘을 경우에는 1행으로 계산했으며, 절반에 못미치는 경우에는 0행으로 처리했다. 저본이 1단 편집인데 비해, 《개벽》의 글은 2단 편집이 많아 1행의 길이가 상대적으로 짧다. 고로 동일한 내용의 경우 《개벽》의 행 숫자가 저본에 비해 많게 나온다.

이상의 기준은 나머지 5인의 경우에도 적용되므로 이하의 표에서는 각 인물별로 특기할 사항만 표시한다.

[27] 中澤臨川·生田長江 編, 앞의 책, 1921(1915), 361쪽.

[28] 妙香山人, 〈近世哲學界의 革命兒 쩨임쓰 선생〉 《개벽》 6, 1920년 12월, 54쪽.

[29] 妙香山人, 〈近世哲學界의 革命兒 쩨임쓰 선생〉, 50~52쪽.

[30] 中澤臨川·生田長江 編, 앞의 책, 1921(1915), 152쪽.

[31] 노자영은 인용처의 정보를 일부나마 밝히고 있다. 즉 "生田군의 《엘렌케이》론을 토대 삼고 그의 인물 및 사상 일반을 세상에 소개하고자 하노라"고 했다(盧子泳, 〈女性運動의 第一人者 —Ellen Key—엘렌케이(續)〉 《개벽》 8, 1921년 3월, 46쪽). 이때 그가 거론한 인용처 《엘렌 케이》는 《8대사상가》 제일 마지막에 수록된 '엘렌 케이'를 가리킨 것으로 생각되며 '生田군'은 이쿠타 초코生田長江를 말한 것으로 보인다. 이 글 1절에서 살펴본 바와 같이 《8대사상가》 공동편집자 두 사람의 경력 등을 고려하면 '엘렌 케이'는 혼마 히사오가 쓴 것이 거의 확실하나, 노자영은 공동편자 중 이름이 선두에 나온 이쿠타를 대표격으로 거론했다고 생각된다.

[32] 노자영의 경우 "瑞典(스웨덴-인용자)의 남부 스몰란드The District Of Sm-aland"와 같이 서술하여, 지명이나 저서명 등에서 저본에도 없는 내용을 붙였다. 인용처의 명시나 이런 추가정보 등은 이전의 김기전에게서는 보이지 않았는데, 노자영이 《개벽》의 글을 쓸 당시 엘렌 케이에 관해 어느 정도의 사

전 지식이 있었거나 《8대사상가》 이외에 또 다른 참고자료를 보았을 가능성도 있다. 물론 저본과 차이가 나는 이런 부분은 양적으로 매우 적은 편이다.

33 盧子泳, 〈女性運動의 第一人者 —Ellen Key—엘렌케이(續)〉, 50쪽.

34 엘렌 케이의 부인관이 5장, 6장에 걸쳐 있음은 다음 문장에서도 잘 드러난다. 즉, 저본 6장의 첫 문장은 "이상에 의해 엘렌 케이가 부인문제를 어떻게 생각했는가는 대체로 밝혀졌다고 생각되는데, 이어서 그녀의 이상적 부인관을 서술하여 이상의 뜻을 다시 선명하게 하고자 한다"고 되어 있다(生田長江 · 本間久雄 共著, 《社會改造의 八大思想家》, 東京堂書店, 1920, 385쪽).

35 러셀은 1920년 9월부터 중국에 머물면서 활동하고 있었고 1921년 7월 일본에서 강연회를 개최하기도 했으므로 그에 대한 국내외 지식인들의 관심은 매우 높았다(류시현, 앞의 논문, 2006(a), 205~209쪽). 김기전의 러셀 소개글을 보면, 두 저본 이외에 러셀에 관한 다른 정보로부터도 영향을 받은 것으로 보이지만, 양적 비중이 낮고 추적도 어려워 여기서는 그에 관한 분석은 생략했다.

36 3장의 내용은 러셀의 사회개조론을 담고 있는 대표 저서인 《사회개조의 원리》 서문 및 본문에 대한 인용이 대부분이다. 따라서 이에 대한 김기전의 높은 관심은 러셀의 사회개조론 및 《사회개조의 원리》에 대한 당시의 높은 관심과 같은 맥락에 서 있다고 할 수 있다.

37 박사직의 글이 《개벽》 제13호에 그대로 다시 실린 것은, 《개벽》 제12호가 압수되고 임시호도 발행되지 못했던 사실과 관계 깊었을 것으로 생각된다(최수일, 〈《개벽》에 대한 서지적 고찰 — 소장처와 판본의 문제〉, 《민족문학사연구》 27, 소명, 2005, 287쪽 참조).

38 生田長江 · 本間久雄 共著, 앞의 책, 1920, 275쪽; 朴思稷, 〈改造界의 一人인 에드와드 · 카펜타아를 紹介함〉, 《개벽》 12, 1921년 6월, 50쪽.

[39] 예를 들면, 러셀에 관한 《8대사상가》의 글이 그의 《사회개조의 원리》 내용을 단순 인용하는 장이 있고, 이런 양상은 루소의 《민약론》, 《에밀》 등의 내용을 나열적으로 인용하는 《16강》에서도 더러 보인다. 정도의 차이는 있지만 다른 인물에 관해서도 마찬가지였다고 할 수 있다.

[40] 中澤臨川·生田長江 編, 앞의 책, 1921(1915), 132쪽.

[41] "그의 사상의 화신인 어떤 인물은(그의 작품에 나타난 어떤 주인공) 항상 좌우에 뱀蛇과 독수리鷲를 가지고 있었나니"(妙香山人, 〈新-人生標의 樹立者 푸리드리취 니체 先生을 紹介함〉, 78쪽).

[42] 中澤臨川·生田長江 編, 앞의 책, 1921(1915), 99쪽.

[43] 妙香山人, 〈力萬能主義의 急先鋒 푸리드리히 니체 先生을 紹介함〉, 33쪽.

[44] 中澤臨川·生田長江 編, 앞의 책, 1921(1915), 129쪽.

[45] 妙香山人, 〈新-人生標의 樹立者 푸리드리취 니체 先生을 紹介함〉, 74쪽.

제3의 길

[1] 학술단체협의회에서는 창립 20주년을 맞이하여 2008년 10월 7일과 8일에 걸쳐 '21세기의 '진보'와 진보학술운동의 과제'라는 주제로 대규모 연합심포지엄을 가졌다. 이 글이 개조론에 주목하는 것도 크게 보면 이러한 모색의 한 흐름에 속한다고 말할 수 있다.

[2] 박찬승, 《한국근대정치사상사 연구》, 역사비평사, 1992, 15~28쪽.

[3] 박찬승, 위의 책, 177, 200쪽.

[4] 기존의 천도교 민족운동사 연구에서 이러한 태도가 부분적으로 보인다.

5 김정인의 다음 연구를 비롯하여 기존 한국 역사학계의 연구 중 다수가 이러한 경향에 속한다고 할 수 있다. 김정인, 〈《개벽》을 낳은 현실, 《개벽》에 담긴 희망〉, 임경석·차혜영 외, 《《개벽》에 비친 식민지 조선의 얼굴》, 도서출판 모시는사람들, 2007.

6 한기형, 〈《개벽》의 종교적 이상주의와 근대문학의 사상화〉, 임경석·차혜영 외, 위의 책, 2007; 최수일, 《《개벽》 연구》, 소명출판, 2008.

7 류시현, 〈식민지시기 러셀의 《사회개조의 원리》의 번역과 수용〉, 《한국사학보》 22, 2006, 225쪽.

8 류시현, 〈일제강점기 러셀 저작의 번역과 볼셰비즘 비판〉, 《역사교육》 100, 2006, 255쪽.

9 기존의 사상사 인식 틀이 가진 문제점에 대해서는 정용서의 다음 연구가 우회적 방식으로나마 지적한 바 있다. 정용서, 〈일제하 천도교청년당의 운동 노선과 정치사상〉, 임경석·차혜영(외), 앞의 책, 162쪽. 여기서 정용서는 "일제하의 자치운동 안에는 두 가지의 다른 흐름이 공존"하였다고 하면서, "하나는 그 목표를 근대 자본주의 국가건설에 두었던 동아일보 계열 등에 의해 주도된 자치운동이었고, 다른 하나는 그와 달리 각 민족의 정치·사회·경제·문화적 실력을 양성하고, 이를 토대로 곧바로 '세계일가'의 건설을 실현한다는 청년당의 자치운동이었다"고 언급했다.

10 김정인, 〈《개벽》을 낳은 현실, 《개벽》에 담긴 희망〉, 앞의 책, 239쪽.

11 〈創刊辭〉, 《개벽》 창간호, 1920년 6월, 2쪽; (미상), 〈世界를 알라〉, 《개벽》 창간호, 1920년 6월, 3~7쪽.

12 (미상), 〈世界를 알라〉, 위의 책, 6쪽.

13 (미상), 〈世界를 알라〉, 위의 책, 12쪽.

14 (미상), 〈世界를 알라〉, 위의 책, 13쪽.

15 李敦化, 〈改造와 宗敎〉, 《천도교회월보》 112, 1919년 12월, 6쪽.

16 허수, 〈1920년대 전반 이돈화의 개조사상 수용과 '사람성주의'〉, 임경석·차
혜영 외, 앞의 책, 184쪽.

17 허수, 〈1920년대 초 《개벽》 주도층의 근대사상 소개 양상: 형태적 분석을 중
심으로〉, 《역사와 현실》 67, 2008, 49쪽.

18 허수, 위의 글, 74~75쪽 부표 참조.

19 《사회개조의 8대사상가》에 소개된 8명의 사상가는 '마르크스, 크로포트킨,
럿셀, 톨스토이, 모리스, 카펜터, 입센, 케이'이다.

20 허수, 〈1920년대 초 《개벽》 주도층의 근대사상 소개 양상: 형태적 분석을 중
심으로〉, 앞의 책, 66~68쪽 참조.

21 허수, 〈1920년대 초 《개벽》 주도층의 근대사상 소개 양상: 형태적 분석을 중
심으로〉, 앞의 책, 65쪽.

22 妙香山人(김기전), 〈思想界의 巨星 뼈-츄랜드·러쎌氏를 紹介함〉, 《개벽》 11,
1921년 5월, 28~29쪽.

23 井上哲次郎, 《哲學と宗敎》, 弘道館, 1915, 67쪽.

24 船山信一, 《明治哲學史硏究》, ミネルヴァ書房, 1959, 21쪽. 이노우에의 '의
지' 개념은 존재론적 차원까지 포괄하고 있다는 점에서, 인간의 도덕론 차원
에 국한하여 언급되는 칸트의 '자유의지' 개념과는 구별되는 점에 유의할 필
요가 있다. 이노우에의 '의지' 개념은 동태적이고 실재 차원의 것이면서 의
식적·목적적 성격까지 가지고 있는 것으로, 그의 현상즉실재론 철학을 떠받
치는 핵심 개념이다. 이노우에는 '의지'에 관하여, "우주의 활동이 유기체에
있어서 욕동欲動(Trieb)이 되며, 이것이 지식 및 감정의 발전과 함께 하면 의

지意志가 된다"라고 언급하면서, '우리 자신에게서 가장 근본적인 정신작용'을 '의지활동'이라고 주장했다. 허수, 〈1920년 전후 이돈화의 현실인식과 근대철학 수용〉, 윤해동·천정환·허수·황병주·이용기·윤대석 엮음, 《근대를 다시 읽는다》 2, 역사비평사, 2006, 359~360쪽 각주에서 재인용.

25 李敦化, 〈人生은 神에 出ㅎ야 神에 歸홈 人生의 目的은 道를 覺홈에 在〉, 《천도교회월보》 61, 1915년 8월, 17쪽.

26 김건우, 〈《개벽》과 1920년대 초반 문학담론의 형성〉, 《한국현대문학연구》 19, 2006, 239쪽.

27 이돈화, 〈改造와 宗敎〉, 《천도교회월보》 112, 1919년 12월, 4~6쪽. 필자는 박사학위 논문에서 인내천주의를 '종교적 계몽'으로, '사람성주의'를 '천도교적 사회개조론'으로 규정하고, '범인간적 민족주의'와 '자본주의의 인간화'는 천도교적 사회개조론의 '현실적 전개'로 명명한 바 있다(허수, 〈일제하 李敦化의 사회사상과 天道敎 '宗敎的 啓蒙'을 중심으로〉, 서울대학교 박사학위 논문, 1~113쪽 참조). 그런데 조금 뒤에도 다시 언급하겠지만, 본 논문에서는 《천도교회월보》와 《개벽》에서 이루어진 이돈화의 작업이 가진 성격의 차이에 주목하여 '인내천주의'는 종교적 사회개조의 한 갈래에 속하는 '천도교적 사회개조'로 파악하고, 《개벽》의 경우에는 이와 구별하여 '사람성주의' 이외에도 '범인간적 민족주의'와 '자본주의의 인간화' 주장을 합하여 '《개벽》의 사회개조론'으로 범주화하는 것이 더 적절하다고 생각하여 박사학위 논문에서의 파악방식을 일부 수정한다.

28 허수, 〈1920년대 전반 이돈화의 개조사상 수용과 '사람성주의'〉, 앞의 책; 허수, 〈1920년대 《개벽》의 정치사상— '범인간적 민족주의'를 중심으로〉, 《정신문화연구》 112, 2008, 309~313쪽.

29 허수, 〈1920년대 《개벽》의 정치사상— '범인간적 민족주의'를 중심으로〉, 앞의 책 참조.

30 이돈화, 《天道教と朝鮮》, 《朝鮮及朝鮮民族》 1, 朝鮮思想通信社, 1927, 153~157쪽.

31 白頭山人(이돈화), 〈文化主義와 人格上平等〉, 《개벽》 6, 1920년 12월, 12쪽.

32 浮田雄一, 〈近代日本哲學とプラグマチズム─桑木嚴翼の主意主義批判〉, 《日本ヂューイ學會紀要》 26, 1985, 58~59쪽(허수, 〈1920년대 전반 이돈화의 개조사상 수용과 '사람성주의'〉, 앞의 책, 198쪽, 주 49에서 재인용).

33 이돈화, 〈混沌으로부터 統一에〉, 《개벽》 13, 1921년 7월, 2~5쪽.

34 허수, 〈1920년대 전반 이돈화의 개조사상 수용과 '사람성주의'〉, 앞의 책, 197쪽.

35 우키타 카즈타미의 《社會と道德》은 1915년에 발간되었고, 《社會改造の八大思想家》는 1920년 11월에 발간되었다. 이돈화는 《社會改造の八大思想家》가 발간된 지 두 달이 지난 시점인 1921년 1월에 '大食主義' 관련 글을 《개벽》에 발표했으나, 그 내용을 살펴보면 아직 《社會改造の八大思想家》에 실린 러셀의 글을 접하지 않았던 것으로 추정된다. 김기전이 《개벽》에 러셀을 소개한 시점은 1921년 5월이었고 이돈화의 글 가운데 러셀의 '창조충동' 론이 인용되는 〈사람성의 해방과 사람성의 자연주의〉가 발표된 시점은 그 보다 한 달 전인 1921년 4월이었다.

36 滄海居士(이돈화), 〈大食主義를 論하노라〉, 《개벽》 7, 1921년 1월, 21쪽. 러셀은 모든 인류의 활동을 '충동에 歸케' 했는데, 이 충동에는 '소유충동' 과 '창조충동' 이 있다. '소유충동' 에는 '蓄財, 권력, 전쟁' 에 대한 것이, '창조충동' 에는 '지식, 愛, 예술' 에 대한 것이 포함된다고 한다(李敦化, 〈사람性의

解放과 사람性의 自然主義〉, 《개벽》 10, 1921년 4월, 21쪽). 이는 다음의 연구에서 재인용. 허수, 〈1920년대 전반 이돈화의 개조사상 수용과 '사람성주의'〉, 앞의 책, 206쪽, 각주 69번.

[37] 허수, 앞의 논문, 94쪽 참조.

[38] (필자미상), 〈汎人間的 民族主義〉, 《개벽》 31, 1923년 1월, 7~8쪽.

[39] 물론 범인간적 민족주의에서 '사회주의'를 언급할 경우, 현실에서 세력을 키워가던 사회주의운동 세력을 염두에 둔 것은 부정할 수 없다. 허수, 〈1920년대 《개벽》의 정치사상—'범인간적 민족주의'를 중심으로〉, 앞의 책, 321~322쪽 참조.

[40] (필자미상), 〈汎人間的 民族主義〉, 앞의 책, 9쪽.

[41] 러셀의 '소유충동'에 '蓄財, 권력, 전쟁'에 관한 것이 포함된 반면, '창조충동'에는 '지식, 愛, 예술'에 관한 것이 포함되었다. 李敦化, 〈사람性의 解放과 사람性의 自然主義〉, 《개벽》 10, 1921년 4월, 21쪽(허수, 〈1920년대 《개벽》의 정치사상—'범인간적 민족주의'를 중심으로〉, 앞의 책, 322쪽 각주 59)에서 재인용. 필자는 이 논문에서 '범인간적 민족주의의 요점'에 관한 인용문을 분석하면서, '유한한 물질적 경쟁'에 대한 이돈화의 비판적 언급을 '사회주의를 겨냥한 비판'이라고 한 바 있다(허수, 위의 글, 322쪽). 그런데 여기서 보이는 이돈화의 비판은 오히려 물질적 무한경쟁을 추구하는 자본주의 문명을 겨냥한 것으로 보는 것이 더 타당할 듯하다.

[42] 이에 관해서는 허수의 다음 연구를 참조할 것. 허수, 〈《개벽》의 '表象空間'에 나타난 매체적 성격—표지 및 목차 분석을 중심으로〉, 《대동문화연구》 62, 2008, 368~370쪽.

[43] 夜雷 李敦化, 《人乃天要義》, 開闢社, 1924, 200~201쪽.

44 李敦化, 〈赤子主義에 돌아오라, 그리하야 生魂이 充溢한 人種國을 創造하쟈〉, 《개벽》 55, 1925년 1월.

45 李敦化, 위의 글, 5~6쪽.

46 李敦化, 〈사람性과 意識態의 關係, '機械意識' '階級意識' '超越意識'〉, 《개벽》 59, 1925년 5월, 5쪽.

47 李敦化, 위의 글, 5~6쪽.

48 李敦化, 위의 글, 6쪽.

49 李敦化, 〈換節期와 新常識〉, 《개벽》 60, 1925년 6월, 8쪽.

50 李敦化, 위의 글, 8쪽.

51 李敦化, 〈生命의 意識化와 意識의 人本化〉, 《개벽》 69, 1926년 5월.

52 李敦化, 위의 글, 9쪽.

53 李敦化, 위의 글, 8~9쪽.

54 허수, 〈이돈화의 《신인철학》 연구—일제하 천도교 사회운동과 관련하여〉, 《史林》 30, 2008, 205~206쪽.

55 허수, 위의 글, 223쪽.

56 조금 뒤에 살펴보겠지만, 이돈화는 《신인철학》에서 자본주의 비판의 입장을 러셀의 개조론과 마르크스의 사적유물론 양자로부터 끌어오면서도 '수운주의'를 내세워 이 양자와 차이화하고자 했다. 이렇게 보면 '자본주의 비판의 비非러셀·비非마르크스주의적 지향'이라는 표현이 더 적확할지 모르겠다. 그러나 다음 두 가지 점을 고려하면, 더 적합한 용어가 나올 때까지는, '비마르크스주의적 지향'이라는 용어를 잠정적으로 사용하고자 한다. 첫째, 연구사적 상황과 관련된 것으로서, 지금까지 식민지 사회운동에서 자본주의에 대한 비판은 마르크스주의자의 입장 위주로 언급되었으므로 이에 대한

주의를 환기하는 차원에서이다. 둘째, 이 시기 이돈화가 동학·천도교 교조 최제우의 호인 '수운'을 사용하여 제시한 '수운주의'라는 용어는 다분히 '마르크스주의'라는 용어법을 의식한 것으로 보이는데, 이처럼 당시 이돈화는 사회개조와 관련하여 러셀과 마르크스의 영향을 모두 받았으나, 러셀 사상과의 관계가 '순접적順接的'이었다면 마르크스주의와의 관계는 경쟁 및 비판적 차이화를 동반한 '역접적逆接的'이었던 것으로 판단된다.

[57] 李敦化, 《新人哲學》, 天道教中央宗理院信道觀, 1931, 222~223쪽.

[58] 李敦化, 위의 책, 223쪽.

[59] 이돈화는 '사람성자연性自然의 구성양식'을 제1법칙에서 제4법칙까지 4개를 언급했다(李敦化, 《新人哲學》, 天道教中央宗理院信道觀, 1931, 153~164쪽). 이하 관련 분석내용은 이 글의 논지 전개상 필요한 최소한의 정도로 다음 선행 연구의 해당 부분을 재인용했다. 허수, 〈이돈화의 《신인철학》 연구—일제하 천도교 사회운동과 관련하여〉, 앞의 책, 220~223쪽.

[60] 李敦化, 위의 책, 155쪽.

보론: 매체 연구의 도달점

[1] 현재 학계에서는 《개벽》 상·하반기 논조의 차이와 단절에 주목하고 《개벽》 주도층이 하반기에 들어서 사회주의적 대세에 수동적으로 대응했다는 입장과, 《개벽》 상·하반기 논조 사이의 연속성을 강조하면서, 《개벽》 주도층은 창간 초기부터 천도교의 인민주의적 경향을 가졌기 때문에 하반기의 사회주의 유행에 능동적으로 대응할 수 있었다는 입장이 대립해 있다. 전자의 입장

에는 김정인, 김건우의 연구가 있다(김정인, 〈《개벽》을 낳은 현실, 《개벽》에 담긴 희망〉, 《역사와 현실》 57, 2005년 9월(임경석·차혜영 외, 《《개벽》에 비친 식민지 조선의 얼굴》, 모시는사람들, 2007, 245~246쪽에서 재인용); 김건우, 〈《개벽》과 1920년대 초반 문학담론의 형성〉, 《한국현대문학연구》 19, 2006, 230~231쪽). 후자의 입장에는 한기형의 연구가 대표적이다(한기형, 〈《개벽》의 종교적 이상주의와 근대문학의 사상화〉, 《상허학보》 17, 2006년 6월(임경석·차혜영 외, 앞의 책, 417쪽에서 재인용)). 이 책의 저자는 후자의 입장에 서 있다.

2 최수일 저서의 56쪽 참조.

3 최수일 저서의 372쪽 표12 참조.

4 최수일 저서의 55쪽 각주 98) 참조.

5 장신, 〈1922년 《신천지》 필화사건 연구〉, 《역사문제연구》 13, 2004년 12월.

6 한기형, 〈문화정치기 검열 체제와 식민지 미디어〉, 《대동문화연구》 51, 2005, 87쪽, 각주 31) 참조.

7 허수, 〈러셀 사상의 수용과 《개벽》의 사회개조론 형성〉, 《역사문제연구》 21, 2009년 4월, 94~99쪽; 허수, 〈《개벽》의 '表象空間'에 나타난 매체적 성격—표지 및 목차 분석을 중심으로〉, 《대동문화연구》 62, 2008년 6월, 378~380쪽; 허수, 〈일제하 李敦化의 사회사상과 天道敎—'宗敎的 啓蒙'을 중심으로〉, 서울대 박사학위 논문, 2005, 103~113쪽.

'대중'을 통해 본 식민지의 전체상

1 허수, 〈식민지기 '집합적 주체'에 관한 개념사적 접근—《동아일보》 기사제

목 분석을 중심으로〉, 《역사문제연구》 23, 역사비평사, 2010, 158쪽.

[2] 허수, 위의 논문, 2010.

[3] 국사편찬위원회 홈페이지의 '한국사데이터베이스' 화면에서 '디렉토리 검색'의 '형태별' 중 '연속간행물'을 클릭하고 다시 '한국근현대잡지자료'를 선택한 뒤 검색어를 입력하면 된다. 이곳의 주소는 다음과 같다. http://db. history.go.kr/front/dirservice/dirFrameSet.jsp?pREC_ID=8547&pUrl=%2Ffront%2Fdir service%2Fcommon %2FlistLargeMain.jsp&pCODE=&pType=

[4] 〈부표 1〉에서 '형태'는 '수식'으로, '주체'는 '기타'로 표시된 용례(110~194번)가 여기에 해당한다.

[5] 《동아일보》 기사제목에 나타나는 '대중' 개념 관련 용례 및 그 빈도 수 동향은 다음 자료를 참조. 허수, 앞의 논문, 2010, 140~143쪽.

[6] 롤프 라이하르트의 의미장에 관해서는 다음 글을 참조. 김학이, 〈롤프 라이하르트의 개념사〉, 박근갑 외 지음, 《개념사의 지평과 전망》, 소화, 2009.

[7] 崔綠東 편, 《現代新語釋義》, 文昌社, 1922 중 '무산계급' 항목.

[8] "무산자: 즉 〈나는 돈 업는 놈이요〉하는 말. 귀족, 자본가, 지주 등에 반대되는 빈민, 노동자, 소작인 등을 모두 대표한 말이니, 이 역시 주의자主義者 사이에서 많이 사용하는 말이다"((필자미상), 〈最近朝鮮에 流行하는 新術語〉, 《개벽》 57, 1925년 3월, 69쪽).

[9] 박종린, 〈日帝下 社會主義思想의 受容에 關한 研究〉, 연세대 사학과 박사학위 논문, 2006, 135쪽.

[10] 박종린, 앞의 논문, 42~84쪽.

[11] 《개벽》 논조에 대한 사회주의적 영향에 관해서는 다음 연구가 참조할 만하다. 최수일, 《《개벽》 연구》, 소명출판, 2008; 김정인, 〈《개벽》을 낳은 현실,

《개벽》에 담긴 희망〉 임경석·차혜영 외 지음, 《《개벽》에 비친 식민지 조선의 얼굴》, 도서출판 모시는사람들, 2007; 허수, 〈《개벽》의 表象空間에 나타난 매체적 성격—표지 및 목차 분석을 중심으로〉, 성균관대학교 동아시아학술원 대동문화연구원, 《대동문화연구》 62, 2008.

[12] 강만길 엮음, 《한국사회주의운동인명사전》, 창작과비평사, 1996, 471~472쪽; 주종건의 민중사 관련활동에 관해서는 다음 연구를 참조. 박종린, 앞의 논문, 85~96쪽.

[13] (필자미상), 〈將來할 新社會와 因襲的 宗敎 及 道德의 價値 如何〉, 《개벽》 36, 1923년 6월. '무산대중'은 모두 7회 나온다.

[14] 李喆, 〈無宗敎라야 有宗敎〉, 《개벽》 37, 1923년 7월. '무산대중'은 모두 9회 나온다.

[15] 朱鍾建, 〈現代經濟組織의 모순, —엇던 多少間 교양잇는 失業한 熟練職工과의 대화—〉, 《개벽》 41, 1923년 11월. '무산대중'은 모두 4회 나온다.

[16] (필자미상), 〈五月 一日은 엇더한 날인가〉, 《개벽》 35, 1923년 5월, 35쪽; (필자미상), 〈將來할 新社會와 因襲的 宗敎 及 道德의 價値 如何〉 《개벽》 36, 1923년 6월, 3쪽.

[17] "각오覺悟한 현대 인류는 제4계급이라 하는 세계 무산대중 대다수의 힘에 의해 개조의 새 기운을 일으키고자 하는 것이라"(《개벽》 37, 31쪽); "정의인도의 대담한 힘은 소수 행복자에게 있는 것이 아니오 다수 무산대중의 불만스런 정신 내용에 잠겨 있음"(《개벽》 37, 31쪽).

[18] 朱鍾建, 〈現代經濟組織의 모순, —엇던 多少間 교양잇는 失業한 熟練職工과의 대화—〉, 27~28쪽.

[19] (필자미상), 〈最近朝鮮에 流行하는 新術語〉, 《개벽》 57, 1925년 3월, 69쪽.

20 허수, 〈'民衆' 개념 속의 식민지 경험〉, 《경계에 선 민중, 새로운 민중사를 향하여》, 역사문제연구소 정기심포지엄 자료집(2009년 12월 5일, 성균관대학교 600주년기념관 6층), 62~67쪽.

21 (필자미상), 〈將來할 新社會와 因襲的 宗敎 及 道德의 價値 如何〉, 7쪽.

22 이 시기 사회주의자들의 '민중' 전유 노력에 대해서는 다음 글 참조. 허수, 앞의 논문, 2009, 69~73쪽.

23 鄭紀源, 〈希望論, 懸賞文發表 論文 選外〉, 《개벽》 13, 1921년 7월, 9쪽.

24 이균영, 〈신간회의 분열과 해소운동〉, 한국현대사연구회, 《근현대사강좌》 4, 1994; 이애숙, 〈세계 대공황기 사회주의진영의 전술 전환과 신간회 해소 문제〉, 한국역사연구회, 《역사와 현실》 11, 1994.

25 이상 신간회에 관한 개략적인 상황은 다음 글을 필자의 입장에서 요약한 것 이다. 염인호, 〈항일전선 통일과 민족해방운동〉, 한국사연구회 편, 《새로운 한국사길잡이》 하, 지식산업사, 2008, 339~340쪽.

26 이균영, 앞의 논문, 96쪽.

27 이상 '계급 분화론'과 '신간회 해체론'의 입장은 이애숙의 다음 연구에서 인용했다. 다만 용어에서 '무산대중' 등 일부는 필자의 판단에 따라 일부 수 정했다. 이애숙, 앞의 논문, 69쪽

28 洪陽明·朴文熹, 〈新幹會解消問題批判〉, 《삼천리》 11, 1931년 1월, 14·18쪽.

29 新幹會 利原支會, 〈我等의 運動과 新幹會, 今春全體大會와 解消論의 展望을 兼하여〉, 《삼천리》 14, 1931년 4월, 12쪽.

30 朴鍾殷, 〈朝鮮日報 社說批判〉, 《삼천리》 16, 1931년 6월, 69쪽.

31 이상 식민지 조선에서 진행된 도시 대중문화의 내용에 관해서는 다음 글을 요약·발췌했다. 장규식, 〈근대문명의 확산과 대중문화의 출현〉, 한국사연

구회 편, 《새로운 한국사길잡이》 하, 지식산업사, 2008, 250~258쪽.

32 프로문학과 비프로문학의 논쟁에 관해서는 다음 글을 참조했다. 김재용, 〈프로문학 논쟁〉, 역사비평 편집위원회 엮음, 《논쟁으로 읽는 한국사》 2, 역사비평사, 2009, 105~114쪽.

33 洪曉民, 〈作家研究(1), 《黑頭巾》과 白南의 藝術, 簡登한 一般的 考察〉, 《삼천리》 6-9, 1934년 9월, 232쪽. 여기서 필자는 "그러나 그것만으로는 매우 피상적인 관찰이다"라고 해서 좀 더 심도 있는 분석을 내놓았다. 필자의 의도와는 좀 다른 문맥에서 이 글에서는 이처럼 예술소설, 경향소설에 대한 '대중의 염증'이 대중소설에 관한 논의의 증가와 관련되어 있다는 점에 주목했다.

34 尹白南, 〈小說講座〉, 《삼천리》 8-2, 1936년 2월, 186쪽.

35 (필자미상), 〈長篇作家會議〉, 《삼천리》 8-11, 1936년 11월.

36 山田淸三郎·川口浩 編, 《プロレタリア文芸辞典》, 1930(松井榮一·曾根博義·大屋幸世, 1994~1996 《近代用語の辞典集成》 31, 東京: 大空社 소재).

37 小山湖南 著, 《これ一つで何でも分る現代新語集成》, 1931(《近代用語の辞典集成》 17); 酒尾達人 編, 《ウルトラモダン辞典》, 1931(《近代用語の辞典集成》 18).

38 鵜沼直 著, 《モダン語辞典》, 1932(《近代用語の辞典集成》 22); 菊池寬 著, 《新文芸辞典》, 1932(《近代用語の辞典集成》 28).

39 內務省 保安課長, 〈戰時 國內 思想運動, 共産主義 勢力의 檢討와 國民의 方向〉, 《삼천리》 10-12, 1938년 12월, 72쪽.

40 內務省 保安課長, 〈戰時 國內 思想運動, 共産主義 勢力의 檢討와 國民의 方向〉, 73쪽.

41 金明植, 〈朝鮮浪人論〉, 《삼천리》 10-5, 1938년 5월, 75쪽.

42 金明植,〈朝鮮浪人論〉, 76쪽.

43 金明植,〈朝鮮浪人論〉, 76쪽.

44 金明植,〈朝鮮浪人論〉, 77쪽.

45 김명식의 전향과 전시 통제기의 정세인식에 관한 내용은 다음 연구를 참조할 것. 홍종욱,〈해방을 전후한 주체 형성의 기도―좌파 지식인의 '전향'을 중심으로〉, 윤해동·천정환·허수·황병주·이용기·윤대석 엮음,《근대를 다시 읽는다》1, 역사비평사, 2006.

집합적 주체들의 향방

1 '민중사학'의 성과와 한계에 관해서는 다음 두 글을 참조. 이용기,〈민중사학을 넘어선 민중사를 생각한다〉,《내일을 여는 역사》30, 2007; 허영란,〈민중운동사 이후의 민중사―민중사 연구의 현재와 새로운 모색〉,《역사문제연구》15, 2005.

2 전명혁,〈'민중사' 논의와 새로운 모색〉,《역사연구》18, 2008; 장상철,〈1970년대 '민중' 개념의 재등장―사회과학계와 민중문학, 민중신학에서의 논의〉,《경제와 사회》74, 2007; 강정구,〈민중은 어떻게 상상되었나?〉,《한국시학회 제15차 전국학술대회 논문집》, 2005.

3 박명규,《[한국개념사총서 4] 국민·인민·시민―개념사로 본 한국의 정치 주체》, 소화, 2009; 김동택,〈대한매일신보에 나타난 '민족' 개념에 관한 연구〉,《대동문화연구》61, 2008; 김성보,〈남북국가 수립기 인민과 국민 개념의 분화〉,《한국사연구》144, 2009; 황병주,〈1960년대 비판적 지식인 사회

의 민중인식〉, 《기억과 전망》 21, 2009.

[4] 최근 박명규는 《국민·인민·시민》(소화, 2009)을 통해 한국근현대사 전체에서 세 개념이 지닌 의미 변화를 본격적으로 검토한 바 있다.

[5] '집합적 주체'라는 용어는 매우 넓어서 여기에는 '민족民族', '군중群衆' 등도 포함될 수 있다. 그러나 분석의 출발점과 초점을 식민지기 '민중' 개념에 두고 그 분석 시야를 확장하는 차원에서 네 개념을 시야에 넣은 것이지, '집합적 주체' 일반을 검토하는 것이 궁극적인 목표가 아니기 때문에 '민족' 개념은 제외했다. '민족'은 '민중'과 병렬적으로 논의하기 어려울뿐더러, 좀더 상위의 개념으로 생각되며, 빈도 수나 그것이 가지는 의미상 별도의 본격적인 조명이 필요하다고 생각했기 때문이다. '군중' 개념은 '민족'과는 달리 '민중' 개념과 병렬적으로 비교해볼 만한 개념이지만 미처 이것까지 포함해서 고찰하지는 못했다.

[6] 다음 글이 좋은 참조가 된다. 송승철, 〈미래를 향한 소통: 한국 개념사 방법론을 다시 생각한다〉, 한림대학교 한림과학원, 《〈한림대학교 한림과학원 인문한국사업 동아시아 기본개념의 상호소통사업 제1회 국제 학술대회〉 동아시아 개념의 절합과 횡단》, 2009년 9월 25일.

[7] 현재 수록된 《동아일보》의 기사 총수는 113만여 건에 달한다. 이 중 해방 이전은 82만여 건, 해방 이후는 30만여 건이다.

[8] 식민지기 《동아일보》에 대한 조선총독부의 정간 조처는 모두 4회이다. 정간 기간 및 정간의 빌미가 된 기사는 다음과 같다.

　1차 : 7일(1920. 8. 27~1920. 9. 2) 제사 문제 재론

　2차 : 44일(1926. 3. 7~1926. 4. 19) 국제농민본부의 전문

　3차 : 138일(1930. 4. 17~1930. 9. 1) 조선의 현상하에……

4차 : 279일(1936. 4. 17~1937. 6. 2) 일장기 말소사건

《동아일보》의 총 정간 기간은 569일이다. 참고로 《조선일보》의 정간 기간은 240일이며, 《중외일보》는 321일이다(이상은 박찬승, 《언론운동》, 한국독립운동사편찬위원회 한국독립운동사연구소, 2009, 329쪽).

[9] 간혹 해당 사이트를 검색해보면 일부 기사가 동일하게 중복 추출되는 경우가 있다. 이런 중복 기사도 제외할 필요가 있다.

[11] 김성보, 앞의 글 참조.

[11] 황병주, 앞의 글.

[12] 식민지기에는 총 기사 수에서 해방 이후와 같은 정도의 커다란 증감은 상대적으로 적어서 빈도 수의 변동과 비중의 변동 양상은 대동소이하다. 분석 과정에서는 개념의 비중뿐만 아니라 빈도 수에 대한 파악도 필요하다. 이런 까닭에 이 장의 분석에서는 〈그림 6〉과 〈그림 7〉을 다 함께 활용할 것이다.

[13] 〈부표 1〉~〈부표 4〉는 중분류의 내용에 따라 정렬한 것이다.

[14] 타 개념에 비해 '국민' 개념의 주제어가 빈도 수 757개에 비해 적은 것은 특정 주제어의 빈도 수 비중이 높기 때문이다. 예컨대, '국민부'와 '국민부원'이 각각 87건과 86건, '국민정신총동원'이 86건이다. 그 다음이 '국민'(35건), '국민등록'(31건) 순이다. 이에 비해 '민중'은 '민중대회'(31건), '민중보건'(26건), '민중운동자대회'(25건) 순으로 '국민' 개념의 경우에 비해 주제어의 편중이 적다. 그러나 '민중' 단독으로 사용된 경우는 134건으로 네 개념 중에서 가장 높다. '대중' 개념은 단독으로 사용된 경우가 51건으로 다소 높은 편이며, 그 다음이 '대중생활'(31건), '소비대중'(15건) 순이다. 나머지는 10건 이하가 대부분이다. '인민' 개념도 단독 용례는 69건으로 많지만, 다음 순서가 '인민혁명군'이 8건이고, 그 외는 모두 10건 미만이다.

15 국민부는 1929년 3월 만주에서 정의부正義府·신민부新民府·참의부參議府를 통합하여 조직된 독립운동 단체이다(한국역사정보통합시스템 홈페이지의 시소러스 '국민부' 내용 참조).

16 1929년 12월 23일 일제가 신간회 간부 44명과 근우회 간부 47명을 검거한 사건(《한국사연표》, 한길사, 1994 참조).

17 1925년 4월 서울에서 일제의 탄압에 항의하며 '붉은 기'를 갖고 일으킨 만세시위(한국역사정보통합시스템 홈페이지의 시소러스 '전조선민중운동자대회' 내용 참조).

18 〈少國民保護訓練, 世界各國의 본보기[제1회~제8회]〉, 《동아일보》 1932. 1. 1. ~ 1932. 1. 16, 2~4면.

19 김윤희, 〈근대 국가구성원으로서의 인민 개념 형성(1876~1894)〉, 《역사문제연구》 21, 2009, 314쪽.

20 불특정 다수를 가리키는 용례와 관련하여 '대중' 개념이 '인민' 개념을 대체했는지의 여부는 구체적인 내용 분석 등을 통해 밝혀낼 수 있을 것이므로, 이 작업은 다음 기회로 미루고자 한다.

21 〈朝鮮民族은 風彩堂堂, 學動悠悠, 言語嚴肅, 文化高尙, 禮儀를 尊重하는 國民이라 敎養만 普及되면 東洋文明國의 首球될 것임, 入京한 米加州上院議員 〈델즈맨 떠불유한〉 氏談〉, 《동아일보》 1920년 4월 1일자, 2면; 〈獨逸國民은 活民施, 우리나라 학생은 녜전보다 다소 줄어, 삼일절과 국치긔념일에는 명긔 집회, 史學을 硏究하고 歸國한 朴勝喆氏談(肖)〉, 《동아일보》 1925년 6월 8일자, 2면.

22 〈國民과 民族의 團結〈上 中 下〉〉, 《동아일보》 1924년 12월 8일자~12월 22일자. 이 연재 기사는 에스페란토로 작성되었다.

23 〈新興靑年會巡講來沙: 生命의 躍動(曹奉岩), 未來는 民衆의 것이다(朴一秉)〉, 《동아일보》 1924년 3월 27일자; 〈新興靑年會仁川에서 講演: 行程에 있는 疑心을 깨트리고(辛鐵), 誰能禦之(金燦), 未來는 民衆의 것이다(朴一秉), 新思想大廉賣(曹奉岩), 水平線上에서본 女性(鄭鍾鳴), 現代女性의 苦通(裵赫秀)〉, 《동아일보》 1924년 4월 18일자; 〈光州勞働共濟會主催 思想問題大講演: 生存의 平和策(朴珂圭), 少作運動의 學術的 考察(宋奉瑀), 兩面으로 본 資本制度(薛炳浩), 現代經濟組織과 女性解放(鄭鍾鳴), 未來는 民衆의 것이다(朴一秉)〉, 《동아일보》 1924년 8월 18일자; 〈思想大講演, 今明兩日間 鐵原에서 大衆의 兵卒이 되여 水平의 世界(曹奉岩), 世界의 大勢, 未來는 民衆의 것이다(金漢卿)〉, 《동아일보》 1925년 2월 7일자.

24 〈廉相涉 朝鮮과 文藝, 文藝와 民衆[제1회, 全7回]〉(《동아일보》 1928년 4월 10일자)~〈廉相涉 朝鮮과 文藝, 文藝와 民衆[제7회, 全7回]〉(《동아일보》 1928년 4월 17일자); 〈廉相涉 小說과 民衆, 〈朝鮮과 文藝, 文藝와 民衆〉의 續論[제1회, 全7回]〉(《동아일보》 1928년 5월 27일자)~〈廉相涉 小說과 民衆, 〈朝鮮과 文藝, 文藝와 民衆〉의 續論[제7회, 全7回]〉(《동아일보》 1928년 6월 3일자).

25 〈金潤雨 民衆과 映畵[제1회, 全3回]〉(《동아일보》 1929년 11월 19일자)~〈金潤雨 民衆과 映畵[제3회, 全3回]〉(《동아일보》 1929년 11월 21일자).

26 〈映畵勞働者의 社會的地位와 任務, 映畵人 大衆에게 訴함[제1회, 全5回](徐光霽)〉(《동아일보》 1930년 2월 24일자)~〈映畵勞働者의 社會的地位와 任務, 映畵人 大衆에게 訴함[제5회, 全5回](徐光霽)〉(《동아일보》 1930년 3월 2일자).

27 〈朴完植 푸로레타리아 詩歌의 大衆化問題小考[제1회, 全4回]〉(《동아일보》 1930년 1월 7일자)~〈朴完植 푸로레타리아 詩歌의 大衆化問題小考[제4회, 全4回]〉(《동아일보》 1930년 1월 10일자).

[28] 〈新時代의 展望, 經濟; 將來할 世界大戰과 大衆의 經濟生活[上](朴南洙)〉,《동아일보》 1935년 6월 19일자〉~〈新時代의 展望, 經濟; 將來할 世界大戰과 大衆의 經濟生活[下](朴南洙)〉,《동아일보》 1935년 6월 21일자).

'종교' 개념을 둘러싼 충돌

[1] 金正仁, 〈日帝强占期 天道敎團의 民族運動 硏究〉, 서울대 국사학과 박사학위 논문, 2002.

[2] 정혜정, 〈日帝下 천도교 '수운이즘'과 사회주의의 사상 논쟁〉,《東學硏究》 11, 2002.

[3] 소련 및 일본의 반종교운동 동향에 관해서는 다음 연구성과를 참조했다. 林淳, 〈マルクス主義と宗敎・文化論〉, 磯前順一・ハリー・ハルトウーニアン,《マルクス主義という經驗: 1930~40年代日本の歷史學》, 東京: 靑木書店, 2008, 164~176쪽.

[4] 高峻, 〈종교표상에 대한 맑쓰주의적 비판〉,《이론투쟁》 1-5, 1928년 3월 참조. 이 글에서는 마지막 부분에서 참고문헌 목록에 사노 마나부의 글(〈맑스주의와 무신론〉, 〈종교론〉)을 비롯하여 레닌의 글(〈종교에 대하야〉)과 맑스의 글(〈헤-겔 법리철학비판서론〉)도 제시되어 있다.

[5] 玄人, 〈종교비판과 반종교운동〉,《비판》 7, 1931년 1월 참조. 1931년 6월에 발표된 다음 글도 사노의 글을 통해 레닌의 반종교운동 논리를 소개하고 있다. 陳榮喆, 〈反宗敎運動의 展望〉,《삼천리》 16, 1931년 6월, 12·16쪽 참조. '사상 논쟁'이 한창 중일 때에도 다음 글에서 사노의 글이 인용되고 있었다.

안병주, 〈우리는 웨 종교를 반대하는가〉, 《신계단》 1-5, 1933년 2월.

[6] 한국역사연구회 지음, 《한국역사》, 역사비평사, 1992, 311~314쪽.

[7] 크레스틴테른 가입 경위 및 자치운동 추진에 관한 상세한 내용은 김정인의 연구(金正仁, 앞의 글, 2002, 172~178쪽)를 참조.

[8] 지수걸, 〈朝鮮農民社의 團體性格에 관한 硏究〉, 《역사학보》 106, 1985, 184쪽.

[9] 이에 관해서는 다음의 선행 연구를 참조할 것. 한규무, 《일제하 한국기독교 농촌운동 1925~1937》, 한국기독교역사연구소, 1997; 장규식, 《일제하 한국 기독교민족주의 연구》, 혜안, 2001.

[10] 지수걸, 앞의 글, 1985, 186~187쪽.

[11] 이상 조선농민사 관련 내용은 김정인의 연구(金正仁, 앞의 글, 2002, 172~181 쪽) 및 지수걸의 연구(池秀傑, 앞의 글, 1985, 186~187쪽) 참조.

[12] 천도교청년당 지도자들은 자신들의 주의·주장이 가장 옳다는 종교적 신념 을 가지고 있었으며, 이와 동시에 자치정국이 실현되면 자신들이 이를 담당 하겠다는 인식도 가지고 있었다. 따라서 그들은 동아일보 계열이나 수양동 우회 일부 인사들과도 달리, 다른 제사회 세력과의 연대보다는 자신들의 세 력기반 공고화를 위해 독자적 활동을 했다(정용서, 〈일제하 천도교청년당의 운 동노선과 정치사상〉, 임경석·차혜영 외 지음, 2007, 《《개벽》에 비친 식민지 조선의 얼굴》, 도서출판 모시는사람들, 152~163쪽).

[13] 이러한 판단은, 《신계단》 등의 좌익 언론이 당시 사회주의운동 세력의 일선 에서 일정하게 거리를 둔 사람들이 주도했다고 하는 박종린 선생의 지적에 힘입은 바 컸다. 또한 장석만 선생도 당시 사회운동 상황과 '사상 논쟁'을 무매개적으로 연결시키는 것의 문제점을 지적한 바 있다. 이 자리를 빌려 두 분께 감사드린다.

[14] 김형준은 이돈화에 뒤이어 천도교의 차세대 이론가로 부상하던 인물로, 이돈화의 교리 연구에 토대해서 서양 근대철학, 특히 하이데거 등 실존철학의 입장에서 수운주의를 정립하고자 노력했다(金正仁, 앞의 글, 2002, 214쪽).

[15] 이 글 주석 4)·5)의 내용 참조.

[16] 맑스–엥겔스 종교론과 레닌의 그것이 갖는 차이에 관한 내용은 하야시의 다음 연구를 참조했음. 林淳, 앞의 글, 2008, 159~160쪽.

[17] 편집국, 〈〈종교시평〉천국, 신, 행복〉, 《新階段》 1-2, 1932년 11월, 56쪽. 여기서 필자는 《신인간》 1932년 10월호에 실린 이돈화의 글 〈조직의 철리〉의 주장을 비판하고 있다.

[18] 맑스–엥겔스의 종교론은 다음의 글에 상세히 소개되어 있다. 玄人, 〈맑쓰의 종교비판론〉, 《비판》 8, 1931년 12월.

[19] 안병주, 〈우리는 웨 종교를 반대하는가〉, 《신계단》 1-5, 1933년 2월, 48쪽.

[20] 송영회, 〈종교의 계급적 본질〉, 《신계단》 1-7, 1933년 4월, 62~63쪽.

[21] 金一宇(김형준), 〈맑스주의자들의 반종교투쟁 비판〉, 《신인간》 59, 1932년 9월, 8~10쪽 참조.

[22] 金一宇(김형준), 〈맑스주의자들의 반종교투쟁 비판〉, 《신인간》 59, 1932년 9월, 11쪽.

[23] 瀧霞(김형준), 〈기성종교와 반종교운동〉, 《신인간》 57, 1932년 7월, 345쪽.

[24] 金一宇(김형준), 〈맑스주의자들의 반종교투쟁 비판〉, 《신인간》 59, 1932년 9월, 8쪽; 지식사회학에 관한 그의 관심과 이에 기초한 논리 전개 또한, 그것이 '종교를 사회현상으로 바라보는' 종교사회학의 방법론적 기초를 이루기 때문이었다. 이 또한 종교소멸론에 대한 비판의 맥락에 서 있었다. 이에 관해서는 다음의 글을 참조. 瀧霞(김형준), 〈宗敎社會學에의 계기, 최근 독일종

교학계의 새 경향〉, 《신인간》 56, 1932년 6월 및 金東俊(김형준), 〈맑스주의
기초이론의 비판 —그것을 위한 一試論—〉, 《신인간》 6-1, 1933년 1월을
참조.

25 瀧霞(김형준), 〈기성종교와 반종교운동〉, 《신인간》 57, 1932년 7월, 345쪽.

26 金一宇(김형준), 〈사이비반종교투쟁의 비판 — 맑스주의 반종교투쟁비판의
續—〉, 《신인간》 6-1, 1933년 1월, 위의 글, 17쪽 참조.

27 金一宇(김형준), 〈맑스주의자들의 반종교투쟁 비판〉, 《신인간》 59, 1932년 9
월, 10쪽.

28 金一宇(김형준), 〈맑스주의자들의 반종교투쟁 비판〉, 《신인간》 59, 1932년 9
월, 9~10쪽.

29 '반종교 개념'이라는 용어는 장석만의 연구에서 차용했다. 장석만은 '근대
성' 성찰의 문제의식 위에서 동아시아 개항기의 두 과제인 '문명의 달성'과
'민족 아이덴티티의 유지'를 기준에 놓고 한국 개항기의 '종교' 개념을 '반
종교 개념', '이신론적理神論的 종교 개념', '인민교화적 종교 개념', '문명
기호적 종교 개념'의 네 가지로 분류했다. '반反종교 개념'은 서구의 부강
원인을 과학에서 찾으면서 종교와 과학을 대립관계로 파악했다. '이신론적
종교 개념'은 전체적으로 볼 때 계몽주의적 합리성의 입장에 서면서도 그러
한 입장에 내재된 반反종교적 태도와 달리 인간의 종교적 본성을 강조했다.
그러므로 이 입장에서는 합리성과 종교성이 갈등을 일으키지 않도록 과학
은 공적公的 차원에, 종교는 사적私的 차원에 배당했다. '인민교화적 종교
개념'은 종교를 인민통치에 필수적인 것으로 파악해서 중요시했다. '문명기
호적 종교 개념'은 문명의 달성과 나라의 흥망이 '종교'에 뿌리를 두고 있다
고 보고, 서구 문명의 근원을 개신교에서 찾아 개신교를 문명의 기호로 보

있다(張錫萬, 〈開港期 韓國社會의 "宗敎" 槪念 形成에 관한 硏究〉, 서울대 종교학과 박사학위 논문, 38~58쪽, 1992, 127~129쪽).

[30] 《大宗正義》, 1907.

[31] 李敦化, 〈宗敎統一은 自然의 勢〉, 《천도교회월보》 11, 1911년 5월, 27 29쪽.

[32] 夜雷(이돈화), 〈信仰性과 社會性(其二)〉, 《천도교회월보》 100, 1918년 12월, 21쪽.

[33] 李敦化, 〈天道敎의 歷史 及 其 敎理〉, 《반도시론》 2-5, 1918년 5월, 33~34쪽.

[34] 이돈화는 "종교의 기원은 다신시대多神時代로부터 시작"한다고 했다(李敦化, 〈宗敎統一은 自然의 勢〉, 27쪽). 그러므로 그의 '다신론'은 애니미즘을 염두에 둔 것으로 생각된다.

[35] 송현주, 〈근대 한국불교의 종교정체성 인식—1910년부터 1930년대까지 불교잡지를 중심으로〉, 한국학중앙연구원·종교문화연구소, 《근대성의 형성과 종교 지형의 변동》 1, 2005, 230~232쪽.

[36] 夜雷(이돈화), 〈因襲的 主觀에 拘束된 世人의 誤解〉, 《천도교회월보》 93, 1918년 4월, 4~5쪽.

[37] 李敦化, 〈宗敎의 兩側面〉, 《천도교회월보》 91, 1918년 2월, 10쪽.

[38] 李敦化, 〈宗敎의 兩側面〉, 《천도교회월보》 91, 1918년 2월, 10쪽 ; 李敦化, 〈改造와 宗敎〉, 《천도교회월보》 112, 1919년 12월, 7~8쪽.

[39] 李敦化, 〈最高消遣法〉, 《천도교회월보》 58, 1915년 5월, 25쪽.

[40] 물론 이돈화의 글에서 '萬종교·萬철학·萬진리'라는 구분법은 그 이전부터 보인다.

[41] 井上哲次郎, 앞의 책, 1915, 31쪽.

[42] 《반도시론》의 연재논설 첫머리에서 "그것(천도교라는 이름—인용자)은 종교,

철학, 과학에 대한 태도에만 그렇지 않고, 위로는 하늘의 별로부터 아래로는 먼지와 털끝에 이르기까지 이를 천도의 발휘로 생각하여"라고 하거나(李敦化, 〈天道敎의 歷史 及 其 敎理〉, 《반도시론》 2-5, 1918년 5월, 35쪽), 《천도교회월보》에서도 당시가 '고금을 통틀어 최대의 시대교체'라 하는 문맥에서 "이는 종교, 철학, 과학 방면의 어떠한 식자층을 막론하고 공인하는 바이다"라고 언급되고 있다(夜雷(이돈화), 〈因襲的主觀에 拘束된 世人의 誤解〉, 《천도교회월보》 93, 1918년 4월, 7쪽).

43 井上哲次郎, 앞의 책, 1915, 15~16쪽.

44 李敦化, 〈改造와 宗敎〉, 6쪽.

45 滄海居士(이돈화), 〈任筆錄 (其六)〉, 《천도교회월보》 99, 1918년 1월, 39쪽.

46 李敦化, 〈今日 以後의 宗敎〉, 《天道敎會月報》 110, 1919년 10월, 5쪽.

47 李敦化, 〈改造와 宗敎〉, 6쪽.

48 伊東俊太郎, 〈宗敎と科學〉, 中村元 監修 峰島旭雄 責任編集, 《比較思想事典》, 東京書籍, 2003, 229~230쪽.

49 張錫萬, 앞의 글, 1992, 25쪽.

50 장석만의 종교 개념 분류에 따르면, 식민지기 천도교 측의 '종교' 개념은 '전체적으로 볼 때 계몽주의적 합리성의 입장에 서면서도 그러한 입장에 내재된 반反종교적 태도와 달리 인간의 종교적 본성을 강조했다'는 점에서 '이신론적理神論的 종교 개념'에 가까운 요소도 있다. 그러나 천도교의 그것은 '종교'에 중심을 두었고 과학을 '공적 차원'에, 그리고 종교를 '사적 차원'에 제한하지 않았다는 점에서 '이신론적 종교 개념'으로 보기도 어렵다. 한편, 식민지 이전인 1905년 말 '천도교'로의 개칭 시기에 관해서는 고건호의 연구가 있는데, 그는 장석만의 개념을 활용해서 당시의 천도교 종교론을

'인민교화적 종교 개념'으로 규정했다(高建鎬, 〈韓末 新宗敎의 文明論: 東學·天道敎를 中心으로〉, 서울대 종교학과 박사학위 논문, 2002, 101·102쪽). 그런데 필자는 당시의 천도교 종교론을 좀 더 복합적인 문맥에서 파악할 필요를 느낀다. 천도교는 기독교를 모방하면서 천도교의 국교화운동 및 교단의 근대적 정비 등을 추진했다는 점에서 실질적으로는 인민교화적 종교개념과 문명기호적 종교 개념의 긴장 속에 있었다고 보이고, 형식면에서는 사회로부터 '종교'로 공인받기 위해 스스로의 활동을 '비정치적' 영역에 제한시켰다는 점에서 '종교와 정치의 분리' 혹은 '사적 영역과 공적 영역의 구분'을 염두에 둔 이 신론적 종교 개념의 틀을 활용했다고 보는 것이 더 낫지 않을까 한다.

[51] 이돈화, 김형준의 입장을 '낭만주의적 종교 개념'으로 규정하기 위해서는 고려해야 할 사항들이 없지 않다. 장석만은 토론석상에서 '낭만주의적 종교 개념'이라는 규정에 대해 비판하면서, "1920년대 식민지 조선의 상황은 이미 '문명' 개념에 대한 문제제기로서 '문화' 개념이 대두하여 영향을 끼치던 시대이며 천도교의 '종교' 개념도 이러한 '문화'의 테두리로 설명 가능하다면 그러한 종교 개념은 기본적으로 '문명의 달성과 집단 아이덴티티 형성' 양 측면에서 종교의 유용성에 주목하는 입장, 즉 '문명기호적 종교 개념'에 속한다고 봐야 한다"는 요지의 견해를 제시했다. 이러한 지적은 매우 중요하며 향후에도 계속 고민해야 할 문제를 던져 준 것이어서 장석만 선생에게 깊이 감사드린다. 다만, 필자는 '문화' 담론이 서구 근대성의 구조를 근본적으로 못벗어난다고 하더라도 그에 대한 문제제기 혹은 양자의 긴장관계에 더 주목하고자 하며, 천도교의 종교 개념이 '문화' 담론으로 충분히 설명된다고 보기도 어렵다는 생각을 하고 있다. 조현범에 따르면, '종교와 근대성'의 관계를 바라보는 입장은 크게 '계몽주의적 패러다임'과 '낭만주의적 패러다

임'으로 나뉜다. 전자는 '근대성이 종교를 역사의 무대에서 퇴장시킨다'고 보며, 후자는 '종교는 인간 본질의 고유한 영역에 속하기 때문에 근대성의 위협에도 불구하고 종교는 여전히 인류 문화의 원초적인 동력으로 남을 것이다'고 본다(조현범, 〈"종교와 근대성" 연구의 성과와 과제〉, 한신인문학연구소, 《종교문화연구》 6, 2004). 필자는 '낭만주의적 패러다임'에서 천도교의 '종교' 개념을 파악하고자 하며, 천도교의 이런 입장이 1920년대 중반 이후 사회주의사상을 일부 수용하면서 '자본주의의 인간화'나 '자본 본위에서 사람 본위로'를 주장하는 바탕이 된다고 본다. 물론 사회주의사상을 근대사상의 한계 내에 있는 것으로 볼 것인가 유무는 별도의 방대한 논쟁거리이지만, 여기서는 계몽주의적 '문명' 담론의 한계에서 이탈하는 측면을 좀 더 적극적으로 보겠다는 취지에서 여러 논의를 끌어왔다는 점을 분명히 해 두고 싶다.

[52] 이때의 '정치' 개념은 좁은 의미의 '정치'로서 지배 정책, 정치운동 등의 차원에 한정된 것이다. 따라서 '종교-과학'의 구도가 비정치적 혹은 탈정치적 맥락에 갇혀 있었다는 의미는 아니다. '종교-과학'이나 '종교-정치' 구도 모두 넓은 의미에서의 세력 경쟁, 권력관계 등 넓은 의미의 '정치'적 성격을 띠고 있었음은 분명하다.

[53] 이상의 종교 논의 지형에 관한 내용은 고건호, 앞의 글, 2002, 121~122쪽 참조.

[54] 이진구, 〈일제의 종교/교육 정책과 종교 자유의 문제—기독교 학교를 중심으로—〉, 한국학중앙연구원·종교문화연구소, 《근대성의 형성과 종교 지형의 변동》 1, 2005, 168~172쪽.

[55] 《조선총독부시정연보》, 1911, 77쪽 → 이진구, 〈일제의 종교/교육 정책과 종교자유의 문제 — 기독교 학교를 중심으로 —〉, 한국학중앙연구원·종교문화연구소, 《근대성의 형성과 종교 지형의 변동》 1, 2005, 169쪽 각주 26)에

서 재인용.

[56] 高建鎬, 앞의 글, 2002, 100~114쪽 참조.

[57] 玄人, 〈종교비판과 반종교운동〉, 《비판》 7, 1931년 1월, 102쪽.

[58] 장석만, 〈개신교와 전통사상의 충돌〉, 《논쟁으로 본 한국사회 100년》, 역사비평사, 2000, 50쪽 ; 장규식, 〈1920년대 개조론의 확산과 기독교사회주의의 수용·정착〉, 역사문제연구소, 《역사문제연구》 21, 2009, 114~119쪽.

[59] 1월 16일의 주제는 〈맑스주의와 종교〉, 3월 18일의 주제는 〈불교와 맑스주의〉였다.

[60] 논쟁 전말과 쟁점에 관한 검토는 林淳, 앞의 글, 2008, 167~174쪽 참조.

[61] 林淳, 앞의 글, 2008, 168쪽.

[62] 瀧霞(김형준), 〈宗敎社會學에의 계기, 최근 독일종교학계의 새 경향〉, 《新人間》 56, 1932년 6월 참조.

찾아보기

식민지 조선, 오래된 미래

허수 지음

2011년 5월 2일 초판 1쇄 발행
2011년 5월 13일 초판 1쇄 발행
펴낸이 · 박혜숙 | 편집인 · 백승종 | 펴낸곳 · 도서출판 푸른역사
주소 ☞ 110-040 서울시 종로구 통의동 82
전화: 02)720 - 8921(편집부) 02)720 - 8920(영업부) | 팩스: 02)720 - 9887
E-Mail: 2007history@naver.com | 등록: 1997년 2월 14일 제13-483호

디자인 · 이보용 | 영업 및 제작 · 변재원 | 인쇄 · 백왕
제본 · 정원 | 종이 · 화인페이퍼

ⓒ 허수, 2011
ISBN 978-89-94079-48-6 93900